新时代广东高校立德树人工作研究系列

# 编 委 会

主　编：朱孔军

编　委（以姓氏笔画为序）：

　　　　王　岩　左鹏军　刘志文　刘志铭　刘科荣

　　　　陈金龙　林伟涛　胡庭胜　蒋达勇

广东省教育科学规划课题（党的十九大精神研究专项）丛书之
新时代广东高校立德树人工作研究系列

GUANGDONG GAOXIAO XINLI YUREN GONGZUO YANJIU

# 广东高校心理育人工作研究

刘科荣 等 ◎ 编著

广东高等教育出版社
Guangdong Higher Education Press
·广州·

#### 图书在版编目（CIP）数据

广东高校心理育人工作研究/刘科荣等编著. —广州：广东高等教育出版社，2020.12

［广东省教育科学规划课题（党的十九大精神研究专项）丛书之新时代广东高校立德树人工作研究系列］

ISBN 978-7-5361-6577-9

Ⅰ.①广… Ⅱ.①刘… Ⅲ.①高等学校-心理健康-健康教育-研究-广东 Ⅳ.①G444

中国版本图书馆 CIP 数据核字（2019）第 188909 号

| 出版发行 | 广东高等教育出版社 |
|---|---|
| | 地址：广州市天河区林和西横路 |
| | 邮政编码：510500　电话：（020）87551597 |
| | http://www.gdgjs.com.cn |
| 印　刷 | 广州市穗彩印务有限公司 |
| 开　本 | 787 毫米 × 1 092 毫米　1/16 |
| 印　张 | 19.25 |
| 字　数 | 305 千 |
| 版　次 | 2020 年 12 月第 1 版　2020 年 12 月第 1 次印刷 |
| 定　价 | 68.00 元 |

（版权所有，翻印必究）

# 总　序

　　培养什么人、怎样培养人、为谁培养人，这是教育的根本问题。2018年5月2日，习近平总书记在北京大学考察时指出："培养社会主义建设者和接班人，是我们党的教育方针，是我国各级各类学校的共同使命。大学对青年成长成才发挥着重要作用。高校只有抓住培养社会主义建设者和接班人这个根本才能办好，才能办出中国特色世界一流大学。"这一论断既明确了我国教育的根本任务和使命，又指明了中国特色社会主义大学的办学方向和方法。培养社会主义建设者和接班人，关系到"两个一百年"奋斗目标的实现，关系到中国特色社会主义事业的兴衰成败，关系到党的千秋伟业。只有将培养社会主义建设者和接班人置于这样的高度来认识，才能领悟高等教育担负的责任和使命。

　　国无德不兴，人无德不立。立德才能树人，要培养社会主义建设者和接班人，首先要培养其良好的道德品质和思想政治素养。2016年12月，习近平总书记在全国高校思想政治工作会议上强调："要坚持把立德树人作为中心环节，把思想政治工作贯穿教育教学全过程，实现全程育人、全方位育人。"这是高校思想政治工作的新理念、新思路、新机制。就学校而言，单靠思想政治理论课、学生工作部门，或单靠思想政治理论课教师、辅导员，难以完成立德树人的任务。完成立德树人的任务，需要专业课教师与思想政治教育工作者、其他管理部门与管理工作者协同配合、互联互通。事实上，学校的每一位教职工都担负着育人的职责，每一个部门都具有育人的功能。2017年12月，中共教育部党组印发的《高校思想政治工作质量提升工程实施纲要》，对构建课程育人、科研育人、实践育人、文化育人、网络育人、心理育人、管理育人、服务育人、资助育人、组织育人的内容、载体、路径和方法进行了顶层设计，建构了新时代全程育人、全方位育人的新格局，拓宽了育人的空间和视野。

广东地处改革开放的前沿，也是意识形态斗争的前沿。一方面，改革开放和市场经济的发展，引发了高校学生思想观念、价值取向、生活方式的变化，全国高校思想政治工作遇到的一些新情况、新问题，广东高校往往首先遇到，如何引导学生，并解决这些问题，需要先行一步进行探索。另一方面，广东毗邻港澳，连通海外，西方社会思潮在中国传播，往往借助广东登陆，广东成为各种社会思潮的集散地、中转站，对高校学生的思想和行为造成较大冲击。如何避免受西方社会思潮的负面影响，抵御西方国家的意识形态渗透，成为广东高校思想政治工作的难点。

改革开放以来，广东高校围绕"立德树人"这篇大文章进行了积极探索，新理念频生，新方法频出，育人方式日益多样化、立体化，既有效化解了广东高校思想政治工作遇到的困难和问题，又为全国高校思想政治工作积累了一定经验。在中共广东省委教育工委、省教育厅的领导下，组织编写"广东省教育科学规划课题（党的十九大精神研究专项）丛书之新时代广东高校立德树人工作研究系列"，旨在立足中国特色社会主义新时代，系统总结广东高校十大育人体系建构的基本理论、具体实践、主要成效与基本经验，以进一步加强和改善新时代广东高校立德树人工作。由于各种育人方式有其特殊性，本系列研究的内容不尽相同，但大体保持了一致的问题域和体例。比如，对各种育人方式的理论基础、目标、内容、资源、方法、平台、机制、保障、评价、队伍建设等方面进行了系统阐释，呈现了广东高校十大育人体系建构的生动实践。

本系列编写过程中，力求实现理论与实践、历史与现实、一般与具体、全国与广东的有机结合，使本系列具有鲜明的特点。

其一，理论与实践相结合。各种育人方式有其独特功能，在社会主义建设者和接班人培养过程中处于不同地位、发挥不同作用，丛书从理论层面对各种育人方式的功能、目标、内容、资源进行了系统分析，诠释了各种育人方式的理论基础。同时，各种育人方式侧重实践操练，本系列对各种育人方式的方法、平台、机制、保障、评价等问题进行了深度阐释，有着十分清晰的实践指引和导向。

其二，历史与现实相结合。各种育人方式的建构经历了从局部试点到全面铺开的过程，是实践中不断探索、不断完善的结果，凝聚了广东高校实践探索的智慧，丛书力求呈现广东高校十大育人体系建构的历史。现实由历史发展而来，梳理历史的目的是为了诠释现实。本系列对广东高校立德树人的研究侧重于各种育人方式现实的把握，力求在摸清现状的基础上，针对各种育人方式存在的问题，提出进一步优化和改进育人方式的对策和举措，以提升新时代立德树人的实效性。

其三，一般与具体相结合。本系列对广东高校十大育人体系的研究，既有一般层面的分析，又有具体案例的呈现。各种育人方式有共性问题，也存在个性差异，不同层次、不同类型、不同地域的高校，其做法并不完全相同，由此使各种育人方式的实践呈现多样性，并形成了一些典型案例。如在《广东高校管理育人工作研究》一书中，作者选择了华南师范大学、汕头大学等高校管理育人的典型案例，既增强了本系列的可读性，又增强了本系列的说服力。

其四，全国与广东相结合。本系列主要聚焦广东高校十大育人体系的建构，具有明显的地域特征。但在诠释广东高校各种育人方式时，能置于全国的大背景下来分析，凸显了广东高校十大育人体系探索的宏观意义。

中国特色社会主义进入新时代，高校思想政治工作迎来了好时机，也对高校思想政治工作提出了新要求。新时代高校思想政治工作要取得实效，需要进一步完善十大育人体系，将十大育人体系有机融合起来，形成新时代立德树人的合力和"大思政"的格局。

2019 年 7 月 18 日

# 目　录

**第一章　高校心理育人工作概述 / 1**
　　第一节　高校心理育人工作的内涵 / 1
　　第二节　高校心理育人工作的理论基础 / 13
　　第三节　高校心理育人工作的原则与要求 / 26

**第二章　高校心理育人工作内容体系的构建 / 33**
　　第一节　高校心理育人工作内容体系构建的依据 / 34
　　第二节　发展性心理育人工作内容体系 / 51
　　第三节　预防性心理育人工作内容体系 / 59

**第三章　高校心理育人工作途径的构建 / 68**
　　第一节　高校心理育人工作途径构建的依据 / 68
　　第二节　发展性心理育人工作途径 / 77
　　第三节　预防性心理育人工作途径 / 90

**第四章　高校心理育人工作的队伍建设 / 103**
　　第一节　高校心理育人工作队伍建设的意义 / 103
　　第二节　高校心理育人工作队伍的培养与管理 / 109

**第五章　高校心理育人的工作机制与评价机制 / 122**
　　第一节　高校心理育人工作机制与评价机制创建的意义 / 122
　　第二节　高校心理育人的工作机制 / 125
　　第三节　高校心理育人的评价机制 / 136

**第六章　新时代大学生的心理健康素养提升与心理自我调适 / 147**
　　第一节　新时代大学生的心理发展特点 / 147
　　第二节　大学生的常见心理问题及影响因素 / 161
　　第三节　大学生心理健康素养提升与心理自我调适 / 179

**第七章　新时代高校教师的心理素质提升与心理健康维护 / 197**
　　第一节　高校教师的心理健康现状及其影响因素 / 197
　　第二节　高校教师心理素质的提升 / 208
　　第三节　高校教师心理健康的维护 / 217

**第八章　广东高校心理育人工作的实践与特色 / 236**
　　第一节　广东高校心理育人工作的实践 / 237
　　第二节　广东高校心理育人工作的特色 / 257

**参考文献 / 286**

**后记 / 294**

# 第一章
# 高校心理育人工作概述

心理育人是高校育人的基本方式之一，是对大学生进行思想政治教育的重要途径。中华人民共和国成立以来，党和政府一直非常重视心理育人在高校教育中的重要价值。特别是党的十九大以来，为了深入学习贯彻习近平新时代中国特色社会主义思想和习近平总书记关于心理健康教育的重要论述，切实加强高校思想政治工作体系建设和新时代高校学生心理健康教育工作，中共教育部党组于2017年12月发布了《高校思想政治工作质量提升工程实施纲要》（教党〔2017〕62号），纲要中明确提出了大力促进心理育人的要求。厘清心理育人的指导思想、目标、内涵和基本要求是确保高校心理育人科学化和有效性的重要前提。

## 第一节　高校心理育人工作的内涵

### 一、心理育人的历史进程

教育工作离不开党和政府的指导，党和政府对心理育人工作指导的具体意见和精神多见于党和政府发布的各类心理健康教育政策文件。

#### （一）心理育人工作政策的发展历史

学生心理健康的概念最初是以"心理素质"的形式出现在党和国家的

政策文件中的，如1993年中共中央、国务院印发的《中国教育改革和发展纲要》（中发〔1993〕3号）中提出："中小学要由'应试教育'转向全面提高国民素质的轨道，面向全体学生，全面提高学生的思想道德、文化科学、劳动技能和身体心理素质，促进学生生动活泼地发展。"

在1994年中共中央发布的《关于进一步加强和改进学校德育工作的若干意见》中，明确指出了开展学生心理健康教育和指导的重要性，提出"要积极开展青春期卫生教育，通过多种方式对不同年龄层次的学生进行心理健康教育和指导，帮助学生提高心理素质，健全人格，增强承受挫折、适应环境的能力"。1995年，国家教委颁布了《中国普通高等学校德育大纲（试行）》，将心理健康教育列为"十大"德育内容之一，具体内容包括心理健康知识教育、个性心理品质教育、心理调适能力培养等；并将具体的目标表述为"具备良好的个性心理品质和自尊、自爱、自律、自强的优良品格，具有较强的心理调适能力"。

1999年中共中央、国务院发布了《关于深化教育改革，全面推进素质教育的决定》，提出"针对新形势下青少年成长的特点，加强学生的心理健康教育，培养学生坚韧不拔的意志、艰苦奋斗的精神，增强青少年适应社会生活的能力"。为贯彻这一决定，进一步加强中小学心理健康教育，教育部发布了《关于加强中小学心理健康教育的若干意见》。这是中华人民共和国成立以来，国家最高教育行政机构颁布的第一份专门的关于心理育人工作的文件。在高等教育领域，2001年，教育部也发布了《关于加强普通高等学校大学生心理健康教育工作的意见》，这是第一份关于大学生心理健康教育的专门指导文件，对大学生心理健康教育的主要任务和内容、工作的原则、途径和方法、心理健康教育队伍建设、规范大学生心理健康教育工作的管理等方面提出了明确的要求，标志着心理育人工作开始走向专业化和正规化。随着中国高等教育事业的发展和社会对高等教育人才质量的需求的变化，人才的心理素质已经成为21世纪人才的核心要素之一，心理育人工作获得了长足的发展和进步。

2004年，中共中央、国务院发布了《关于进一步加强和改进大学生思想政治教育的意见》（中发〔2004〕16号），意见指出，要重视心理健康教育，根据大学生的身心发展特点和教育规律，注重培养大学生良好的心理品质和自尊、自爱、自律、自强的优良品格，增强大学生克服困难、经受考验、承受挫折的能力。要制定大学生心理健康教育计划，确定相应的教育内容、教育方法。要建立健全心理健康教育和咨询的专门机构，配备足够数量的专兼职心理健康教育教师，积极开展大学生心理健康教育和心理咨询辅导，引导大学生健康成长。

为贯彻落实《关于进一步加强和改进大学生思想政治教育的意见》精神，2005 年，教育部联合卫生部和共青团中央发布了《关于进一步加强和改进大学生心理健康教育的意见》（教社政〔2005〕1 号），该意见指出"进一步明确大学生心理健康教育的总体要求""努力提高大学生心理健康教育和心理咨询工作水平""切实建立和完善大学生心理健康教育领导体制与工作机制"。

2011 年 2 月教育部办公厅印发了《普通高等学校学生心理健康教育工作基本建设标准（试行）》（教思政厅〔2011〕1 号），对大学生心理健康教育体制机制建设、大学生心理健康教育师资队伍建设、大学生心理健康教育教学体系建设、大学生心理健康教育活动体系建设、大学生心理咨询服务体系建设、大学生心理危机预防与干预体系建设和大学生心理健康教育工作条件建设的标准提出具体要求。同年 5 月，教育部办公厅又印发了《普通高等学校学生心理健康教育课程教学基本要求》（教思政厅〔2011〕5 号），对大学生心理健康教育的课程性质与教学目标、主要教学内容、课程设置与教材使用、教学模式与教学方法、教学管理与条件支持、组织实施与教学评估等工作的开展制定了基本要求。心理育人的相关工作有了具体的操作标准和要求。

党的十八大以来，国家加大了心理健康领域的工作部署。2015 年国务院转发原国家卫生计生委等部门的《全国精神卫生工作规划（2015—2020 年）》，2016 年 10 月中共中央、国务院印发的《"健康中国 2030"规划纲要》，都对心理健康工作进行了战略部署，这些部署均包含了高校的心理健康教育工作。2016 年 12 月，国家卫生计生委、中宣部等 22 部门联合印发《关于加强心理健康服务的指导意见》，对高校学生心理健康教育提出了任务要求。

2017年2月，中共中央、国务院印发《关于加强和改进新形势下高校思想政治工作的意见》，该意见指出，要发挥哲学社会科学育人功能，坚持全员全过程全方位育人。同年12月，中共教育部党组发布《高校思想政治工作质量提升工程实施纲要》，将"心理育人"纳入高校"十大"育人体系。该纲要提出要坚持育心与育德相结合，深入构建教育教学、实践活动、咨询服务、预防干预、平台保障"五位一体"的心理健康教育工作格局。把心理健康教育课程纳入学校整体教学计划，按照师生比不低于1∶4 000配备心理健康教育专业教师，建立学校、院系、班级、宿舍"四级"预警防控体系，研制高校师生心理健康教育指导意见，培育建设一批"高校心理健康教育示范中心"，进一步明确了心理育人工作的重要性和具体要求。

2018年7月，为学习贯彻落实习近平新时代中国特色社会主义思想的重要举措，加强高校心理健康教育服务体系建设，落实《高校思想政治工作质量提升工程实施纲要》精神，中共教育部党组发布了《高等学校学生心理健康教育指导纲要》（教党〔2018〕41号），提出"教育教学、实践活动、咨询服务、预防干预'四位一体'的心理健康教育工作格局基本形成。心理健康教育的覆盖面、受益面不断扩大，学生心理健康意识明显增强，心理健康素质普遍提升。常见精神障碍和心理行为问题预防、识别、干预能力和水平不断提高。学生心理健康问题关注及时、措施得当、效果明显，心理疾病发生率明显下降"的总体目标，明确了要做好推进知识教育、开展宣传活动、强化咨询服务、加强预防干预这四项主要任务（高校心理育人指导文件总结于表1-1）。

在政策指导下的高校心理育人实践工作可以划分为五个阶段：萌芽阶段，起步、探索阶段，初步发展阶段，快速发展阶段，全面发展、总结提升的阶段（见表1-2）。

表1-1 高校心理育人指导文件

| 年份 | 名称 | 主要指导内容 |
| --- | --- | --- |
| 1993 | 中国教育改革和发展纲要 | "心理素质"概念的提出 |
| 1994 | 关于进一步加强和改进学校德育工作的若干意见 | 明确指出了开展学生心理健康教育和指导的重要性 |
| 1995 | 中国普通高等学校德育大纲（试行） | 将心理健康教育列为"十大"德育内容之一 |
| 1999 | 关于深化教育改革，全面推进素质教育的决定 | 提出"针对新形势下青少年成长的特点，加强学生的心理健康教育，培养学生坚韧不拔的意志、艰苦奋斗的精神，增强青少年适应社会生活的能力" |
| 2001 | 关于加强普通高等学校大学生心理健康教育工作的意见 | 第一份关于大学生心理健康教育的专门指导文件 |
| 2004 | 关于进一步加强和改进大学生思想政治教育的意见 | 开展深入细致的思想政治工作和心理健康教育，制订大学生心理健康教育计划，确定相应的教育内容、教育方法；要建立健全心理健康教育和咨询的专门机构，配备足够数量的专兼职心理健康教育教师，积极开展大学生心理健康教育和心理咨询辅导，引导大学生健康成长 |
| 2005 | 关于进一步加强和改进大学生心理健康教育的意见 | 进一步明确大学生心理健康教育的总体要求、努力提高大学生心理健康教育和心理咨询工作水平、切实建立和完善大学生心理健康教育领导体制与工作机制 |

续上表

| 年份 | 名称 | 主要指导内容 |
| --- | --- | --- |
| 2011 | 普通高等学校学生心理健康教育工作基本建设标准（试行） | 对大学生心理健康教育体制机制建设、大学生心理健康教育师资队伍建设、大学生心理健康教育教学体系建设、大学生心理健康教育活动体系建设、大学生心理咨询服务体系建设、大学生心理危机预防与干预体系建设和大学生心理健康教育工作条件建设的标准提出具体要求 |
| 2017 | 关于加强和改进新形势下高校思想政治工作的意见 | 要发挥哲学社会科学育人功能，坚持全员全过程全方位育人 |
| 2018 | 高等学校学生心理健康教育指导纲要 | 五个目标，四项任务 |

表1-2 高校心理健康教育的发展历史

| 阶段 | 特征 |
| --- | --- |
| 萌芽阶段：1980—1983年 | 这一阶段，由于历史的原因、社会的变革，中国高等教育正在经历一个虽然混乱，但却充满活力与生机的时代，高校学生精神层面的发展及健康问题已经引起了高校教育工作者的注意，但是"心理健康"这一专有名词在该阶段的后期才刚刚出现，教育界对其的定义和概念尚未明确，还是一个新鲜事物，属于萌芽状态 |

① 潘曦，陈少平．近三十年我国大学生心理健康教育工作历史、现状与对策研究综述［J］．武夷学院学报，2015，34（10）：59-66．

续上表

| 阶　段 | 特　征 |
| --- | --- |
| 起步、探索阶段：<br>1984—1989 年 | （1）高校正式开展针对学生的心理咨询工作，标志着心理健康教育进入了一个全新的时期。<br>（2）一些先进高校陆续建立专门机构——心理咨询室进行心理健康教育，并开始有意识地尝试进行高校间小范围的交流和探讨；而高校进行咨询的基本都是心理学教师或对心理学感兴趣的教师，且都是义务、兼职地进行，专业水平有限。<br>（3）心理健康已经作为一种理念获得高校及国家教育主管单位的初步认可和接受。<br>（4）这一时期的高校心理健康教育工作缺乏理论指导及政策支持，还处于起步和探索阶段，但是这些工作为日后高校心理健康教育的发展积累了素材，奠定了基础，起到了积极的推动和启发作用 |
| 初步发展阶段：<br>1990—1993 年 | （1）全国性高校心理咨询专业组织的成立和定期交流机制，使得我国高校大学生心理健康教育终于摆脱了独立摸索的阶段，进入了交流、分享、发展的阶段。<br>（2）国家及教育主管部门首次在政策上明确了心理健康及心理教育在教育工作中的基本地位和重要作用。<br>（3）社会舆论及学术界开始对心理咨询和心理健康教育予以大量的关注和讨论，给予了极大的舆论和理论基础支持。<br>（4）高校中大批德育人员加入心理咨询团队，开始出现专职心理健康工作者和专门机构，建立了初级心理健康工作组，高校心理健康教育工作开始了初步发展的时期 |

续上表

| 阶　段 | 特　征 |
|---|---|
| 快速发展阶段：1994—2000 年 | （1）制度上的首次官方认可，"心理健康教育"一词被第一次明确提出；大量国家相关政策、指导性纲领文件的出台，正式明确了心理健康教育的工作要求。<br>（2）各高校的专业心理健康教育机构基本建立完成；大量专业人员进入此项领域，使得高校心理健康教育团队开始向专业化、职业化、规范化方面发展。<br>（3）教育界、学术界关于高校心理健康教育的理论研究取得了重要成果，并开始加强在此项领域的国际学术交流。<br>（4）此阶段心理健康教育在国家政策层面、学科理论研究层面、高校实践工作层面都得到了快速的发展和提高 |
| 全面发展、总结提升阶段：2001 年至今 | 我国高校心理健康教育完成了框架性的建设，从国家政策到理论研究再到高校的具体实践都已步入正轨 |

**（二）心理育人工作的具体指导思想**

总结我国高校心理育人工作的发展历程，正确的指导思想是其成功的重要保证。高校心理育人工作应遵循下列指导思想。

1. 习近平新时代中国特色社会主义思想和习近平总书记关于心理健康教育的重要论述

习近平总书记高度重视心理健康教育工作。2016 年在全国高校思想政治工作会议上，总书记强调指出要"培育理性平和的健康心态，加强人文关怀和心理疏导"①。在党的十九大报告中，总书记明确提出要"加强社会心理服务体系建设，培育自尊自信、理性平和、积极向上的社会心态"。

---

① 张烁. 习近平在全国高校思想政治工作会议上强调：把思想政治工作贯穿教育教学全过程　开创我国高等教育事业发展新局面 [N]. 人民日报，2016 – 12 – 09（01）.

## 2. 心理育人工作应坚持立德树人的思想

党的十八大以来，以习近平同志为核心的党中央审时度势、高瞻远瞩，高度重视培养社会主义建设者和接班人，坚持把立德树人作为中心环节，把思想政治工作贯穿教育教学全过程，实现全程育人、全方位育人，努力开创我国教育事业发展新局面。

"立德树人"的本意是指自身树立德业，给后代做榜样，培养人才。它强调把"立德"摆在第一位，是因为万事从做人开始，且强调了培养人才是长远之计。"立德树人"是我国历代教育共同遵循的理念。党的十九大报告指出，要全面贯彻党的教育方针，落实立德树人根本任务，发展素质教育，推进教育公平，培养德智体美全面发展的社会主义建设者和接班人。建设教育强国是中华民族伟大复兴的基础工程，必须把教育事业放在优先位置，深化教育改革，加快教育现代化，办好人民满意的教育。

第一，"立德树人"要求教师认真践行教师的职业道德规范。教师要善于抓住学生的心理特征，对学生的个性品质加以正确引导；在日常的教学实践中，将情感态度与价值观的维度目标细心体现；在课堂上，给予学生更多名人事迹的熏陶与指引，使学生树正德、立志向。

第二，"立德树人"要求教师必须坚持德育为先，促进学生全面发展。"德者，才之帅也。"学校要从课程德育、社会实践和学校文化三方面进行建构，要把德育渗透于教育教学的各个环节，贯穿于学校教育、家庭教育和社会教育的各个方面。

第三，"立德树人"要求教师必须坚持培育学生健全人格。教师要培养学生积极的心理品质和乐观向上的品格，学会创造幸福，分享快乐；关注学生的内心世界，塑造学生纯真完美的心灵；加强学生心理辅导，认真发掘健全人格教育资源，重视对学生的人文关怀，营造良好的师生关系、同学关系，为培育学生健全人格提供良好氛围。

## 二、心理育人的内涵

心理育人是新形势下提升思想政治教育质量的重要内容，也是新时代高校心理健康教育的新任务、新使命。厘清心理育人工作的内涵是实施心理育人工作的基础和前提。

现代科学意义上的心理健康教育起源于心理辅导,并率先在美国、欧洲等地区孕育、发展和繁荣起来,目前已成为一个政策法规体系较为完善的社会建设工程。以美国为例,1908 年弗兰克·帕森斯(Frank Parsons)在波士顿创办的"就业指导局"标志着心理辅导的诞生;1946 年颁布的《国民心理卫生法》(National Mental Health Act)和 1958 年颁布的《国防教育法》(National Defense Education Act)则确立了心理辅导的法律地位。随后,一系列心理辅导、心理健康教育政策法规应运而生。相比之下,我国心理健康教育起步较晚,台湾地区、香港特区和内地学校心理健康教育分别诞生于 20 世纪 50 年代、70 年代和 80 年代,但发展各具特色。

1983 年,林崇德教授率先提出"心理卫生"的概念,倡导心理健康教育。1989 年,班华教授提出"心育"概念。1994 年 8 月,中共中央《关于进一步加强和改进学校德育工作的若干意见》发布,第一次正式提出"心理健康教育",强调"通过多种方式对不同年龄层次的学生进行心理健康教育和指导,帮助学生提高心理素质"。

党的十九大以前,在心理健康服务的科研和实践中,鲜有"心理育人"的提法,使用频次最高的是心理教育、心育、心理素质教育、心理健康教育等相关概念,尽管这几个词之间也是有细微差异的,但结合教育部文件的精神和目前的习惯用法,这几个概念都可统称为现在最常用的"心理健康教育"。心理育人是通过心理健康教育来实现育人的目的。在心理育人这一概念中,"心理"与"育人"之间包含了多方面的含义、多层次的关系,"心理"既可以指"育人"的手段、途径、方法,也可以指"育人"的内容、理念、态度、氛围等,总的来说,都是指通过"心理"最终实现"育人"目的。育人是目标,是目的,是根本,是出发点也是归宿。只有这样来理解心理育人,才能更好地把握心理育人的实质。

马建青等对心理育人的内涵进行了界定,他们认为心理育人是指通过心理的方式来实现育人。① 具体地说,是教育者从教育对象的身心实际出

---

① 马建青,杨肖. 心理育人的内涵、功能与实施[J]. 心理健康教育,2018(9):87–90.

发，遵循人的心理成长规律和教育规律，通过多种方式实施心理健康教育，有目的、有计划地对教育对象进行积极心理引导，缓解心理困惑，开发心理潜能，提升心理品质，促进人格健全，以实现培育有理想、有能力、有担当的时代新人这一目的的教育活动。

高校心理育人的内容可以概括为"八大要素"，即学习心理、生活心理、人际关系心理、品德心理、恋爱与性心理、成长成才心理、职业心理和社会化心理。这些心理都要通过对每个个体进行有针对性和有目的性的疏导来完成，通过行之有效、立竿见影的心理疏导可以提高被疏导个体的心理健康素质和心理道德品质，比如被疏导个体的献身精神、科学精神、民主精神、人生观和世界观等；同时也可以提高被疏导个体的道德心理素质和品质，比如伦理道德、道德情感、道德情怀、道德操守以及自律精神等；甚至还可以提高个体的心理品质和心理素质，比如强烈的事业心和责任感、公平正义感和荣誉感以及个体超强的忍耐性、遇到困难时的顽强性、性格的坚毅性、判断的果断性、做事的自制力等。心理疏导通过提高人的心理品质和素质，为人的全面发展奠定坚实的思想基础和坚实的心理基础，以此为人的整体素质的提高奠定坚实基础。人的全面可持续发展具有丰富的内涵，人的全面可持续发展问题既是一个理论问题，又是一个实践问题，需要通过行之有效的心理疏导提供帮助和指导。人的全面可持续发展还是一个实践过程，在一定的历史时期和历史条件下，人的全面可持续发展只能是在实践的基础上通过不断认识和运用客观规律，并自觉征服和改造世界，从而逐渐走向自由地全面发展。心理疏导的功能和作用在于使当代大学生具有科学的世界观、人生观、价值观和道德观；具备良好的心理品质、心理素质和心理素养；具有科学的合理需要、广泛的兴趣爱好、合理的能力水平、稳定的心理情绪、顽强的意志品质、正确的人生态度，在此基础上自觉追求真、善、美等。加强心理育人，提高个体心理素质，既是人的全面发展的有效手段，又是人的全面发展的内在目标，更是人的全面发展的目的。

纵观心理育人工作的实践历史，我国高校的心理育人工作可以划分为广义和狭义两个方面：广义上是指用心理学原理方法培养身心健康、德智体美劳全面发展的社会主义建设者和接班人；狭义上是指通过加强学生心理健康教育，坚持育心与育德相结合，培养自尊自信、理性平和、积极向上、全面发展的社会主义建设者和接班人。高校的心理育人多指狭义的心理育人。

### 三、心理育人的目标

2006年中共中央政治局第34次集体学习时正式提出"立德树人"；党的十八大报告明确指出要"把立德树人作为教育的根本任务"；2016年习近平总书记在全国高校思想政治工作会议上也指出："高校思想政治工作关系高校培养什么样的人、如何培养人以及为谁培养人这个根本问题。要坚持把立德树人作为中心环节，把思想政治工作贯穿教育教学全过程，实现全程育人、全方位育人，努力开创我国高等教育事业发展新局面"；党的十九大提出了"立德树人"的教育目标，习总书记认为高校思想政治教育是旨在培养人的工作，是一个重在"树人"的过程。"立德树人"是全部思想政治工作的中心环节，当代大学生要成为中国特色社会主义事业的合格建设者和可靠接班人，需要有良好的身体素质、心理素质、道德情操和文化素质。心理育人作为心理教育的重要手段、"十大"育人体系中的有机组成部分，其目标也是指向"立德树人"。

习近平总书记提出的"围绕学生、关照学生、服务学生"要求，始终把大学生的成长成才作为工作目标。心理育人要教育，也需要引导。作为对象性存在，每个人都要与外在对象打交道，并通过物质、能量、信息的交换来维持自身系统的平衡。个体心理作为一个系统，也要在与外在环境的交往中不断调适，当外在环境的变化达到一定阈值时，个体内在的承受接纳能力就会出现问题，这个时候就需要进行心理教育。心理育人是要帮助当代大学生成为心理健康、人格健全的人，使其能够正确处理人与自然、个体与社会的关系，以及成长过程中的各种烦恼。心理育人要打开大学生中的各种"结"，引导大学生梳理未来的人生目标，朝着正确的方向前进。

综上所述，新时代高校心理育人目标就是培养自尊自信、理性平和、积极向上、身心健康的德智体美劳全面发展的社会主义建设者和接班人。

## 第二节 高校心理育人工作的理论基础

### 一、马克思关于人的全面发展的理论

马克思关于人的全面发展的论述,是树立心理育人工作理念的重要依据。

**(一) 马克思关于人的全面发展的理论概述**

从苏格拉底将"认识你自己"作为自己哲学研究的宗旨开始,人的发展问题就成为哲学研究领域的重要课题。马克思在批判地继承前人思想的基础上,从历史唯物主义的高度提出了人的全面发展理论,这一科学理论从根本上揭示了人的发展本质,探讨了人的发展规律,指明了人的全面发展的实现途径。①

马克思对人的全面发展的论断是建立在人在历史发展进程中的地位及人与社会的相互作用的基础上的。其一,人是感性的存在物。马克思指出:"一个种的全部特征、种的类特性就在于生命活动的性质,而人的类特性恰恰就是自由的自觉的活动。"② 这种自由的自觉的活动既是实践活动,是主体有目的、有意识地改造客体,同时也改造自身的人类特有的活动。实践活动是人生存的基础,是人发展的动力,是人的自我表现形式。所以,人根本上是实践的存在物。其二,人的本质在其现实性上是一切社会关系的总和。③ "人的本质并不是单个人所固有的抽象物,它是一切社会关系的总和。""一个人的发展取决于和他直接或间接进行交往的其他一切人的发展;彼此发生关系的个人的世世代代是互相联系的……总之,我们可以看到,发展不断进行着,但个人的历史决不能脱离他以前的或同时代的个人的历

---

① 张秋艳. 论马克思人的全面发展理论对当代大学生成才的价值引领 [J]. 学校党建与思想教育,2012 (21): 13-14, 33.
② 中共中央马克思恩格斯列宁斯大林著作编译局. 马克思恩格斯全集:第四十二卷 [M]. 北京:人民出版社,1972: 96.
③ 中共中央马克思恩格斯列宁斯大林著作编译局. 马克思恩格斯选集:第一卷 [M]. 北京:人民出版社,1995: 18.

史,而是由这种历史决定的。"① "只有在集体中,个人才能获得全面发展其才能的手段,也就是说,只有在集体中才可能有个人的自由。"② "在真实的集体的条件下,各个个人在自己的联合中并通过这种联合而获得自由。"③ 因此,人的本质取决于社会关系。在全部的社会关系中,经济关系是具有支配性地位的关系,决定其他的社会关系。其三,人是自然属性、社会属性、精神属性的统一体。自然属性指的是人的自然需要,即作为自然的、感性的人的需要。社会属性指的是人的群体性、交往性与归属性。精神属性指的是人的自我意识、思维、理性、意志等因素,具体表现为精神生活、精神需要。在活动过程中,人的自然属性、社会属性与精神属性是相互联系、相互作用的。与此相适应,形成了人的自然素质、社会素质与精神素质,也就是人的素质。人的独特的素质构成了人的独特定性与人的主体性。

同时,马克思认为人的全面发展的内容是丰富的、多层次的。人通过不断满足自身的需要、个性、能力、劳动和社会关系的全面发展过程中逐步实现人的自由而充分的全面发展。因此,马克思关于人的全面发展可以理解为个人在劳动、社会关系和个体素质诸方面的自由而充分的全面发展。

具体而言,马克思人的全面发展理论包括以下内容④:

一是人的劳动活动、人的需要和人的能力的全面发展。人的劳动活动的内容和形式的丰富性和全面性,克服了贫乏性、片面性和固定化。人们在改造自然、改造社会、改造人本身上的活动是全面的、自如的。每个人都可以根据自身的禀赋、爱好以及特长来选择劳动活动。人的需要即人的本性,任何否定人的正常需要的行为都是违背人性的,而关于人的需要的发展正是人类对人的本质命题的最新证明。人的需要的全面性指的是人随着活动的全面发展而形成的从低到高的丰富体系,个人按照自己的自主活

---

① 马克思. 1844 年经济学哲学手稿 [M]. 北京:人民出版社,1985:78-79.
② 中共中央马克思恩格斯列宁斯大林著作编译局. 马克思恩格斯全集:第三卷 [M]. 北京:人民出版社,1972:84.
③ 中共中央马克思恩格斯列宁斯大林著作编译局. 马克思恩格斯选集:第一卷 [M]. 北京:人民出版社,1995:82.
④ 谢晓娟. 论马克思人的全面发展理论对高校思想政治教育的价值引领 [J]. 辽宁大学学报(哲学社会科学版),2009,37 (2):24-27.

动来发展一切合理的需要。人的能力的全面发展意味着人的体力、智力、潜力和现实能力的全面发展。

二是人的社会关系的全面发展。人的社会关系是人的本质的存在体，人的全面发展离不开社会关系的充分丰富和全面占有。因而，人的社会关系的全面发展是人的全面发展的一个重要内容。人的社会关系的全面发展包括个人与他人的关系以及个人与社会随着生产力的发展形成的各个方面、各个领域、各个层次的相互关系，如经济关系、政治关系、文化关系、法律关系、伦理关系等。同时，人的社会交往也克服了血缘关系和地域关系的限制而变成了普遍性的交往，并从物质层面的交往发展到精神层面的交往。

三是人的素质的全面提高和个性的自由发展。人的素质的提高包括人的身体素质、心理素质、思想道德素质和科学文化素质的有机统一及均衡发展。人的自由发展意味着人的主体性和独特性的增强。每一个人都形成鲜明的个性、人格，保持着独特的存在，呈现出差异性和独特性。

（二）人的全面发展的理论对当代大学生成长的价值引领

人类社会的发展，最终目的是实现人的自由和全面发展，教育是实现这种目的的一个基本途径。当今世界，经济全球化、国际政治多极化、信息网络化的特征使大学生的成长具有新的时代特征。当代大学生崇尚理性、追求新潮、尊重知识、乐于交往、心系国家，但大学生在表现出以上积极特点的同时也存在一些消极特质，主要是多样化思潮引发部分大学生出现迷失和信仰危机，多元利益需求导致部分大学生出现拜金主义的思想，安逸的生活环境造成部分大学生能力缺失。大学生是祖国宝贵的人才资源，当今世界各国综合国力的竞争归根到底是人才的竞争，如何在马克思人的全面发展理论下引领大学生健康成长成才具有非常重要的现实意义。因此，马克思关于人的全面发展的思想为我国高校心理育人工作提供重要指引。

## 二、习近平新时代中国特色社会主义思想

（一）习近平总书记对人的全面发展的理论的新探索

人的全面发展，既是马克思主义的根本命题，也是中国共产党领导的革命、建设、改革的伟大实践。中国共产党的历代主要领导人都十分重视

人的全面发展问题。在社会主义革命、建设初步探索时期，毛泽东侧重从政治和教育角度论述人的全面发展思想。在改革开放和现代化建设时期，邓小平侧重从提高人的素质角度谈论人的全面发展问题。进入中国特色社会主义时期，江泽民从党的最高纲领和最低纲领的统一以及社会主义新社会的本质要求角度提出人的全面发展思想。胡锦涛提出"以人为本"的"科学发展观"和"构建社会主义和谐社会"等中国特色的时代命题。①

党的十八大以来，中国共产党人不忘初心，牢记历史使命，带领人民开创了全面发展新局面，形成了习近平总书记关于人的全面发展的一系列重要论述。

习近平总书记在党的十九大报告中鲜明指出："中国共产党人的初心和使命，就是为中国人民谋幸福，为中华民族谋复兴。这个初心和使命是激励中国共产党人不断前进的根本动力。"什么是人民的幸福？怎样才算实现民族的复兴？只有不断推动人的全面发展，人民获得感、幸福感、安全感更加充实，民族的复兴才有真正的依托和价值，从这个意义上讲，不断推进和实现新时代人的发展就是中国共产党的初心和使命。

一方面，人的全面发展体现社会主义的最高价值追求和根本优越性。习近平总书记指出："中国特色社会主义是社会主义，不是别的什么主义。"中国特色社会主义以马克思主义为指导思想，马克思就是着眼资本主义人的发展的片面性而提出人的全面发展命题，这也从根本上体现了社会主义的优越性。在社会主义现代化建设实践中，人的全面发展首先要处理好人的发展与社会发展之间、人与自然之间的关系，从而为人的全面发展创造更加有利的条件、提供更加广阔的空间。习近平新时代中国特色社会主义思想作为马克思主义中国化的最新成果，是对马克思主义的继承和发展，把人的全面发展作为其最高价值目标是理论逻辑和历史逻辑的必然结果。

另一方面，中国共产党人的初心和使命与人的全面发展的价值追求高度契合。中国共产党成立之初就把实现共产主义作为党的最高理想和最终目标，始终以马克思主义的人的全面发展观做指导，在实践中不断推进人

---

① 李奇. 习近平关于人的全面发展重要论述探析［J］. 世纪桥，2018（8）：29–30.

的全面发展。当前，中华民族迎来了从站起来、富起来到强起来的伟大飞跃，人的全面发展也迎来了光明前景。特别是"人民日益增长的美好生活需要和不平衡不充分的发展之间的矛盾"这一社会主要矛盾的新变化，让实现人的全面发展的宏伟目标更加迫切地、鲜明地凸显了出来。着力解决好发展不平衡不充分的突出问题、实现人的全面发展就是习近平新时代中国特色社会主义思想的核心问题导向。

**（二）习近平总书记关于人的全面发展的重要论述的主要内容**

党的十九大报告指出："中国特色社会主义进入了新时代，这是我国发展新的历史方位。"党中央把人的全面发展推上了更高层次。

1. 在牢牢把握中国发展的阶段性特征中促进人的全面发展

"人的需要的全面发展"是人的全面发展的一个重要表现。"不断满足自身需要"是人进行社会实践的根本动力。进入新时代，人民对美好生活的向往更加强烈。习近平早在第十八届中央政治局常委同中外记者见面时就指出，"人民对美好生活的向往，就是我们的奋斗目标"，在党的十九大报告中又强调"永远把人民对美好生活的向往作为奋斗目标"。"人民对美好生活的向往"实质上就是对当前人民需要的总体概括，也是当前促进人的全面发展的现实指向和奋斗目标。中共中央深刻认识到了人民需要的新变化，进而提出一系列新理念新思想新战略，出台一系列重大方针政策，推出一系列重大举措，推进一系列重大工作，为的就是更好地满足人民需要。

2. 在着眼时代发展中促进人的全面发展

人的全面发展是一个历史过程。进入新时代，党深刻认识到当前发展中最突出的问题已经发生改变，并做出了社会主要矛盾已经发生转化的重大判断。如果说我国已经解决了改革开放以前的"不发展"的问题，那么现在的历史阶段已经到了要重点解决发展起来之后不断积累的矛盾问题的时候。党的十九大报告指出："我们要在继续推动发展的基础上，着力解决好发展不平衡不充分问题，大力提升发展质量和效益，更好满足人民在经济、政治、文化、社会、生态等方面日益增长的需要，更好推动人的全面发展、社会全面进步。"这就是新时代促进人的全面发展的阶段性任务，这也表明我们对社会的全面进步与人的全面发展之间的关系有了更加深刻的理解，人的全面发展作为价值目标的地位更加凸显。

3. 以新的思想和基本方略指导和推进人的全面发展

新时代呼唤新思想。习近平新时代中国特色社会主义思想和基本方略，是立足我国社会发展的阶段性特征提出的全局性、战略性、前瞻性的指导思想和行动纲领，实质上是从各个方面为促进人的全面发展提供了理论指导和行动纲领。为人的全面发展明确了中国特色社会主义的制度保障，明确了"中国梦"的道路指引，明确了发展的重点领域是保障和改善民生、最终目的是人的发展，明确了人民当家作主的政治基础，明确了以人民为中心的总方针和新的发展理念，明确了总体布局和战略布局的顶层设计，明确了深化改革和依法治国的制度、法制保障，明确了以强军目标为引领的军队建设的军事保障，明确了构建人类命运共同体的外交理念，明确了坚持党的领导和党的政治建设的政治保证，明确了社会主义核心价值观的精神文化保障，明确了坚持总体国家安全观和推进"一国两制"、祖国统一的根本安全和利益保障。

### （三）习近平总书记关于高校思想政治教育工作的指导思想

在新的历史条件下，习近平总书记对高校思想政治工作进行了一系列的新阐述，提出了高校思想政治工作的原则和要求。①

1. 高校思想政治工作的原则

（1）遵循"三个规律"。习近平总书记强调，做好高校思想政治工作，"要遵循思想政治工作规律，遵循教书育人规律，遵循学生成长规律，不断提高工作能力和水平"②。这"三个规律"是做好高校思想政治工作的原则，也是思想政治教育学科建设的原则。

第一，遵循思想政治工作规律。加强思想政治教育学科建设也要遵循思想政治工作规律，要理论结合实际，根据中国教育教学的现实情况，有针对性地开展工作，把握思想政治教育工作的时代性，增强渗透性和引导

---

① 刘亚琼. 习近平高校思想政治教育观探究［D］. 无锡：江南大学，2017.

② 张烁. 习近平在全国高校思想政治工作会议上强调：把思想政治工作贯穿教育教学全过程　开创我国高等教育事业发展新局面［N］. 人民日报，2016－12－09（01）.

性,使思想政治工作永远保持活力和朝气。

第二,遵循教书育人规律。教书育人规律是思想政治教育学科建设的立足点。习近平总书记把教书育人提到遵循规律的高度,这是习近平总书记在教育理论上的创新。所谓"教书育人",指的是传授学生科学文化知识和社会主义道德。教书是传授知识和技能,教学生学会做事;育人则是教会学生如何做人,培养他们正确的世界观、人生观、价值观。思想政治教育的学科建设要加强思想政治教育队伍建设,"教书育人"规律在很好地把握实践需求和特点的前提下,对思想政治教育人才做出了明确阐述。这是一个普遍性的重要问题,也是能否培养出对国家有用的人才的关键。一旦违背了这个规律,培养出来的学生,只是一个拥有专业知识而没有思想政治素质的人,这样的教育没有任何意义,会是一种失败。

第三,遵循学生成长规律。思想政治教育学科建设要以学生成长规律为立足点。针对大学生的成长,应当根据高校培养目标的要求,综合实施各种教育教学,包括德育,即大学生思想政治教育;智育,即科学文化知识教学;体育,即身体锻炼;美育,即审美观的培养。学生成长规律,主要体现在三个方面:一是全面发展成长。人的成长过程和社会的发展过程一样,要坚持片面到全面的客观规律,坚持全面发展。二是自主学习成长。大学生的成长对社会主义建设尤为关键,推进成长过程只能依靠大学生本人,别人是不能代替的。三是理论联系实际。一味纸上谈兵不会有实质的突破和进步,只有不断地实践,才能在实践中提高自己获得真正的成功,才能一步步地通往成功。习近平总书记在北京大学师生座谈会上的讲话指出:"扎扎实实干事,踏踏实实做人。道不可坐论,德不能空谈。……只要坚韧不拔、百折不挠,成功就一定在前方等你。"① 习近平总书记的讲话强调了学生成长的重要性,思想政治教育学科建设要遵循学生成长的规律。

(2)坚持"四个不懈"。习近平总书记强调:办好我们的高校,要坚持不懈地传播马克思主义科学理论、要坚持不懈地培育和弘扬社会主义核心

---

① 习近平. 习近平谈治国理政[M]. 北京:外文出版社,2014:173-174.

价值观、要坚持不懈地促进高校和谐稳定、要坚持不懈地培育优良校风和学风。① 这是我们高等教育的办学方向，是教育工作的要求，也是思想政治教育工作的原则。把握教育方向不动摇，是建设中国特色社会主义高校的关键和命脉。

2. 高校思想政治工作的要求

（1）贯彻"三因"理念。习近平总书记指出："做好高校思想政治工作，要因事而化、因时而进、因势而新。"② 这是高校思想政治工作的要求。

第一，因事而化，就是思想政治教育学科建设要基于中国特色社会主义建设的国情，要基于这个事实而创新工作方法。中国是一个具有五千年辉煌历史的文明古国，它的文明从未中断，有着极强的感召力，这就决定了我们必须走适合中国国情的思想政治教育学科建设之路，增强学生对中华文明的自我认同，使学生感受到中华文明的源远流长和博大精深，使学生自觉成为中华传统文化的积极传播者、中华传统美德的主动践履者。将中国特色社会主义的伟大实践融入马克思主义的理论之中，赋予其理论内涵，实现马克思主义的中国化，坚定"四个自信"，才能够更好地加强思想政治教育学科建设。

第二，因时而进，就是思想政治教育学科建设要做到与时俱进，按照时代进步而不断创新工作内容。和平、发展是当今时代的主流，虽然战争偶有发生，但是合作、共赢、协调发展依然是世界进步的特征。近年来，随着中国经济的迅速增长和国际地位的提高，社会主义制度的优越性愈发突出。但是我们仍然需要保持一颗清醒的头脑，改革的过程是艰辛的、漫长的，所面临的风险挑战前所未有，这就需要我们脚踏实地，在与时俱进中加强思想政治教育学科建设。

第三，因势而新，就是要求思想政治教育要紧随当今社会发展的趋势，不断创新工作机制。当今社会是一个信息化的社会，互联网和科学技术的

---

① 倪光辉. 习近平在全国宣传思想工作会议上强调：胸怀大局把握大势着眼大事 努力把宣传思想工作做得更好［N］. 人民日报，2013－08－21（01）.

② 张烁. 习近平在全国高校思想政治工作会议上强调：把思想政治工作贯穿教育教学全过程 开创我国高等教育事业发展新局面［N］. 人民日报，2016－12－09（01）.

发展日新月异，这对思想政治教育工作提出了新的要求。思想和理论是在不断发展着的思想和理论，我们要以发展的眼光看问题，要紧跟时代的发展变化，要以新的思维看待新问题，不能一成不变。新形势下，思想政治教育工作要守住意识形态主阵地，占领信息传播制高点，要充分利用科学新技术，做到创新媒体传播方式，使学生在潜移默化中成长为实现中华民族伟大复兴中国梦的中流砥柱，要教育引导学生正确认识世界和中国发展大势，培养学生客观认识世界和当代中国发展的视野，认识和把握历史必然性，正确处理脚踏实地和远大抱负的关系，自觉形成将个人理想和国家民族事业相融合的历史使命感。

（2）落实"四为"服务。毛泽东明确提出了"为人民服务""为社会主义事业服务"的命题，把两句话连在一起使用，完整地解释了高等教育的方向问题。习近平总书记在继承毛泽东思想的基础上，提出了"四为"服务，即高等教育的步伐必须要紧跟时代的步伐，"要同我国发展的现实目标和未来方向紧密联系在一起，为人民服务，为中国共产党治国理政服务，为巩固和发展中国特色社会主义制度服务，为改革开放和社会主义现代化建设服务"①，这是对党的教育理论、方针的重要创新。习近平总书记首次提出的关于我国高等教育事业发展的"四为"服务，科学回答了我国高等教育"为谁培养人"的问题。简单来说，就是要明确人的发展方向和立场。思想政治教育工作要努力落实好"四为"服务的要求。

第一，为人民服务。思想政治教育要坚持以人为本，坚持以学生为本、为人民服务。中国共产党的宗旨就是"全心全意为人民服务"，所以任何时候思想政治教育都有其特定目标和重要内容，但是最基本的不会发生改变，那就是为人民服务。教育为谁服务是一个根本性的问题，这个问题不解决，其他一切问题都不可能解决好。坚持以人民为中心、以学生为中心，办人民满意的教育是高校思想政治教育的本质要求。所培养的人才必须在政治思想和价值导向上始终坚持"为人民服务"的根本要求，为人民办教育、为人民培养人才，依靠人民办教育、依靠人民发展教育。

---

① 张烁. 习近平在全国高校思想政治工作会议上强调：把思想政治工作贯穿教育教学全过程　开创我国高等教育事业发展新局面［N］. 人民日报，2016-12-09（01）.

第二，为中国共产党治国理政服务。中国共产党代表着中国最广大人民的根本利益，是中国特色社会主义事业的领导核心。党的利益和人民的利益从根本上来说是一致的、统一的，实现人民利益的过程同党治国理政的过程也是内在统一的。在当代中国，中国共产党治国理政的过程实际上也就是不断发展和实现人民根本利益的过程。同样，发展和实现人民根本利益也必须通过中国共产党治国理政来不断推进、逐步实现。正是从这个意义上说，思想政治教育工作要坚持为人民服务就必须同时坚持为中国共产党治国理政服务，为共产党治国理政提供坚实的文化基础和人才支撑。

第三，为巩固和发展中国特色社会主义制度服务。中国特色社会主义制度造就和发展了当代中国教育，正因为中国特色社会主义事业的快速发展，才使我国教育事业也发生了翻天覆地的大变化。为了保证中国特色社会主义事业更好更快地发展，思想政治教育工作应当更好地坚持中国特色社会主义前进方向，必须毫不动摇地为巩固和发展中国特色社会主义制度服务。应该引导学生正确认识到社会主义进程中的艰辛和困难，使他们不仅能发现问题，更重要的是能找到解决问题的方法和路子，培养他们在面对困难时的勇气。

第四，为改革开放和社会主义现代化建设服务。随着改革开放进程的不断推进，加强和巩固社会主义现代化建设是当代中国的主旋律。我们正在推进的中国特色社会主义伟大事业，从很大程度上来说就是通过改革开放和社会主义现代化建设来实现的。邓小平曾指出，"教育要面向现代化，面向世界，面向未来"，要始终坚持为改革开放和社会主义现代化建设服务这个大方向、大趋势、大战略、大方针，教育培养的人才必须是能为改革开放和社会主义现代化建设服务的德才兼备全面发展的合格人才。思想政治教育要为改革开放和社会主义现代化建设服务，要培养出一批思想政治素质过硬、科学文化素质较高的合格的社会主义接班人。

习近平新时代中国特色社会主义思想中，包含了丰富的心理育人的论述，为新时代育人工作提供有力的理论支撑。

## 三、心理科学的基本原理

心理科学是将人文或对人的研究科学化，又同时将科学人文化的学说。

它真正在特定的社会文化背景下对人的心理进行具体的研究，真正从精神和社会文化方面去理解人的心理，同时又运用生物物理等科学方法对人的社会文化心理进行解读。而建立在心理学研究之上的心理健康教育则是其理论成果的现实转化，其目标直指实现个体的现实的全面发展。

众所周知，以1879年冯特在莱比锡大学建立世界上第一个心理学实验室为标志，心理学从哲学中正式分离出来。它的独立本身不是对哲学的叛离，而是哲学长期发展的成果或必然趋势。传统形而上哲学由于自身局限，无法在其内部构造一条通向现实的个体全面发展的实践之路，它能够发现、构造的只能是形而上的人与自然、人与人（社会）之间的相互否定和最深最复杂的矛盾关系。而关于人的心理是如何构造的、人的外在行为和心理之间的具体发生机制是怎样的、人的意识和认知是如何在人的大脑中形成的这样一些科学层面的问题，只有在心理学独立之后才真正开始从科学角度进行解答。以认知发展为例，在心理学产生之前，人们对认知的认识在唯物主义哲学看来是对客观实在的反映，但并未深入到其微观的发生机制；而认知心理学发展到今天，许多认知科学家提出了大量认知模型，明确阐明了心理发展的机制，产生了有关大脑工作原理的新思路，而且开始把"智力"（指认知）研究的焦点从物质分析转移到内部过程的探索上，致力于从信息加工的角度刻画智力操作的心理机制，把智力理解成一个完整的活动系统，并进行动态的测量和评价，从而实现对人的研究的真正深入。因此，科学全面地认识人自身是从心理学的独立开始的，而这正是实现人的全面发展的科学认识的前提。

心理学的研究范畴简单地说就是人的一切心理，这一范畴体系在实践中拓展，对人的挖掘全面深入。目前我国乃至世界普遍将这一范畴具体分为两大方面，即心理过程和个性心理特征，前者包括认知、情感和意志三个过程，后者包括能力、气质和性格三个方面。同样以认知为例，认知可再细分为感觉、知觉、记忆、思维、表象等，心理学对认知的研究实际上就是要弄明白人的认知机制到底是怎样的，其展开的一般过程是什么。人的认知甚至活动的发生总是在人的大脑的生物物理机制下进行的。而更重要的是，心理学对"人的心理"范畴定位本身就意味着关于人的因素都可能成为心理学的研究对象。而随着心理学研究的深入，人的心理范畴越拓展，我们对人的了解也会越全面。心理学发展至今，国内外学者已开始思考对心理学范畴体态的重构与整合。比如我国著名学者施铁如先生对"普通心理学"概念体系的二维结构的设想，将心理学范畴体系分为知、情、意的反映维和心理活动、个性特征的形态维；同时属于形态维的两个方面又可具体体现为反映维的三个方面，即"2×3"的维方结构。又如窦刚、张峰先生对心理学概念范畴进行整合而提出"心理—行为统一过程结构说"，将现行有关心理研究的对象涵盖在"行为"［包括生理反应、操作、言语、社会行为和心理（包括认知、动力、调节机制）］的范畴体系里，力图使自己的结构能自动同化并涵盖所有心理现象。以上种种思考和努力说明，心理学在拓展和深入中不断实现对人的全面发展的科学认识，而这正是实现人的全面发展的科学基础。

在国家政策层面，心理学已经被列为立德树人工作的重要支撑学科。中共中央、国务院印发的《关于加强和改进新形势下高校思想政治工作的意见》指出，要发挥哲学社会科学育人功能，强调要加强哲学社会科学学科体系建设，积极构建中国特色、中国风格、中国气派的哲学社会科学学科体系，强化马克思主义理论学科的引领作用，支持有条件的高校在马克思主义理论一级学科下设置党的建设二级学科，实施高校马克思主义理论人才支持培养计划，积极推进学术话语体系创新，加快完善具有中国特色和国际视野的哲学、历史学、经济学、政治学、法学、社会学、民族学、新闻学、人口学、宗教学、心理学等学科，努力建设一批中国特色、世界一流的哲学社会科学学科。

具体来讲，心理科学的以下分支学科，为高校心理育人工作提供了学科基础。

**（一）发展心理学**

发展心理学研究个体一生的心理发展。在生命全程的心理发展研究中，主要涉及两个问题：一是心理发展原理或规律的理论问题，二是个体发展各年龄阶段的心理特征问题。对大学生心理发展规律的科学认识是心理育人工作的基础。从心理健康的角度看，不同年级大学生有着相同的心理问题，也有着专属于每个年级学生的心理问题。自进入大学到从大学毕业进入社会，大学四年生涯中每个大学生的心理状况都不断变化和发展着，心理适应能力不断提高着，心智也不断成熟着。对大学不同年级学生心理发展状况进行分年级分析，可以更深刻地把握心理发展特点的脉络，面对学生的不同特点，使用不同的心理健康教育方法，应用不同的工作途径。

（二）教育心理学

教育心理学是研究教育教学情境中学与教的基本心理规律的科学，它主要研究教育教学情境中师生教与学相互作用的心理过程、教与学过程中的心理现象。教育心理学的重点是把心理学的理论或研究成果应用在教育上。教育心理学可应用于设计课程、改良教学方法、推动学习动机以及帮助学生面对成长过程中所遇上的各项困难和挑战。教育心理学为心理育人工作提供了直接的方法基础。

（三）人格心理学

人格心理学研究一个人特有的行为模式，其理论对人的行为进行合理的解释，帮助我们理解人的行为，找到适当的工作方法途径。早期的精神分析理论，又称为心理动力理论，认为人格是一种动力结构，能量来自于性本能；强调人的潜意识的动机，通过挖掘人的问题行为的早期动力源泉来矫正人的问题行为。后期的人本主义人格理论强调人格是自我和经验的统一，通过发现人的内在潜能和自我实现动力以及受阻情况来治疗其心理问题。早期的行为主义理论通过改变外在环境来改变人的心理问题，晚期的行为主义理论通过改变人的内在认识和改变环境的方法来改变人的问题行为。学生的心理问题不同，用于解释的人格理论也不同，因此使用的治疗方法就不同。在高校中一名合格的心理咨询师必须经过长期的专业理论训练并有丰富的实践。

（四）心理测量

心理测量是用来检测人们的能力、行为和个性特质的特殊的测验程序。心理测量通常是指对个体差异的测量，因为多数测量都是在某一定的维度上，确定某人与其他人如何不同或相似。广义的心理测量不仅包括以心理测验为工具的测量，也包括用观察法、访谈法、问卷法、实验法、心理物理法等方法进行的测量。心理测量是通过科学、客观、标准的测量手段对人的特定素质进行测量、分析、评价。心理测量有助于高校对学生的心理健康状态进行了解,以对学生可能出现的心理问题进行预防和干预。

**(五) 社会心理学**

社会心理学是研究个体和群体的社会心理、社会行为及其发展规律的科学。社会心理是社会刺激与社会行为之间的中介。社会心理为各种高校心理育人工作途径的展开提供了理论基础,同时为大学生团体的群体心理的研究提供了理论基础。

**(六) 其他心理学理论**

高校心理育人的工作的开展,除了应用上述理论之外,还包括心理咨询、群体动力学、人际交互作用分析理论等。熟练掌握问题学生的识别和诊断的方法,有助于心理健康教育教师及时发现问题学生和科学对待的方式;熟练掌握并应用各种不同流派的心理辅导方法,有助于灵活选择恰当的方法对待各种不同类型的学生。多种心理学理论为高校心理育人的工作途径提供理论基础,让工作的开展更有效。

## 第三节 高校心理育人工作的原则与要求

在心理育人工作体系中,教育者既包括高校专兼职心理健康教育教师,也包括全体师生员工,还可以扩大到学生家长和社会各界,教育对象包括全校师生。在普通高校,心理育人是通过心理健康教育来实现育人的目的,育人的核心是要培育全面发展的人。心理育人为新时代高校心理健康教育确立了一个目标,给出了一个明确的价值定位,为培育时代新人做出了贡献。

### 一、心理育人工作的教育性

大学阶段是世界观、人生观、价值观形成的关键时期。对于在校大学生来说,他们在成长过程中遇到的困难和矛盾,产生的困扰和冲突,会形成这样或那样的心理问题。而这些心理问题又往往同他们世界观、人生观、价值观的形成交织在一起。心理问题，是世界观、人生观、价值观问题在心理方面的反映。心理问题的解决，从根本上讲要以树立正确的世界观、人生观、价值观为前提。因此，心理育人必须蕴含一定的德育功能，要有教育性。教育主管部门高度重视并出台系列指导文件，把加强和改进大学生心理教育视为完善素质教育的重要内容，把大学生心理健康教育列入各高校的人才培养方案。教育部还专门出台文件规范大学生心理健康教育内容，赋予大学生心理健康教育以一定的德育职责和功能。教育部办公厅2002年4月颁布的《普通高等学校大学生心理健康教育工作实施纲要（试行）》中指出："大学生心理健康教育工作是高等学校德育工作的重要组成部分。"大学生心理健康教育是高校德育工作的重要抓手，不同于一般的德育课程。大学生心理健康教育课程也不同于普通心理学课程。大学生心理健康教育课程主要着眼于培养学生完善的人格和自我调适能力，保证学生心理健康。普通心理学是心理学分支中最基础的一般性学科，侧重基本理论研究，关注心理知识的全面性和系统的教育。二者在理论支撑和实践等方面都有一定的差异性，不能相互替换，一旦替换则会出现缺乏指导性、实用性不强等问题。

## 二、心理育人工作的科学性

心理健康教育的一个重要特点是具有科学性。人的心理现象既是主观的，又存在客观因素；其发生发展既是偶然的，也遵循一定的规律；同时，不同个体的心理现象既有差异性又有普遍性和共同性。

心理健康教育是针对人的一种教育活动，或者说是针对人的心理现象而进行的一种启发、诱导、训练和教育的实践活动。人的心理现象既是心理健康教育的直接对象，也是心理健康教育需要研究的重要内容。心理现象最大的特点是具有主观性、多变性，但是，就个别心理现象所组成的整个心理世界而言，又具有某种客观性，即只要人及人类社会存在，心理现象世界相对于宇宙世界而言就是始终存在的，只是到目前为止，由于我们的科学技术手段和方法有限，还不能完全搞清楚心理现象世界的本质与变化发展的规律，所以从这样一个角度看，心理现象是主观的，但是在主观性的前提下，它又有某些客观性因素。所以，心理健康教育不能想当然和凭经验，必须遵循科学的方法。

从个别心理现象上看，某个（种）具体心理现象的产生与发展变化，是受外界刺激的影响而发生发展的，因为外界刺激的产生具有偶然性，所以某个（种）具体心理现象的产生也就具有偶然性。但从总体上看，心理现象的产生及变化发展是必然的。因为有人存在，心理现象就无时无刻不在，应该说心理现象作为一种特殊类型的客观事物是存在的，所以尽管某个（种）心理现象的产生是由于某种外界刺激偶然引起的，但从心理现象的内在本质（大脑的机能、客观现实的反映、遗传与环境相互作用的结果）上讲却是必然的。

心理现象的必然性表现在心理与环境的关系、心理与躯体的关系、正常心理与异常心理的关系等。因此，心理健康教育的科学性总是要探索心理现象的必然规律性，这样才能使心理健康教育具有较好的针对性与有效性。

在承认世界上没有两个心理现象完全相同的人的前提下，我们更要认识到，从总体上讲，从本质上看，心理现象存在着许多普遍性与共同性。临床上许多异常心理现象的临床表现，如幻觉、妄想、强迫、恐惧、焦虑就是临床心理学家概括出来的异常心理现象的共同性。而人高兴时眉飞色舞、手舞足蹈、笑口常开，就是普通心理学家概括出来的肯定性情绪的普遍性。心理健康教育就是要根据心理现象的共同性与普遍性，提出心理健康教育的原则及规律。

心理现象主观性中的客观性，偶然性中的必然性，差异性中的普遍性，使心理健康教育有自身的特点和规律、逻辑与原则。我们绝对不能因心理现象具有主观性、多变性——即心理现象既看不见又摸不着，而否定心理健康教育的科学性。相反，心理现象的客观性、必然性、普遍性与共同性，决定了心理健康教育的科学性，即必须坚持科学的方法论，而不能凭经验，甚至凭感觉。

## 三、心理育人工作的发展性

心理育人的基本目标是促进大学生健康发展，因此心理育人工作必须坚持发展性原则。心理育人要以学生成长和自身发展为主，不能简单地以学生掌握了多少知识点作为课程教学效果评判的依据，不能仅仅满足于学生学习了多少个心理学专业名词和专业术语。发展性原则要求心理育人的具体实践过程应注意以下几个方面：一是心理育人工作的基本出发点是促进学生的发展，这是心理育人工作任务的根本要求；二是心理育人工作具体任务和具体目标的确定、实施方法和措施的选择应以学生的身心发展水平为依据；三是心理育人工作的考核和评价，应以大学生的心理发展水平为主要依据；四是心理育人工作的动态监测，应包括学生心理发展的指标，如情绪、人格和认知能力等。

### 四、心理育人工作的实效性

进一步提升高校心理健康教育水平和质量，是培养担当民族复兴大任的时代新人的迫切需要。新时代、新思想、新目标和新征程都要求从事高校心理健康教育工作的同志从更高的高度、更新的角度、更深的深度、更大的力度来推进高校学生心理健康教育工作。最重要的就是要提高政治站位，深刻领会中央精神，统一思想与行动，与中央精神要求保持一致。2018年，教育部的工作要点有八大方面41项。第17项重点工作"建立健全立德树人系统化落实机制"，把落实《高校思想政治工作质量提升工程实施纲要》作为主要任务之一，对高校思想政治工作质量提升作出部署。该文件提出的基本任务就是要构建"十大"育人体系，其中包括课程、科研、实践、文化、网络、心理、管理、服务、资助、组织等，发挥育人功能，挖掘育人要素，完善育人机制，优化评价激励，强化实施保障。关于心理育人工作，文件提出了构建"心理育人质量提升体系"。坚持育心与育德相结合，加强人文关怀和心理疏导，深入构建教育教学、实践活动、咨询服务、预防干预、平台保障"五位一体"的心理健康教育工作格局，着力培育师生理性平和、积极向上的健康心态，促进师生心理健康素质与思想道德素质、科学文化素质协调发展。

#### （一）教育教学

当前高校都有专门的心理健康教育机构，开设了心理健康测评、心理健康教育相关课程（包括必修课和选修课），以及心理健康知识讲座、团体辅导、个别辅导、心理健康知识宣传、心理危机干预等。开展心理健康教育，除发挥课堂的主渠道作用外，还要充分利用互联网的优势，逐步推进心理健康教育工作的信息化，构建能够与时俱进的心理健康教育服务体系。目前，由吉林大学牵头，联合清华大学、北京大学等高校共同完成的"大学生心理健康教育"在线课程可以说是一个很好的探索。大规模开放式在线课程（massive open online courses，MOOC，简称"慕课"）是新时代背景下产生的一种新型学习模式，构建慕课式大学生心理健康教育课程体系，有助于促进高校心理健康教育工作的改进，从而帮助学生减少心理行为问题的产生，提升大学生心理健康水平。心理健康教育中心可以通过自己的网站进行心理健康知识的宣传、开放心理咨询与辅导的预约等功能，也可以进一步通过微博、微信等网络社交平台推送心理健康知识、心理调适技巧和方法，提高心理健康工作的针对性、时效性。然而，大部分高校目前心理咨询的主要形式还是以单独面谈为主，应拓宽团体咨询，微博、微信或网络咨询的途径。

（二）实践活动

心理健康教育是一门实践性很强的课程，课程的效果以学生成长的效果而不仅仅以学生的成绩来评定，课程的主要目的是促进大学生的心理素质水平的提高。仅仅依赖于课堂授课和灌输的方式，心理健康教育很难对学生的心理和行为有所触动，教育者必须要在教育过程中突出实践性，重视学生自己的体悟，通过心理健康教育课程的学习，让学生有所体验，将体验与实际生活相结合。心理健康教育实践性的关键是要通过教学活动让广大学生积极参与，主动展现自我，表达自我，体验当下，回味过去，展望未来。学生在实践活动中体验，获得真切的感受，然后在体验中改变自身的心理和行为，在实践活动中凸显生命本体的意义。社会实践对于大学生成长成才来说，是一种深层次的教育，学生积极参与社会实践活动的过程，也是塑造自我、完善自我的过程。人的全面发展是一个实践过程，大学生从实践中体验、探索，以更加饱满的精神去追求自我价值的实现，能够亲身体验到属于自己创造的价值。

### (三) 咨询服务

心理辅导与咨询是高校心理健康服务的核心。高校专职心理健康教育教师一般同时负责课程教学、心理咨询和心理健康宣传工作,以心理辅导与咨询为主。未来要进一步丰富心理咨询与心理辅导的内容,不仅要继续关注大学生情绪、自我、恋爱、人际交往、学习、求职就业等方面的心理行为问题,也要加强对发展性问题的关注、心理素质方面问题的辅导,提升学生的心理健康水平。

### (四) 预防干预

高校在实现心理健康教育的普及化、全覆盖的同时,还要预防和及时发现学生出现的精神障碍。《普通高等学校学生心理健康教育工作基本建设标准(试行)》指出:"通过新生心理健康状况普查、心理危机定期排查等途径和方式,及时发现学生中存在的心理危机情况。"但是,由于学生心理健康状况是动态变化的,仅仅凭借以上措施无法实现心理危机监测的持续性和有效性。因此,需要建立心理健康监测的常态化机制,必须与辅导员的日常学生工作结合起来。教育部印发的《高等学校辅导员职业能力标准(暂行)》(教思政〔2014〕2号)规定:辅导员要广泛深入开展谈心活动,引导学生养成良好的心理品质和自尊、自爱、自律、自强的优良品格;在对学生开展心理健康教育与咨询工作中,协助学校心理健康教育机构开展心理筛查;对学生进行初步心理问题排查,开展心理辅导,疏导学生的心理困扰。

为了确保及时发现与预防心理危机,需要院系辅导员与学校心理咨询教师相互配合、密切合作,进一步明确心理监测工作中的职责分工和具体流程。辅导员要通过学习掌握心理问题病与非病三原则,及时发现存在心理问题的学生,能根据鉴别评估的基本标准将存在严重心理问题的学生及时转介到学校心理咨询中心;心理咨询教师要对存在严重心理问题的学生做进一步鉴别评估,分清情况并给予及时干预,对存在严重心理问题的学生进行心理咨询,对疑似患神经症或精神病的学生及时转介精神卫生专科医院。这样,既能避免因工作重叠带来的资源浪费,又能有效弥补因工作出现断点带来的疏漏。

### （五）平台保障

目前，高校心理育人工作主要由心理健康教育中心（心理咨询中心）总体负责，包括心理健康教育各项活动的开展、课程安排、心理咨询与辅导活动、危机干预和处理等。在院系层面，各院系的辅导员和班主任对学生情况更为了解和熟悉，他们也是心理健康教育服务体系中的重要组成部分。有的高校心理健康教育课程主要由辅导员担任，他们能够在第一时间了解到学生的心理状态。班级和宿舍也是开展心理健康教育工作的有效阵地。现在一些高校在班级中设立了班级心理委员，定期在班级内开展心理健康的主题班会活动，取得了较好效果。大学生党团和社团组织往往会吸引很多同学参与，因此，依托党团组织和社团组织开展心理健康教育活动，如开展朋辈辅导、主题讲座、实践活动会激发更多同学积极参与。总之，要利用好各种平台，将心理健康教育工作与其他学生工作相互结合，使心理健康教育工作与其他学生工作互相促进，这是增强心理健康教育力量的合理选择。

# 第二章
# 高校心理育人工作内容体系的构建

中共教育部党组印发的《高等学校学生心理健康教育指导纲要》共包括六个部分。该纲要首先指出："心理健康教育是提高大学生心理素质、促进其身心健康和谐发展的教育，是高校人才培养体系的重要组成部分，也是高校思想政治工作的重要内容。"并对高等学校学生心理健康教育的指导思想做了明确规定："深入学习贯彻习近平新时代中国特色社会主义思想，全面贯彻党的教育方针，把立德树人的成效作为检验学校一切工作的根本标准，着力培养德智体美全面发展的社会主义建设者和接班人。坚持育心与育德相统一，加强人文关怀和心理疏导，规范发展心理健康教育与咨询服务，更好地适应和满足学生心理健康教育服务需求，引导学生正确认识义和利、群和己、成和败、得和失，培育学生自尊自信、理性平和、积极向上的健康心态，促进学生心理健康素质与思想道德素质、科学文化素质协调发展。"

"心理育人"是新形势下提升思想政治教育质量的重要内容，也是新时代高校心理健康教育的新任务、新使命。

## 第一节 高校心理育人工作内容体系构建的依据

### 一、立德树人的国家要求

1939年当选为美国心理学会主席、1964年获美国心理学会颁发的杰出科学贡献奖的学者奥尔波特曾指出:"明确而坚定的价值观念的有无是区分一个人人格是否健康、心理是否成熟的标志。"① 价值观是影响大学生心理健康的重要因素之一。

2014年2月24日,中共中央政治局就培育和弘扬社会主义核心价值观、弘扬中华传统美德进行第十三次集体学习。习近平总书记强调:把培育和弘扬社会主义核心价值观作为凝魂聚气、强基固本的基础工程,继承和发扬中华优秀传统文化和传统美德,广泛开展社会主义核心价值观宣传教育,积极引导人们讲道德、尊道德、守道德,追求高尚的道德理想,不断夯实中国特色社会主义的思想道德基础。特别强调以文化人、以文育人。要把社会主义核心价值观贯穿于社会生活方方面面,包括教育引导、舆论宣传、文化熏陶、实践养成、制度保障;要内化为精神追求,外化为自觉行动;要润物细无声,运用各类文化形式,生动具体地表现社会主义核心价值观。

2019年3月18日上午习近平总书记在北京主持召开学校思想政治理论课教师座谈会并发表重要讲话。他强调,要用新时代中国特色社会主义思想铸魂育人,贯彻党的教育方针,落实立德树人根本任务;思想政治理论课是落实立德树人根本任务的关键课程。青少年阶段是人生的"拔节孕穗期",最需要精心引导和栽培。

高校担负着培养高素质人才的光荣使命。核心价值观是从中西方人类文化精华中萃取的优秀价值内涵。高素质人才,不但要有良好的科学文化素质和身体素质,良好的思想道德素质,还要有良好的心理素质;更应当

---

① 舒尔兹. 成长心理学 [M]. 李文湉, 译. 北京:生活·读书·新知三联书店, 1988: 47-48.

具有坚定的社会主义核心价值观和中华传统美德。大学生心理健康教育是大学生素质教育的重要内容，是落实立德树人根本任务、促进学生全面健康成长的重要途径，是提升大学生思想政治教育质量、推动大学生思想政治教育工作内涵式发展的重要任务。

大学生思想政治教育应放到高等教育改革发展的大局中来整体谋划、系统推进。冯刚教授2014年撰文《坚持立德树人　注重提升质量：扎实推进大学生心理健康教育工作创新发展》，就当前大学生思想政治教育工作面临的新形势和新任务提出以下观点："大学生思想政治教育如何更好地服务于人才培养的质量，为高等教育质量提升、内涵式发展作贡献，如何同步提升自身质量、实现自身内涵发展，是大学生思想政治教育工作必须引起重视的新任务、新课题。"①

（一）更加注重坚持以人为本，促进学生全面发展和健康成长

教育的全部活动是为了人的发展。坚持以人为本，不是简单地去迎合学生，而是一切工作都围绕学生的健康成长开展，尊重教育规律和学生身心发展规律，关心学生的可持续发展，坚持育人为本、德育为先、能力为重、全面发展。大学生思想政治教育的工作内容、工作途径、工作手段、工作机制都应围绕这个目标来研究和设计。中共中央、国务院《关于进一步加强和改进大学生思想政治教育的意见》为大学生思想政治教育工作制定了战略性框架，心理健康教育、校园文化建设、社会实践都纳入其中，成为开展大学生思想政治教育工作、培养德智体美全面发展高素质人才的重要途径和内容。

（二）更加注重理想信念教育，发挥精神力量对青年学生的重大作用

一个民族，如果没有振奋的精神和坚强的意志，就不可能自立于世界民族之林；一个人，如果没有振奋的精神和坚强的意志，就不可能成为高素质人才。青年学生正处在世界观、人生观和价值观形成的过程中，加之当今我国处于开放的国际环境与多元文化的背景之下，要培养中国特色社会主义事业建设者和接班人，首先要重视培养青年学生精神方面的追求和

---

①　冯刚. 坚持立德树人　注重提升质量：扎实推进大学生心理健康教育工作创新发展［J］. 思想政治教育研究，2014，30（1）：1-4.

支撑。要进一步落实立德树人根本任务，坚持开展中国特色社会主义和"中国梦"宣传教育，结合学生的个人梦、成才梦、创新梦和报国梦，培养大学生自尊、自爱、自律、自强的优良品格，增强理论自信、制度自信和道路自信，提高克服困难、经受考验、承受挫折的能力。

**（三）更加注重系统谋划、整体推进，增强工作的整体性、协同性**

高等教育改革发展涉及方方面面。党的十八届三中全会强调深化教育领域综合改革，就是要把单一的改革、点对点的改革提升到综合改革层面，把增量改革转变到存量改革层面，把一般性改革推进为机制的改革，解决发展当中的一些制约性问题，真正形成"1+1＞2"的效果。大学生思想政治教育要想实现创新发展，就要更加注重系统谋划、整体推进，形成合力，加强顶层设计和"摸着石头过河"相结合，在发展目标、工作机制、动力机制、资源配置机制以及评价机制等方面体现系统性、整体性、协同性，加强工作各个环节、各个途径的力量整合和相互支撑。

**（四）更加注重立标准、建机制、提质量，保证工作规范长效发展**

没有标准，质量就无从谈起；没有制度，发展就得不到保障。大学生思想政治教育工作要提高科学化水平，实现创新发展，就必须在更高层面设计和构建起与之相适应的质量标准和体制机制。这个质量标准应该是对工作的内涵、过程及其效果的测评尺度，建立质量标准是一个系统工程，应当以马克思主义中国化的最新成果为指导，从大学生思想政治教育实际出发，坚持导向性、科学性和操作性，制定出客观、科学的标准体系。要完善领导制度，建立科学合理的工作机制，增强制度与制度之间的相互协同、政策与政策之间的相互衔接，形成系统完备、科学规范、运行有效、动态平衡的制度体系。要加强调查研究和监督指导，确保制度科学有效、执行到位。

**（五）更加注重分类指导，增强工作的针对性、实效性**

要重视和统筹好重点本科高校、一般本科院校、新建本科院校、高职高专院校、民办高校和联合培养等的大学生的思想政治教育工作，分析不同类型学校的实际情况和不同群体学生的思想状况特点，研究更具有针对性、实效性的思想政治教育模式。在制定政策和开展具体工作时，注重尊重特点、形成特色、分众实施、分类指导，促进共同发展、整体提高。

**（六）更加注重队伍建设，着力提升队伍专业化水平**

队伍专业化建设是工作科学发展的保障。在全国宣传思想工作会议上，习近平总书记也对宣传思想工作队伍建设提出了要有专业化素质和能力的要求。教育部采取多种有效措施，持续推进队伍专业化建设。一是重视培养培训工作。依托教育部21个高校辅导员培训和研修基地，对高校党政干部、思想政治理论课教师、辅导员、班主任以及心理健康教育工作者进行专题培训，健全培训制度，保障培训经费，提高培训质量，使培训经常化、专门化、科学化、长效化。二是搭建平台。定期召开交流会、座谈会、研讨会等，扩大在职攻读博士学位、硕士学位计划，设立专项课题，开展思想政治教育研究文库建设、辅导员工作精品项目建设等，为思想政治工作和学生工作者开展理论研究、提升理论素养创造条件，加大经费支持力度，推动成果转换。三是加强实践锻炼。采取有效措施，组织大学生思想政治教育工作者参加社会实践、挂职锻炼、学习考察和海外研修等活动，打造一支政治觉悟高、理论素养好、专业能力强的工作队伍，推动工作科学发展。

在新的时代，高等教育内涵发展、质量提升的大背景下，大学生心理健康教育也要与大学生思想政治教育实现同步发展，进一步加强统筹谋划、总结经验、研究问题、把握规律，进一步明确工作的基本前提、核心使命、中心目标和基本原则，不断提升工作质量和育人水平，着力构建具有中国风格、符合中国文化、适应中国学生特点的新时代中国大学生心理育人工作体系。

## 二、健康中国的社会要求

人的发展，离不开心理的健康发展。只有加强社会心理服务体系建设，充分利用心理学研究成果，预测、引导和改善个体、群体、社会的情感和行为，才能提高全民心理素质，促进国民心理健康，提升国家凝聚力。

2016年10月25日，中共中央、国务院印发了《"健康中国2030"规划纲要》（以下简称《健康纲要》），开篇指出：健康是促进人的全面发展的必然要求，是经济社会发展的基础条件。实现国民健康长寿，是国家富强、民族振兴的重要标志，也是全国各族人民的共同愿望。

**（一）"健康中国"是一个崭新的治国理念，是中国特色社会主义道路的又一个伟大实践**

"健康中国"作为治国理念，既与经济发展阶段有关，又与经济发展水平没有必然关系，这是因为"健康中国"所体现的是以人为本的人文精神和促进人的全面发展的人文情怀，是民族昌盛和国家富强的重要标志；"健康"是以人为本的基本要求，是人民群众的共同追求，从这个角度看，"健康中国"必将上升到国家战略，成为崭新的治国理念，"要把人民健康放在优先发展的战略地位"。既然是治国理念，就要渗透到经济社会发展的方方面面，融入经济社会政策的所有领域，成为执政党长期执政理念的重要内容之一，而不应将之视为一个临时的"社会运动"。

**（二）将健康教育纳入国民教育体系，把健康教育作为所有教育阶段素质教育的重要内容**

以中小学为重点，建立学校健康教育推进机制。构建相关学科教学与教育活动相结合、课堂教育与课外实践相结合、经常性宣传教育与集中式宣传教育相结合的健康教育模式。培养健康教育师资，将健康教育纳入体育教师职前教育和职后培训内容。《健康纲要》高度重视全体公民的心理健康，在第五章"塑造自主自律的健康行为"明确地强调我们应当"促进心理健康"：加强心理健康服务体系建设和规范化管理。加大全民心理健康科普宣传力度，提升心理健康素养。加强对抑郁症、焦虑症等常见精神障碍和心理行为问题的干预，加大对重点人群心理问题早期发现和及时干预力度。加强严重精神障碍患者报告登记和救治救助管理。全面推进精神障碍社区康复服务。提高突发事件心理危机的干预能力和水平。到2030年，常见精神障碍防治和心理行为问题识别干预水平显著提高。

**（三）22部门联合发文，首次提出加强心理健康服务、健全社会心理服务体系**

为深入贯彻落实党的十八届五中全会和习近平总书记在全国卫生与健康大会上关于加强心理健康服务的要求，根据《中华人民共和国精神卫生法》《健康纲要》和相关政策，2016年12月国家卫生计生委、中宣部等22部门联合印发《关于加强心理健康服务的指导意见》（以下简称《指导意见》），就加强心理健康服务、健全社会心理服务体系提出指导意见。《指导意见》明确指出：心理健康是人在成长和发展过程中，认知合理、情绪稳定、行为适当、人际和谐、适应变化的一种完好状态。心理健康服务是运用心理学及医学的理论和方法，预防或减少各类心理行为问题，促进心理健康，提高生活质量，主要包括心理健康宣传教育、心理咨询、心理疾病治疗、心理危机干预等。加强重点人群心理健康服务，培育心理健康意识，最大限度满足人民群众心理健康服务需求，形成自尊自信、理性平和、积极向上的社会心态。《指导意见》对于高等院校心理健康教育的开展特别强调，要积极开设心理健康教育课程，开展心理健康教育活动；重视提升大学生的心理调适能力，保持良好的适应能力，重视自杀预防，开展心理危机干预。教育系统要进一步完善学生心理健康服务体系，提高心理健康教育与咨询服务的专业化水平。每所高等院校均设立心理健康教育与咨询中心（室），按照师生比不少于1∶4 000配备从事心理辅导与咨询服务的专业教师。

他山之石，可以攻玉。美国心脏协会曾有一个生动的比喻：如今的医生都聚集在一条泛滥成灾的河流下游，拿着大量经费研究打捞落水者的先进工具，同时苦练打捞落水者的本领。结果，事与愿违，一大半落水者都死了，被打捞上来的也是奄奄一息。更糟糕的是，落水者与日俱增，越捞越多。事实上，与其在下游打捞落水者，不如到上游筑牢堤坝，让河水不再泛滥。合理、高效的卫生事业体系不能坐着等人得病，而应防患于未然，避免更多人"落水"。马克·吐温曾说："经验是一种智慧，它会告诉我们，我们业已养成的习惯，很可能是一个令人讨厌的老朋友。"心脏医学专家的感慨，对于我们进行学生健康教育、心理育人同样是值得借鉴的。

党中央高瞻远瞩提出"健康中国"的新时代治国理念，身为教育工作者，我们必须上下一心，同心协力，构筑大学生坚强的心理健康意识、普及心理健康知识、打造心理育人环境、编织心理育人内容，为祖国的建设者、中国梦的践行者——我们新时代的大学生具有自尊自信、理性平和、积极向上的健康心态，促进其心理健康素质与思想道德素质、科学文化素质协调发展贡献一份力。

"健康中国"是中国梦的重要组成部分,是中华民族伟大复兴的前提和目标。打造"健康中国"是民之所望,政之所向!

## 三、大学生成长成才的个体需求

大学时期是人的社会化或心理社会性发展的重要阶段。这一时期,大学生经历着从青少年向成年人的角色转换,而心理健康是他们顺利过渡的心理基础。近年来,我国大学生心理健康教育工作得到了国家和政府的高度重视,各高等学校心理健康教育工作蓬勃开展,有声有色,并取得了很大成效。

大学生的心理发展过程通常分为三个阶段:心理适应阶段、全面发展阶段和职业定向阶段。[①]

### (一)心理适应阶段

这个阶段在大学一年级,其主要特征是对环境的不适应和思想的不稳定。进入大学后,大学生们发现学习的任务、内容和方法发生了很大的变化。中学时代教师天天辅导,日日相随,大学里则需要有较强的自学能力和独立思考的能力。在高手云集的班级里,高中时学习优秀的自豪感与自尊心却变成了无奈和自卑。许燕等对 747 名大学新生进行了心理适应状况的调查,结果表明,大学新生的心理适应问题主要有七类[②],详见表 2-1。

表 2-1 大学新生心理问题的类型和内容

| 心理问题的类型 | 内容 | 人数/人 | 百分比/% | 排列等级 |
| --- | --- | --- | --- | --- |
| 环境改变与心理适应问题 | 理想与现实问题 | 121 | 32.66 | 1 |
| | 学习特点的变化 | 97 | | |
| | 生活环境的变化 | 26 | | |

---

[①] 张积家. 高等教育心理学 [M]. 2 版. 北京:高等教育出版社,2016.
[②] 许燕,梁向芬. 师范大学新生的心理问题探析 [J]. 青年研究,1997 (11):7-12.

续上表

| 心理问题的类型 | 内　容 | 人数/人 | 百分比/% | 排列等级 |
|---|---|---|---|---|
| 人际交往问题 | 交往技巧<br>交往原则<br>交往心理品质 | 158 | 21.15 | 2 |
| 自我意识问题 | 自卑问题<br>自我认识 | 107<br>41 | 19.81 | 3 |
| 不良意志品质 | 自觉性差，坚持性差，果断性差，自制力差 | 78 | 10.44 | 4 |
| 情绪困扰问题 | 焦虑、抑郁、恐惧、易怒、孤独、焦虑、嫉妒 | 73 | 9.77 | 5 |
| 人格方面问题 | 悲观、羞涩、敏感、拖拉、猜疑 | 25 | 3.35 | 6 |
| 恋爱方面问题 | 对爱情的困惑 | 21 | 2.81 | 7 |

由表2-1可以看出，大学新生面对中学生活向大学生活的转换，表现出众多心理适应方面的问题。其中，环境改变与心理适应方面的问题居于第一位，人际交往问题居于第二位，自我意识方面的问题占第三位。所有这些问题在大学一年级学生中普遍存在，也是心理适应期的大学生急需解决的问题。由于个人的具体情况不同，心理适应的时间长短也不同，短的只需一两个月，长的需要半年甚至一年。教育者应该采取富有针对性的教育措施，缓解或解决大学生心理适应期的矛盾与冲突，缩短大学新生的心理适应期。与此同时，大学新生也应该不失时机地寻找心理适应的方法、途径，与学校教育同步，力争迅速适应学校的学习和生活，促进心理发展。

（二）全面发展阶段

这一阶段是从大学二年级到三年级，其主要特征是积极追求精神上的丰富和多方面地发展自己的能力。二、三年级是大学生活全面展开和深化的关键期，其心理特点主要表现在以下三个方面。

1. 思想活跃，兴趣广泛

这一阶段的大学生既无一年级的心理不适应，也无毕业班学生的各种压力。因此，他们思想活跃，兴趣广泛，积极组织和参加各种社团活动，开展丰富多彩的课外活动，渴望从各个方面来充实和发展自己。

2. 求知欲增强，注重能力的培养

通过一年级的学习实践，学生对自己的专业有了更多的了解，专业思想日趋稳定，开始按照本专业的特点掌握专业知识与技能，塑造自己的个性，具有了大学生的学习风格。他们不仅刻苦学习专业知识，而且博览群书，积极参加社会调查、科学研究活动，有意识地培养自己的各种能力。但是，也有少数同学胸无大志，得过且过，旷课缺席，沉醉于兼职、刷剧、电子游戏或谈情说爱之中，虚度了美好的大学时光。

3. 人生观、世界观逐步形成，并趋于稳定

随着学校思想政治理论课教学的深入开展，大学生的思想素质进一步提高。他们能把自己的成长与新时代社会的发展需要结合起来，关心国家大事，社会责任感增强。有些同学政治上要求进步，主动向党组织靠拢。并且，他们向往民主，向往科学，向往现代化。在人生的道路上勤于思考，善于探索，富有进取和开拓精神。但是，由于他们在政治上还不够成熟，容易受社会上错误思潮的影响，有时会出现偏激言论甚至做出过激行动。

（三）职业定向阶段

这一阶段是在大学四年级。其主要特征是为职业选择和定向做最后的准备，对未来产生了美好的憧憬。

四年级的大学生，心理发展已基本成熟。他们的认知、情感、意识等心理因素已接近于成人。在职业选择与定向过程中，他们开始按照即将到来的职业生活模式来要求自己，在毕业设计和实习的过程中，他们发现了自身知识与能力的不足，开始冷静地分析自身素质和能力，希望通过大学生活的最后一年来丰富和完善自己。因此，不少学生会更加勤奋地学习，把以前没学好的知识补上，把没做完的事情做好，力求按照未来的角色来完善自己。但是，也有少数同学，得过且过，不思进取。在这一阶段，大学生应处理好以下三个问题：①发奋学习，保证圆满完成学业；②做好走

向社会的心理准备,适应新的社会角色;③正确地处理好恋爱问题。

综上所述,大学生心理发展有阶段性,每个阶段有着不同的主要矛盾和心理特征。但发展阶段的划分是相对的,各个阶段之间相互渗透,互相影响,阶段性和连续性共同构成了大学生心理发展的过程。作为教育管理部门,肩负教育教学责任的我们,既应该注意到大学生在不同发展阶段的主要矛盾,又要注意各阶段之间的衔接,做好过渡工作。

### 四、心理健康教育的内容要求

2019年2月25日,我国第一部心理健康蓝皮书《中国国民心理健康发展报告(2017—2018)》(以下称为《心理健康蓝皮书》)正式出炉。中国科学院心理研究所所长、《心理健康蓝皮书》主编傅小兰表示:我国已进入信息化、网络化时代,不仅生活和工作的节奏加快,而且生理和心理上的压力也大大增加,国民的心理健康问题已呈现出比单纯的躯体健康问题更突出的态势。傅小兰说:人的发展,离不开心理的健康发展。只有加强社会心理服务体系建设,充分利用心理学研究成果,预测、引导和改善个体、群体、社会的情感和行为,才能提高国民心理素质,促进国民心理健康,提升国家凝聚力。

《心理健康蓝皮书》提到,我国国民心理健康需求极大,但国民感知到的心理咨询服务不便利。具体来看,有48%的受访者认为"现在社会上人们的心理问题严重",仅有12%的受访者认为"不严重",有40%的受访者选择了"说不清"。有88%的受访者认为心理健康工作重要,绝大多数成年人都感到了心理健康工作的重要性,而有74%的受访者认为"心理咨询服务不便利",这提示民众的心理健康需求与目前能够提供给民众的心理健康服务之间的差距很大。

心理健康不仅关系着大学生的成长与发展,也关系着高校的安全与稳定,更关系着祖国的未来与希望。但随着社会结构的深刻变动、利益格局的深刻调整、思想观念的深刻变化,尤其是家庭教育的深刻影响,缺乏理性认识的大学生产生了失衡、失落、失常等不良心理,大学生已成为心理问题多发的高危人群。人际关系、学业压力、社会适应、就业愿景等方面的困扰，必然使大学生成为各类心理行为问题的易感人群，且严重性有递增趋势。当前，有效预防大学生心理行为问题，进一步解决大学生日益增长的心理健康需要与发展不平衡、不充分的矛盾，着力提高全体大学生的心理健康水平，须构建生态型的大学生心理健康教育与服务体系。

为了更微观、详尽地了解目前大学生、专兼职教师和教育管理者对心理健康教育的认知与评价，有研究对全国7省市（北京、河南、陕西、湖北、浙江、贵州、广东）的11所高校进行了大样本问卷调查。对全国10 405名大学生的调查结果表明，大学生对心理健康教育内容有多样的需求，但满意度较低；对心理健康教师和心理咨询师专业性的认可度较低，对网络心理健康教育体验较差，对大中小学心理健康教育衔接情况满意度较低。学校党团组织和社团开展的活动丰富了心理健康教育模式，但任课教师、辅导员等对心理健康教育的重视程度仍显不足。①

对大学生的心理状况研究中，学者们认为，自我意识是其核心。自我意识也称自我，它指个体对自己存在的一切的认识，包括认知自己的生理状况、心理特征以及自己与他人的关系。它是一种具有意识性的自我觉察活动，这种意识性不仅表现在个体对自己本身有比较清晰的理解和自觉的态度，而且表现在个体对自己与客观世界的关系有比较清晰的理解和自觉的态度。

美国心理学家詹姆斯认为，"自我"的概念包含两层意思：一个是主体"我（I）"，它是指对自己活动的觉察者；另一个是客体"我（me）"，它是指被觉察到的自己的身心活动。由此可见，自我意识是自觉的自我认识与自觉的自我对待的统一。自我意识是意识的核心部分，它在个体身上发生和发展，形成了稳定的对自己的看法、认识和态度，以完整、系统的形式存在着，担负起人的内部世界以及内部世界和外部世界之间的协调工作。它指引和确定行动方向，规划如何去做，从而把人格的发展纳入自我意识之中。人格的铸造自始至终是通过自我导向、自我监督和自我激励实现的。

大学生自我意识发展的水平较高，但尚未完全成熟，因而容易出现各

---

① 怡然. 大学生心理健康教育的现状及策略［EB/OL］. (2018 - 10 - 23)［2019 - 01 - 01］. http://www.xwlunwen.com/jyjx/56080.html.

种偏差，形成自我意识发展的种种障碍，以致影响大学生的身心健康。大学生自我意识发展的障碍主要有下述几种。[①]

**（一）过度的自我接受与过度的自我拒绝**

自我接受是自己认可自己，肯定自己的价值，对自己的才能和局限、长处和短处都能客观评价、坦然接受，不会过多地抱怨和谴责自己。对自我的接受是心理健康的表现，但过度的接受就是自我扩张。他们高估自我，对自己的肯定评价过高。这种人拿放大镜看自己的长处，拿显微镜看他人的短处，吹毛求疵。他们人际交往的模式是"我好，你不好""我行，你不行"。过度自我接受的人容易产生盲目乐观情绪，自以为是，不易处理好人际关系；而且高估自我会滋生骄傲，对自己提出过高要求，之后因承担无法完成的任务、义务而导致失败。

自我拒绝是指不喜欢自己，不能容忍自己的缺点和弱点，否定、抱怨和指责自己。过度自我拒绝表现为严重的经常的多方面的自我否定。事实上，许多大学生都有不同程度的自我拒绝，一定程度的自我拒绝可以促使他们不断修正自己，趋于完善，但过度自我拒绝则是由严重低估自我引起的。他们人际交往的模式一般是"我不好，你好""我不行，你行"。过度自我拒绝的人看不到自己的价值，只看到或夸大自己的不足，感到自己什么都不如他人，处处低人一等，丧失信心。过度自我拒绝，会压抑人的积极性，限制对生活的憧憬和追求，易引起严重的情感损伤和内心冲突，以至于不能很好地发挥个人的潜能，严重的还会导致心理疾病。

**（二）过强的自尊心与过重的自卑感**

自尊心、自信心、好胜心、独立感等是大学生自我意识发展的表现，也是要求尊重自己的言行和人格，维护一定的荣誉和社会地位的自我意识倾向。多数大学生都有强烈的自尊心，好强、好胜、不甘落后。自尊心强的大学生对自己有信心，相信自己能克服缺点，取得进步。但过强的自尊心却和骄傲、自大等联系在一起。他们缺乏自我批评，而且不允许别人批评自己，以自我为中心，唯我独尊。这样的人回避或否认自己的缺点，缺

---

① 张积家. 高等教育心理学［M］. 2版. 北京：高等教育出版社，2016.

乏自知能力，不能与人和谐相处，容易失败，也容易受伤。

自卑感是对自己不满、否定的情感，它往往是自尊心屡屡受挫的结果。在学校生活中，大学生在学习成绩、校内外活动、人际交往方面，通过竞争定胜负、争荣誉，这是无法避免的，也是正常的。但是，如果把能力、成绩、特长以及身体、容貌、家世、地位等所有条件进行比较，没有一个人会是永远的胜利者。每个人在不同层次上都有自己的成败经验，己不如人的失败感人皆有之，只是程度不同而已。大学校园是人才济济之地，有些人在某些方面曾有自卑的倾向和感受，亦很正常。但有的同学过度自卑，对自己的缺点、不足和失误斤斤计较，结果因自卑而心虚胆怯，遇到有挑战性的场合即逃避退缩，或对自己所作所为过分夸奖，其结果形成的是虚假的、脆弱的和不健康的自我。

### （三）自我中心和从众心理

大学生强烈地关注自我，他们从自我的角度和自我的标准去认识、评价事物和他人，并采取行动，因而很容易出现自我中心倾向。当这种倾向与某些不健康的思想意识（如个人主义、自私自利的思想）和心理特征（过度的自我接受和自尊心）结合时，就会表现出过分扭曲的自我中心。以自我为中心的人凡事从自我出发，不能设身处地进行客观思考。他们往往以同学的导师或领袖身份自居，颐指气使，盛气凌人，处事总认为自己对，别人错，好把自己的意志强加于人。因而他们不易得到他人的好感和信任，人际关系不和谐，做事难以得到他人帮助，易遭挫折。

与自我中心相反的另一现象是从众。从众心理，人皆有之，但过强的从众心理实际上是依赖反应。有过强的从众心理的学生，缺乏主见和独立意向，自己不思考或懒于思考，常常人云亦云或遇到问题束手无措，结果导致自主性被阻碍，创造力受抑制。事实上，任何人都不可能在任何事上为所欲为，个人应该主宰自己的思想和观念，有自己的主见和看法。对于大学生而言，在求学、就业、交友、恋爱等方面，虽不能随心所欲支配一切来满足自己，但要有充分的能力去思考、分析、研究自己在困境中可行的道路，至少应该勇于独立思考，不受他人影响，保持自己的独立性和个性。

### （四）过分的独立意识和过分的逆反心理

大学生自我意识发展最显著的标志之一是独立意识日益明显。但是，独立意识过头，便过犹不及。很多大学生把独立理解为"万事不求人"，不需要别人的帮助。其结果是，在现实生活中，遇到困难挫折，只能自食其果，活得沉重、痛苦。其实，独立并不意味着独来独往、我行我素和不顾社会规范，而是指在感情和行为上对自己负全部责任。一个真正成熟的个体是独立的，他对自己负责，但决不排斥接受他人的帮助。

逆反心理也是大学生自我意识发展的产物，其实质是为了寻求独立，寻求自我肯定，为了保护新发现的、正在逐渐形成的但还比较脆弱的自我，抵抗和排斥在他们看来压抑自己的种种外在力量。这是青年阶段心理发展的必然现象。因为这个原因，青年期被称为"第二反抗期"。就逆反心理本身而言，它有双重性：一方面表明青年人的反抗精神和独立意识；另一方面，不少人不能确切地把握反抗，表现出过分的逆反心理。逆反心理过分的大学生对事物采取非理智的反应方式。在外在要求的内容上，不论正确与错误、精华与糟粕，一概排斥；在手段上，只是简单地拒绝和对抗，情绪成分大；在目的上，只是为了反抗而反抗，逆反的对象多为家长、教师、社会宣传和典型人物等外界权威，其结果是阻碍了他们学习新的或正确的经验，不利于其健康成长。

在以上的分析中，我们可以看到，大学生自我意识发展过程中出现的失误、偏离和障碍，是其心理还不成熟的表现，是由其身心发展和成长背景决定的该年龄阶段的特征。这些失误、偏离和障碍是大学生自我意识发展中的普遍的、正常的现象，不需要大惊小怪，但是必须进行调整和控制。认识到这一点，教育者和大学生本人才有可能去面对它，解决它，以达到大学生自我的真正统一和健康发展。

## 五、个体心理—行为状态的差异需求

我们有必要首先从心理状态的角度来了解人的不同的心理状态及其相应的行为特点。华南师范大学莫雷教授等认为，从心理健康的角度看，人们的心理状态可分为三种情况或状态：正常状态（常态）、不平衡状态/危机状态（偏态）与不健康状态（变态）。与这三种状态相应，其社会行为方面也表现出相应的特点。具体情况见图 2-1。①

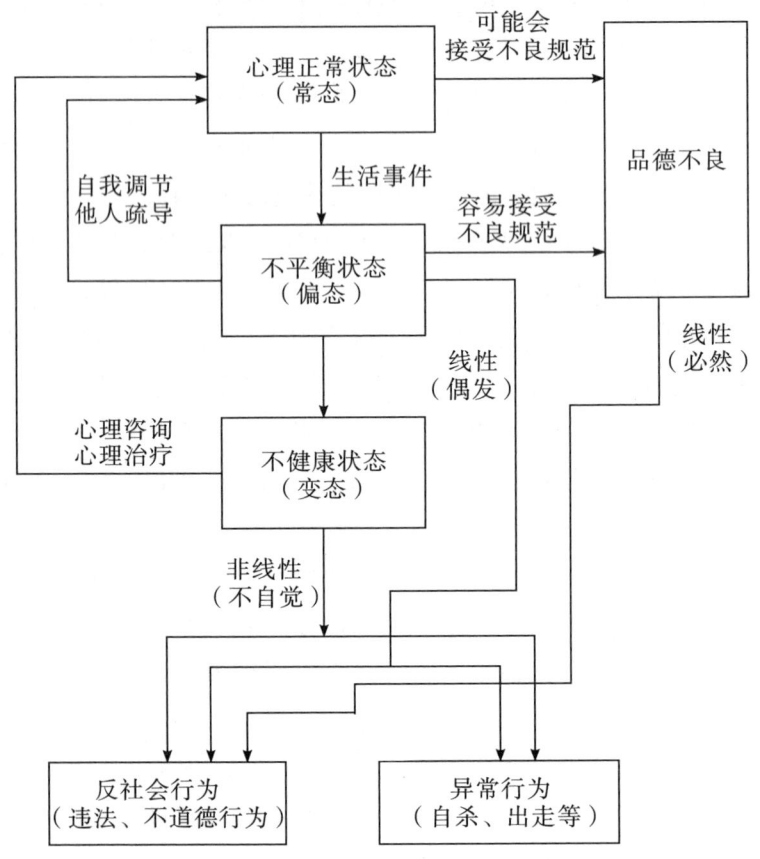

图 2-1 个体的三种心理状态以及相应的行为特点

## （一）正常状态（又称"常态"）

个体在一般的没有较大困扰的情况下，心理处在正常状态之中。个体在这种状态下的社会行为称为"常态行为"，个体的常态行为基本与其价值观体系、道德水平及人格特征相一致，因此带有必然性，是具有这种特定

---

① 莫雷，颜农秋. 从不同心理状态的行为特点来看当前的青少年心理教育与辅导[J]. 华南师范大学学报（社会科学版），1996（4）：79-84，125.

的价值观、道德水平与人格特征的人必然会发生的。

**（二）不平衡状态/危机状态（又称"偏态"）**

个体一旦发生了"生活事件"，即扰乱正常生活、引起人们消极情绪的事件，如受挫折、欲求不能满足、受到威胁等，则会进入一种不平衡状态。所谓不平衡状态，即指个体心理处于挫折、焦虑、压抑、恐惧、担忧、矛盾等状态。一般来说，个体在生活过程中会不断地经历各种不平衡状态，这是不可避免的甚至是必要的，但不能严重地或长期地陷入这种状态中，否则会损害自我，不利于适应生活，因此我们称这种状态为"危机状态"。在通常情况下，个体会通过自我调节来消除不平衡状态，这种自我调节机制是其在过去生活中不自觉地形成的，弗洛伊德称之为"自我防御机制"。个体正是通过这些自我防御机制来消除不平衡状态，保护自我。如果自我调节无效，就得借助于他人疏导，使不平衡消除，恢复正常状态。

然而，如果由于各种原因个体无法通过自我调节或他人疏导回复正常状态，则会出现两种情况：第一种情况是直接导致或累积压抑导致不健康状态。在这种情况下，或由于心理不平衡严重，直接使个体进入不健康状态；或程度虽然不是十分严重，但个体由于无法消除不良的心理状态，只能将它压抑下去，经常性累积压抑的结果就是导致其陷入不健康状态。第二种情况是线性地产生不适应行为。所谓"线性"地发生，是指这些行为的发生有明确的、直接的原因，其因果序列是清晰的。不适应行为有两类：一类是反社会行为，是指直接危害他人或社会的行为，包括违法行为、不道德行为等。这里应强调的是，如果这个人在正常状态下，其道德水平是不会使他做出这样的行为的，而在不平衡状态下，其道德中的弱点会极大地扩张，导致其产生这些反社会行为。可见，个体在心理不平衡情况下所做出的反社会行为并不带有必然性，而是带有偶发性。另一类不适应行为是异常行为，如自杀、出走之类，这类行为虽然不直接危机社会，对社会与他人不构成利益的损害，但却危害了个体自我，并且作为突发事件，也影响了社会正常的秩序。

异常行为也是个体在心理不平衡的情况下产生的，也是一种偶发性行为，这种行为在个体正常状态下是不会产生的。在上述第二种情况中，个体在心理不平衡状态下所产生的反社会行为或异常行为尽管有直接的原因，也有明确的行为动机，但往往不是其价值观、道德水准或人格特点的必然产物，而只是在特殊的状态下发生的，带有偶发性，它与常态行为不同，可以称之为"偏态行为"。对人们尤其是青少年中发生的严重事件的分析表明，其中相当大的部分是在个体心理处在不平衡状态的情况下发生的，是属于偶发行为。如果我们有健全的心理辅导与咨询机构，能及时地帮助个体摆脱心理的危机状态，回复正常状态，那么，学校乃至整个社会的违法行为、不道德行为以及意外事件就会大大减少。

### （三）不健康状态（又称"变态"）

不健康状态实际是轻度的变态，而变态则是严重的不健康状态，因此，不健康状态与变态同属广义的不健康的范畴，其行为特点基本相同。个体如果进入不健康状态，固然有可能经过心理咨询与心理治疗恢复到正常的状态，但这个过程较之由心理不平衡状态恢复到正常状态的过程难度要大得多。当个体处于不健康状态时，往往会非线性地产生不适应行为，包括反社会行为与异常行为。所谓"非线性"地产生，是指这些行为的产生往往是没有明确的、直接的原因，找不到其因果关系，其因果序列是不清晰的。例如，一位纵火狂每隔一段时间便会放火焚烧别人的房屋，然而为什么他要放火，根本找不出原因，连他自己也说不清。又如，某小学生突然害怕方格或类似方格的所有物体，这是一种异常行为，而包括他自己在内，谁也弄不清他为什么会怕方格。正是由于这种非线性的特点，我们对其不适应行为的产生就无法预测。个体在心理不健康状态下所产生的反社会行为或异常行为没有直接的原因，也没有明确的行为动机，因此谈不上是其价值观、道德水准或人格特点的必然产物。这类行为我们称为"变态行为"。

综上所述，我们可以看到，个体在不同的心理状态下不适应行为的产生有不同的特点，即使同样是反社会行为，个体在正常的心理状态（常态）下所产生的就是常态行为，这种行为一般与其道德水准、人格特点等相一致，是必然出现的行为。而在不平衡的状态（偏态）下，个体所产生的反社会行为尽管也有直接的原因、明确的动机，但往往不是其道德水准或人格特点的必然产物，而只是在特定的状态下偶然发生的，是偏态行为。一旦个体处于不健康状态（变态），其产生的反社会行为常常是无因可寻的，也没有相应的反社会的行为动机，则是变态行为。这就是我们从心理健康角度对人的心理及其相应的社会行为的特点的分析。

对当代大学生开展一系列基于立德树人、成长成才的心理育人工作的总体目标，中共教育部党组发布的《高等学校学生心理健康教育指导纲要》，已经做了十分明确、高度概括的要求——教育教学、实践活动、咨询服务、预防干预"四位一体"的心理健康教育工作格局基本形成。心理健康教育的覆盖面、受益面不断扩大，学生心理健康意识明显增强，心理健康素质普遍提升。常见精神障碍和心理行为问题预防、识别、干预能力和水平不断提高。学生心理健康问题关注及时、措施得当、效果明显，心理疾病发生率明显下降。

凭借以上高校心理育人工作内容体系构建的依据，我们将大学生心理育人内容体系划分为两类：发展性心理育人工作内容体系、预防性心理育人工作内容体系。

## 第二节　发展性心理育人工作内容体系

心理育人，要育什么样的人呢？《高等学校学生心理健康教育指导纲要》已经做出了明确的指示：深入学习贯彻习近平新时代中国特色社会主义思想，全面贯彻党的教育方针，把立德树人的成效作为检验学校一切工作的根本标准，着力培养德智体美全面发展的社会主义建设者和接班人。坚持育心与育德相统一，加强人文关怀和心理疏导，规范发展心理健康教育与咨询服务，更好地适应和满足学生心理健康教育服务需求，引导学生正确认识义和利、群和己、成和败、得和失，培育学生自尊自信、理性平和、积极向上的健康心态，促进学生心理健康素质与思想道德素质、科学文化素质协调发展。

在规划、设计、实施、考核心理育人的工作时，身为教学人员、科研人员、管理人员、服务人员，我们应当着力提高全体学生的心理素质，培养他们积极乐观、健康向上的心理品质，充分开发他们的心理潜能，促进学生身心和谐可持续发展，为他们健康成长和幸福生活奠定基础。

具体而言，通过 20 余年的心理育人的实践与摸索，尤其在新的时代，心理育人的理念与实践同步得以创新，广东高校探索了心理育人的工作格局——教育教学、实践活动、咨询服务、预防干预、平台保障"五位一体"，协同推进。广东高校"五位一体"心理育人的工作，旨在使学生学会学习和生活，正确认识自我，提高自主自助和自我教育能力，增强调控情绪、承受挫折、适应环境的能力，培养新时代大学生健全的人格和良好的个性心理品质；对有心理困扰或心理问题的学生，进行科学有效的心理辅导，及时给予必要的危机干预，提高其心理健康水平。

## 一、发展性心理育人的内涵

心理育人与心育、心理教育、心理素质教育、心理健康教育等概念相关，都是指通过"心理"最终实现"育人"目的。育人是目标，是目的，是根本，是出发点也是归宿。只有这样来理解心理育人，才能更好地把握心理育人的实质。对于心理健康教育的内涵，林崇德教授等早在 2003 年就指出：心理健康教育，顾名思义是指提高学生心理健康的教育，因此，它包括普及心理健康基本知识，树立心理健康意识，了解简单的心理调节方法，认识心理异常现象以及初步掌握心理保健常识，其重点是学会学习、人际交往、自我修养、升学择业以及生活和社会适应等方面的常识。[①] 心理健康教育不能是医学或医疗模式，它必须是既要面向全体，又要顾及个体差异。做好个别教育，面向全体与顾及个体差异的目的是一致的，即都是为了使学生心理健康地发展。

学校的心理育人工作，其重点应放在学生心理素质的发展上。这里的心理素质，既包括智力因素，也包括非智力因素，即人格因素。智力因素包括感知觉能力（特别是观察能力）、记忆能力、想象能力、思维能力、言语能力和操作技能，其中思维能力是智力与能力的核心。良好的思维能力，

---

① 林崇德，杨治良，黄希庭．心理学大辞典［Z］．上海：上海教育出版社，2003．

不仅包括概括能力、推理能力和解决问题的能力，也包括诸如敏捷性、灵活性、独创（创造）性、批判（分析）性和深刻性等思维品质。非智力因素或人格因素，是指智力活动以外能对智力活动产生效益的一切心理因素。良好的非智力因素或人格因素，主要包括健康的情感、坚韧不拔的意志、积极的兴趣、稳定的动机、崇高的理想、刚毅的性格和良好的习惯等。以上这些内容应该是心理健康教育要关注的内容。

就发展性心理育人而言，主要是指有目的、有计划地对学生的心理素质与心理健康进行培养促进，使大学生的心理品质不断优化；预防性心理育人则主要是对在心理素质或心理健康方面出现了问题的学生进行专门的帮助，使之得以克服。这两项任务层次也不相同，发展性教育主要是面对正常发展的学生，是提高性的；而预防性教育则主要是面对在心理方面出现了不同程度问题的学生，是矫正性的。在实际的心理育人过程中，提高性的与矫正性的育人工作往往是难以截然分开的。发展性心理育人是精益求精、锦上添花，而预防性心理育人则是未雨绸缪、防患于未然或者亡羊补牢。

在努力学习、认真领会心理学基本原理、大学生心理发展特征与规律、心理健康的系列理论与实务的基础上，尤其是党的十八大以来，广东高校始终高度重视大学生心理健康教育工作，围绕顶层设计、课程体系、教师队伍、课外活动、危机预防与干预体系、理论研究等，出台并实施了一系列政策和措施，不断提升大学生心理健康教育教学水平，大力促进新时代大学生健康成长。

## 二、发展性心理育人的内容体系

青年是"党和国家的未来、民族的希望"。习近平总书记在庆祝中国共产党成立95周年大会、北京大学师生座谈会等众多场合对青年本质特征和重要地位进行了科学论证。

在2019年3月18日举行的学校思想政治理论课教师座谈会上，习近平总书记再次强调，办好思想政治理论课关键在教师，关键在发挥教师的积极性、主动性、创造性。思政课教师，要给学生心灵埋下真善美的种子，引导学生扣好人生第一粒扣子。

以发展的眼光看待学生心理素质的发展、在发展中培育学生心理素质，这是学校的心理健康教育、心理育人工作内容的着眼点和立足点，因此，我们在倡导心理健康教育时，应该关注新时代大学生积极拼搏和奋斗超越的群体特征，在内容规划上补充与新的时代要求一致的新青年的新素质。在认知水平、情感发展、意志培养、人格构建等方面，不断增强、提升、促进和鼓励当代大学生，不要过多地以个案代替全体、以个别扩散群体、以极端臆测所有、以不稳定泛化全过程。我们在大学生心理育人的内容设计上，始终坚持"发展性"——时代在发展，教育在发展，学生在发展，心理在发展，为新时代大学生滋养心灵，拔节孕穗。

就发展性心理育人的工作内容而言，当前，我们应当着力于培养积极心理素质以及良好社会心态，同时，新时代大学生要积极历练，加强自我教育。

**（一）培育积极心理素质**

身为教师，我们始终应当立德树人，"给学生心灵埋下真善美的种子，引导学生扣好人生第一粒扣子"，将培育积极心理素质作为大学生心理育人的首要内容。

积极的心理素质是在正常智力的基础上，要求大学生具有良好的个性、较强的心理适应力、积极合理的内动力、健康的心态以及得当的行为表现等。把培育积极心理素质作为大学生心理健康教育的重要内容，符合大学生心理健康教育的育人目标，更是大学生积极心态培育的题中应有之义。

1. 要塑造大学生积极的人格

作为人格中的主动因素，积极人格是预防人格的扭曲、保持健康心理的关键，更是促进大学生积极心态发展的重要因素。培养大学生的积极心理素质，要通过塑造学生的积极人格，使学生能够正确地认识和接纳自我，客观评价他人和社会，时刻以积极、乐观的心态面对困难和挫折，在各种社会压力面前以强者的姿态迎接挑战。

2. 要增进大学生积极的情绪体验

增加积极的情绪体验是塑造大学生积极人格的必要途径。培养大学生的积极心理素质，就是要通过调动大学生内在的积极潜能，让他们感到生机勃勃的积极情绪，如喜悦、感激、希望、激励、宁静和爱等，以此来提升他们的心理掌控能力和平和的心态，使他们能在积极潜能量的发掘与培养的过程中做到"防患于未然"，这对维护大学生的心理健康、提高学习效率、改善人际关系有着重要作用。

3. 要与大学生思想政治教育紧密结合

促进大学生全面发展是高校德育工作与心理健康教育的共同培育任务和目标。当前，学生的心态问题不仅有心理因素，还同时存在思想、品德、行为习惯以及观念方面的因素，单一的教育方式难以奏效。因此，两者在教育内容上相互配合、协调一致，遵循大学生思想认识发展的基本规律，结合大学生思想政治教育内容，发挥其预见性功能，将德育工作深入到学生的心理健康教育教学中去，通过开展多种形式的谈心、咨询活动，指导学生得当地处理学业、生活中出现的思想上的矛盾和困惑。既丰富心理健康教育的内容，辅助大学生积极心态培育目标的实现，也将心理健康教育的培育工作效能最大化。

### （二）培养良好社会心态

1. 培育积极的自我认知力

积极的认知能力是大学生积极社会心态培育的前提，它既包括大学生对自我的正确认知与评价，也包括对他人的客观认识和评价。大学生积极的认知能力可以从建立积极的自我意识开始培养，大学生可以通过"他观我"的方法来进行自我认知能力训练。例如，描述父母眼中的我、同学眼中的我、教师眼中的我、闺蜜眼中的我等，把这些描述中共同的优秀品质或不足归类，描述的内容越具体、越接近自己，就越会找到较正确的自我。同时，当我们找到自我并且能够正确认识自我之后，还要学会悦纳自我。自我悦纳既是自我接受、自我喜欢、自我欣赏、接纳自己的第一步，也是培育积极的认知能力的关键所在。只有接受完整的自我，才会理解、包容他人，与人友善相处，从而形成对他人的客观认知和评价，进而树立一种积极的认知态度，并在此基础上产生积极的情感体验和理智的行为方式。此外，要学会正视并接受现实。现实中，压力无处不在，挫折在所难免，而大学生的学习、交往、择业、情感等方面的心态问题多是由于自身心理发展不成熟导致认知失调引起的。所以，大学生要努力培育积极的自我认知能力，调整好自己的心态，学会正视并接受现实，在生活中时刻保持坚强、自信、乐观的精神风貌和积极健康的人生态度，认认真真学习、勤勤恳恳做事、踏踏实实做人，形成应对挫折、缓解压力的正确心态，为促进整个社会心态的健康发展提供条件、奠定基础。

2. 提升自我的承受能力

心理承受力是个体对逆境引起的心理压力和负情绪的调节能力，主要表现为对逆境的适应力、耐力、战胜力。良好的心理承受能力是个体积极心理素质的重要组成部分。针对目前大学生群体出现的各类心态问题，一是要增强大学生的社会适应力。在学习方面，应该确立学习目标，改善学习方法，提高学习自觉性；在交往交友方面，要与人为善、主动与人交流，不戴有色眼镜评价别人；在择业方面，主动参与社会实践，增进生活体验，以积极的、平静的心态去看待择业路上的困难和挫折；在情感体验方面，增进积极的情绪，相信自己一定能够找到解决的办法，克服困难，战胜压力，做到遇事不躁，处事不惊，建立健康、愉快、丰富的精神生活。二是要进行系统的耐力训练。一个人耐力的强弱影响其意志力，进而影响心理的承受力。提高耐力是一个痛苦的心理体验过程，大学生可以通过模拟野战游戏的方法来训练自己的耐力和意志，增强自己的应变能力，在艰苦环境中磨炼自己。三是要树立战胜困难的意念。树立战胜困难的意念对于大学生而言，不仅需要父母、教师的监督和引导，更重要的是需要个人坚持不懈的努力。可以通过自我鼓励的方法，树立坚定的信念，勇敢地面对压力，憧憬美好的未来。无论遇到多大的困难，都要自信、坚定地走下去，相信通过自己的努力一定可以战胜困难，获得成功。

3. 增强自我情绪的掌控力

增强自我情绪的掌控力最直接有效的办法之一就是适当地调控情绪。每一位大学生都有自由地发泄、公开表达自己情绪的权力，不同的情绪反映的是他们的真情实感。尽管作为心理尚未完全成熟的大学生群体，对自身情绪的掌控难以把握，但还是可以通过一些方法和手段进行掌控的。例如，大学生可以通过听音乐、运动、谈心、宣泄等情绪调控的方法来舒缓情绪压力，主动、及时地调适自身的不良情绪；或通过写邮件、写日记的方式进行自我心态的调整；或专注于阅读具有教育意义的书籍、观看文艺电影等排遣不良情绪；等等。与人交流、自我调节、情绪转移，都是增强自我情绪掌控力的有效办法。同时，大学生还要养成积极的抗压心态，进行抗压抗挫的能力训练。生活中的成功者与失败者的最大差异是对逆境的态度而不是结果。大学生在学习和生活中所遇到的困难和挫折是导致自身心态疲惫的重要因素。因此，当代大学生只有勇敢地面对生活的挑战，通过增强环境的适应力、提高生活满意度等方法，养成一种抗压心态，当这种抗压心态处于主动状态时，大学生才能从容面对生活中的压力，在精神上很好地适应社会环境的变化，从而不断地增强自我情绪的控制力，进而使大学生的心态朝着积极的方向发展。

**（三）积极历练自我教育**

就个人而言，每位大学生都承担着"立德""育心"的自我教育、自我培育、自我完善的职责。就当代大学生积极心态、良好心理素质的自我构建而言，其应包含以下几方面。

1. 建立正确的自我认识，形成积极的自我概念

心理健康的个人对自我必然持肯定的态度，能够明确认识自己的潜能、优缺点，并发展自我。一个积极向上的人不会自我膨胀，目空一切，也不会苛求自己，自怨自艾；即使对自己有不满意的地方，也并不妨碍其感觉自身较好的一面。无论是来自农村还是来自城市的学生，都应该做一个积极的、独立的、自尊自爱自强的人，不要以各种主客观条件来左右自己，不要产生不平衡心理。正确认知自我既是心理健康的必要条件，也是维护心理健康的主要方法。有研究表明，对于评价性的自我认识，如人们认知自己的魅力、聪明、忠诚等，并没有完全正确的看法，大部分人自我感觉比真实的好。有能力区分真实的自我与理想的自我是生命的智慧，需要大学生用心体悟。

2. 用积极的心态对待外界事物，创造一个良好和谐的外部环境

积极的心态是维护心理健康的必要条件，积极良好的心理可形成乐观

的人生态度,能承受突如其来的打击和变故,保持机体内外环境的平衡与协调,增强神经系统的调节作用和机体的免疫力。维护良好的外部环境需要建立一个和谐的人际关系,正确处理交往的问题,自觉适应环境的变化。人际交往可以满足人对爱的需要、心理归属的需要和受人尊重的需要,从中实现自我价值。因此,积极的人生态度、正确的人际交往方法、良好的人际关系和有效的人际沟通技能,对于维护心理健康都是非常重要的。

3. 坚持健康文明的生活方式

生活方式是指人们在日常生活中遵循的行为规范,即习惯化了的生活。对大学生而言,健康文明的生活方式包括:合理作息,起居有常,早睡早起,充足睡眠;平衡膳食,坚持吃早餐,保持正常体重;科学用脑,实行时间管理,提高学习效率;劳逸结合,避免用脑过度;积极参加体育锻炼,不吸烟不喝酒,选择文明高雅的休闲娱乐方式,愉悦身心。而大学生不健康不文明的生活方式有沉溺于网络、暴饮暴食、晚睡晚起、不运动、抽烟酗酒等。

4. 正确看待压力

大学生的心理压力来自多方面,如学习压力、经济压力、就业压力等,要正确看待压力,努力将压力变为动力。要正确处理好学习和就业的关系,学以致用,学习一门专业,掌握谋生的技能,为顺利就业打下坚实基础。面对就业带来的压力,大学生应该广泛了解社会职场对人才的需求,分析自己的专业特长,以积极的心态应对就业带来的心理压力,适时地调整学习内容和就业目标,完善知识结构,力争熟练地掌握专业技能和专业知识,以适应就业的需要。

5. 合理宣泄情绪

在压力来临时,大学生会表现出郁闷、伤心、失意,这时应该善于表达自己的情绪,不要将自己难过的情绪压抑在强作笑颜之后,也不要以故作活泼来掩饰悲伤的内心。要学会体察自己与他人的情绪,要学习正确的情绪宣泄途径,如写日记自我倾述,进行体育锻炼来消耗身体的能量,或在与大自然的交往中调整自己的情绪,等等,管理自己的情绪,体验正常的情绪情感。

6. 对青春期和性成熟状态的良好适应

处在青春期的大学生性已成熟，但由于性生理成熟和性心理不成熟的矛盾，导致大学生面临很多性心理卫生方面的问题。保持大学生性心理的健康，一直是学校、家庭、社会的希望，也是大学生身心同一、完整人格的内在要求。一方面应加强大学生性生理和性心理方面的教育；另一方面大学生自身要学会调节，可以通过学习、工作、娱乐活动、社交等途径使生理能量得到正当的释放，来减弱性的生理冲击力。

## 第三节　预防性心理育人工作内容体系

心理疾患是世界性的问题，并且具有渐趋增长的趋势。2011年，在《自然》杂志发布的心理疾患负担统计数据显示，心理疾患已经给包括中国在内的中低收入国家造成了沉重的经济负担。

预防性心理育人的工作内容体系主要是加强危机预防与干预体系建设。通过实施专项督查、推动心理健康测评、完善大学生危机事件报告制度，不断增强危机预防和干预能力。组织专家对高校心理健康教育示范中心建设及大学生心理健康教育工作进行专项督查。广东高校都建立了心理健康教育与咨询机构，逐步完善了个体咨询、团体辅导、网络咨询、24小时心理热线等多形式、多层次、立体化的心理咨询模式。

预防性心理育人内容体系的设计既要体现课程的时代性、现实性和针对性，又要针对大学生最困扰、最困苦的问题，帮助大学生解除心理困惑、适应学校生活、促进心理健康、完善人格魅力。根据卫生部2003年的调查统计显示，我国大学生中至少有25%存在不同程度的心理障碍，其中有焦虑不安、恐惧、神经衰弱、抑郁等严重心理障碍的大学生的比例达16%以上，而且近年仍呈上升的趋势。这一系列数据表明，大学生的心理健康问题已经成为关系当今家庭、学校和社会稳定的一个亟待关注的重要问题。

### 一、大学生心理异常的三个层次

根据大学生有可能出现的心理异常的严重程度，我们试图将其分为以下三个层次。

### （一）心理冲突

心理冲突也称心理失衡，属于轻微的心理异常，通常不存在心理状态的病理性变化，是正常心理活动中的局部异常状态。心理冲突是指个体在有目的的行为活动中，存在着两个或两个以上相反或相互排斥的情绪、动机或价值观时，既不能丢掉一个保留一个，又不能把两者在较高的层面上整合起来，因而产生的一种矛盾心理状态。这种矛盾的状态持续的时间较短，一般在半个月之内，反应的强度也不是很大，没有明显违背逻辑思维，对大学生的学习和生活并不会造成重大的影响。心理冲突具有普遍性，几乎每个人都经历过，常见的大学生心理异常状态大多数属于此类，但心理冲突若不及时地调整和疏导，就会影响身心的健康。

### （二）心理障碍

心理障碍也称心理失常，是心理状态的病理性变化，属于心理病理学的范畴。心理障碍是指个体在其成长过程中，受自身生存环境的影响而形成的一种不协调的心理状态。心理异常程度比较剧烈，持续时间在一个月以上，背负着比较沉重的精神负担，反应对象不仅局限在引起心理异常的具体对象上，而且泛化到其他的对象上，造成心理紊乱，影响了日常学习和生活。大学生中严重的心理异常状态属于此类，比常见的心理冲突要少，但是如果不予以足够重视并及时调适，长久持续下去将会导致更加严重的心理疾病。

### （三）心理疾病

心理疾病是比较严重或严重的心理异常，是多种心理障碍集中或综合的表现。心理疾病是指个体由于精神上的紧张、干扰，而使自己思想上、情感上和行为上，发生了偏离社会生活规范轨道的现象。这种心理上的矛盾和紊乱持续的时间很长，反应的对象也一再泛化，明显违背了逻辑思维，严重地影响到日常的学习和生活。大学生中这一类心理异常状态是比较少见的。

## 二、预防性心理育人的工作内容

### （一）适应心理问题

适应问题主要出现在大一新生中，由于来到大学后，生活、学习的环境发生了很大变化，随之而来会出现一系列适应方面的心理问题。首先，大学新生第一次远离熟悉的学习和生活的城市、家庭，来到一个陌生而新鲜的地方，很容易想念亲人和朋友。其次，当代大学生大多数是独生子女，他们处理日常事务的能力不足，独立生活能力较差。再次，由于环境的变化，大学生正逐步成为一个独立的社会角色，他们在经济条件和生活方式、学习目标和学习方法、人际交往等各方面都要及时地调整并转换自己的角色，独立应对生活中各种不适应的问题。在角色转变过程中，很容易使大学生心理上产生强烈的不适应，如果不及时调整，就会造成心理抑郁、焦虑、孤独、自卑、退缩等心理问题。

### （二）情绪心理问题

大学生处于青年中期，社会情感丰富而强烈，具有一定的不稳定性与内隐性，表现为情绪波动大，喜怒无常，常常会因为一些小小的成功而沾沾自喜，也容易因为一次小小的失误而一蹶不振，甚至无法控制自己的情绪反应。根据大学生情绪自我评价发现，大学生的负向情绪高于正向情绪，这尤其值得引起重视。大学生的负向情绪主要表现为忧郁、焦虑、嫉妒等。

### （三）自我认知问题

大学阶段是自我意识逐步完善的阶段，如果不能客观地认识和评价自我，便会出现自我认知偏差，甚至陷入认知矛盾的状态。大学生中常见的自我认知问题主要有自卑、自负、虚荣等。

### （四）人际关系问题

与高中生相比，大学生的人际交往更为复杂、广泛，更具重要性。良好的人际关系是大学生成长和社会化过程中的重要组成部分，也是保持良好的心理状态的必备条件。大学生的人际关系问题主要有人际关系不适、社交不良、心灵封闭等。

### （五）恋爱及性心理问题

大学生由于性生理逐渐发育成熟，性意识的觉醒与性心理的发展促使他们渴望了解异性，向往爱情。很多大学生在校期间都开始谈恋爱，但由于缺乏经验与指导，在恋爱过程中出现了诸多心理问题，如爱情的困惑、失恋的困扰、性心理问题等。

### （六）特殊群体大学生的心理健康问题

有三类特殊群体的大学生的心理健康问题尤其受到关注。

#### 1．"00后"独生子女的心理健康问题

自大批"00后"大学生涌入高校以来，大众对"00后"的关注逐渐升温，他们是标新立异的一代，他们身上拥有太多太多的个性，心理问题异常突出。"00后"的大学生，大多都是独生子女，从小就受到万般宠爱，基本没有受过挫折，是家人眼中的中心。久而久之，在他们的心理上早就习惯了以自我为中心，不会想到要去顾虑他人的感受。当走进大学，他们依然用这样的心态去面对同学、面对舍友，在更多的自我观念之下，他们的人际关系变得不适应，内心的失落感蔓延，加之日常生活的琐事引发的矛盾，轻易地使这些"00后"大学生出现心理危机。由于他们普遍具有自我评价较高、自我意识较强的"优势心理"，加上家庭对他们的过度呵护和溺爱，使得他们更容易冲动、感情用事，情绪控制能力比较差，面对挫折时心理承受能力较差，受挫感强。

#### 2．贫困生的心理健康问题

自1999年高校扩招后，推进了教育成本分担机制，贫困大学生的人数激增。尽管政府建立了"奖、贷、勤、补、减、免"相结合的资助体系以解决贫困大学生经济上的困难，但是经济窘迫仍然是他们最大的心理压力的来源。贫困大学生普遍比较自卑，且自尊心也很强，真正存在的自卑情结往往潜藏于心中，并且没有完全从日常的学习生活中表现出来。贫困大学生尽管经济上很拮据，有的却不愿意接受来自同学们的帮助，处于自我保护状态，他们为自己构筑起强烈自尊的保护壳，对触及自己痛处的事物极为敏感，一点小小的刺激就会让他们产生强烈的情绪情感反应。在贫困的压力下，部分贫困大学生希望以突出的成绩来补偿被人轻视的心理，但在一些评比中一旦不如意，便会认为是参与评选的教师或学生对自己有偏见。贫困大学生有融入集体的强烈愿望，渴望得到别人的接纳和认可，但

是由于生活习惯和语言沟通等方面的原因,他们在和别人交往时往往不敢敞开心扉,极少参加同学们的聚会活动,自我封闭,久而久之使得他们的交往圈子越来越小,以至于他们产生了强烈的孤独感,不愿与人接触,沉默寡言,处理问题时比较偏执,容易产生心理困惑。

3. 毕业生的心理健康问题

据教育部统计,2019届全国高校毕业人数或达834万人,就业问题已成为社会各界关注的焦点,这一问题不仅关系到千家万户的切身利益,更关系到国家的经济建设和社会稳定。调查显示,由于大学生专业职业选择的犹豫不决和理想与现实的差距,使大学生出现不同程度的心理障碍,诸如茫然、焦虑、自卑、盲目自信等心理问题凸显,甚至出现"NEET"一族,即Not in Education, Employment or Training,指不就业、不上学、不工作,赋闲在家的大学毕业生。为此,心理健康教育课程教学应帮助大学生正确分析形势,培养大学生适应环境变化、调整心理状态的能力,树立正确的就业价值取向和择业观。

## 三、预防性心理育人的内容体系

2014年,马建青教授等对全国300余所高校的心理健康工作者进行了我国第一次较大规模的大学生心理危机干预状况的专题问卷调查,研究发现,当前大学生心理危机问题仍比较突出,心理健康教育工作者对此既不可掉以轻心,也不能危言耸听。① "如何评价当前大学生心理危机的状况"是了解我国高校大学生心理危机干预工作现状首当其冲的问题。在该问题上,被调查者认为"比较严重"或"一般"的各占2/5。这是目前高校心理危机干预工作界占主流的两种代表性看法。大学生心理危机主要源于恋爱情感、人际交往和学习等日常生活困扰,心理疾病因素尤值得关注。心理健康教育工作者特别关注因严重心理疾病(特别是抑郁症、精神分裂症等)而引发的心理危机,其在心理危机事件中扮演了十分重要而独特的角色。各校心理危机干预工作受到了较多肯定,但危机干预工作仍任重而道

---

① 马建青,朱美燕. 大学生心理危机及其干预现状的调查分析 [J]. 学校党建与思想教育,2014 (23):73-75.

远，关键是干预工作者的专业水平亟待提高。

迈入新时代，广东高校通过充分的理论探讨与实践创新，在预防性心理育人中，构建了以课堂教学、课外活动、心理普测、心理咨询和治疗等多层次、全方位、立体型的心理危机预防与干预网络；通过多种方式、途径强化心理危机干预队伍建设，不断提高从业者的专业能力和水平等。这些措施的落实使广东高校心理危机预报、预防、预警、干预工作从总体上呈现出较好的发展态势。具体包括以下几点。

### （一）提升高校心理危机干预的主动性和预测性

**1. 科学评估大学生心理危机的"危险性因素"和"保护性因素"**

布朗芬布伦纳的生物生态学理论认为，个体的发展受家庭、学校、同伴等多个生态子系统的影响。乔治提出的基于"生物—心理—社会"的现代医学模式，也强调了个体的心理问题是由多种因素综合产生的。在这些理论的启发下，大量实证研究表明：家庭氛围、学校氛围和人际关系等因素对大学生的心理健康起着重要的作用。近年来有研究者将危险性与保护性因素的概念引入心理危机的研究中，为危机干预的实践提供了新的思路。"危险性因素"是指个人、家庭、学校和社会中的不良因素，这些因素会加剧个体的不良行为。"保护性因素"是指那些能够改善个体对危机事件的反应，以避免产生不良后果的个人、家庭、学校和社会等因素。

**2. 及时掌握大学生的心理压力源**

心理危机发生于个体缺乏有效资源应对当前压力的情境中，亦即危险性因素和应激性因素的共同作用导致危机爆发。大学生在心理危机状态下会表现出一系列的情绪、认知、行为及生理反应，这是识别大学生心理危机的重要指标。因此，除了收集评估大学生心理危机的"危险性因素"和"保护性因素"外，还需要及时掌握大学生压力源，从而为心理危机的预测管理提供参考。根据王定福的研究，大学生压力源依次为：学习压力、自主与独立压力、家庭与经济压力、前程压力、社交与人际关系压力、异性关系压力、重大与突发性压力等方面。①

---

① 王定福. 大学生心理危机预警系统建构研究［D］. 武汉：华中师范大学，2011.

3. 建立动态化的心理档案

心理档案的建立并不是一劳永逸的事情，对每位大学生心理压力源、风险性因素和保护性因素的收集也不是一次心理普查就可以解决的。因此，我们需要建立动态的心理档案系统，结合辅导员"谈心谈话"制度，及时录入各种最新的心理健康信息，这样就可以实现及时、准确地把握每位同学的心理动向，真正做到心理问题"早发现、早干预"，防患于未然。

**（二）加快完善心理辅导与咨询服务系统建设**

心理辅导与咨询是预防性心理育人的核心和关键。该系统的主要承担者是学校的专兼职心理健康教育教师，他们自觉运用心理学的理论、原理和方法，对多数学生共同的心理行为问题进行团体心理辅导，对少数有较严重心理困扰和心理障碍的学生进行个别心理辅导与心理咨询。努力挖掘学生自身潜能，在此基础上提高学生解决自身心理行为问题的能力，促进自我教育与自我成长。

1. 心理辅导工作是连接心理健康教育和心理危机干预的枢纽

一方面，只有具备良好的个案心理辅导经验的教师，才可能面向全体学生开展有效的心理健康教育，否则这项工作很容易流于表面。另一方面，在心理辅导过程中，有助于识别并及时发现潜在的心理危机，提供专业支持或及时转介到专科医院，把心理危机干预向前移，减少危机事件出现的概率。如果缺少这样的一个工作场所和接触学生的机会，一些需要得到特殊帮助的学生就有可能一步步走向严重的心理危机。心理辅导室建设是一项系统工程。心理辅导室的场所、需要配备的设备、对环境的要求等较简单，短期内就可以达到较高的普及率。然而，如果要心理辅导室真正发挥作用，一方面需要能够提供专业的服务，另一方面还要不断地提高学生的心理健康意识，使学生愿意主动地体验心理辅导室的服务。

2. 提高心理辅导室从业者的专业水平

这一点受制于我国心理健康服务的现状，是整个学校心理健康服务体系的"瓶颈"。对学校心理健康服务体系而言，心理辅导和咨询者的专业水平会对心理健康服务的质量产生举足轻重的影响。课程教学因为是面向全体同学，即使专业水平不高，通常也不至于给学生带来伤害性的影响。在危机干预层面，心理辅导和咨询的专业水平此时可能也不是最重要的，进行必要的转介或制度层面的考量可能更为重要。而进行心理辅导和咨询时，学生通常处在心理脆弱的状态，如果提供服务的心理健康教育教师专业水平较低，缺乏相应的技能与资质，则很可能给学生带来重大的心理创伤。因此，对于心理辅导室建设而言，从业者的专业水平是首要考虑的因素。

3. 不断丰富心理辅导室的服务形式

个别辅导和咨询是心理辅导室最常见的工作形式，其优势是能够在较深的层面上提供个性化的服务。团体或小组辅导，也是比较常用的形式，比较适合解决一些人际关系、新生适应或者成员具有相似问题的情况，其优势在于同时面对多人，并且团体创造的实际人际接触体验，尤其适用于人际适应障碍类的主题。另外，推进同伴互助、朋辈辅导对于心理健康服务体系建设具有重要的意义。同伴互助、朋辈辅导对于解决学生的学习和适应问题具有得天独厚的优势，朋辈之间更容易相互理解和产生共鸣。而且朋辈辅导过程建立起来的人际关系也是学生现实人际关系的一部分，拥有这样一份相对融洽、亲密的人际关系，本身就具有心理上的积极意义。

### （三）完善危机预防与干预服务系统

1. 做好日常危机预防

日常危机预防是学校心理健康服务体系中的重要组成部分，通常包括三个层面：初级预防，面向全体学生的心理健康教育；二级预防，面向潜在危机个体的预防和干预，有潜在危机的个体通常指那些被诊断为有早期功能紊乱的学生，正在或已经遭受各种严重的心理冲突，可能会出现严重的心理疾病，通常需要对其进行心理辅导、咨询，或提请家庭、所在院系、班级予以关注；三级预防，指已经有严重心理困扰的学生直接进入危机干预程序或转介，以避免发生可能的真实危机。

2. 提升危机发生时的应对效率

学校危机干预事件，一般包括自杀、暴力冲突、意外事故、精神分裂、自然灾害等引起的心理创伤。这些事件通常对个体的学习和工作产生很大的影响和冲击，使他们处于危机状态。因此，危机干预的应对效率在此显得尤为重要，学校心理健康服务人员通过危机干预，帮助学生有效面对危机事件，帮助其恢复到正常状态。另外，社会资源和人际支持也是危机应对时的重要因素。有时仅仅凭借心理健康工作人员的力量显得力不从心，因此，建立一个纵向危机应对联动机制，确保在第一时间及时响应，提供支援和帮助，这是心理危机发生后有效应对的保障。纵向是指自上而下包括不同级别部门人员的加入，方便调动资源和获得支持。在实际操作中需要相应制度加以完善和保障。

3. 发挥德育、思想政治工作队伍和班主任的力量

任何时候，高校心理育人的队伍，都不仅仅是由专业人士、专职人员承担的。在学校心理健康服务体系建设中，各级各类学校要善于利用现有的资源，把德育或思想政治工作队伍作为心理健康服务体系的重要组成部分。在推进这项工作的过程中，遇到的最大阻碍可能就是工作方法和工作理念的差异。因此，可以对德育或思想政治工作队伍进行危机预防和干预知识的系统培训，尤其是掌握危机识别的方法和技能。班主任教师接受系统的危机预防、识别与干预知识和技能培训，对于推进学校心理危机预防与干预服务系统的建设至关重要。

对新时代大学生开展心理育人工作，是一项关乎民族发展和人类进步的重要工作，不可能一蹴而就，而是要循序渐进，要联合学校、家庭、社会的共同力量，利用和整合已有的资源和优势，建立一个多层次、全方位的发展性与预防性兼具的心理育人体系，规划心理育人的完整内容，构建心理育人的实施途径，从而最终实现促进大学生德才兼备、红专并进、成长成才的目的。相信依靠国家政策、专家引领、一线教师的共同努力，高校心理育人工作一定会得到范围更广、程度更深、水平更高的发展！

# 第三章 高校心理育人工作途径的构建

高校心理育人工作途径的构建是工作得以正常实施并取得成果的关键。根据不同的实际情况，有针对性地选择合适的工作途径，可以提高工作的效率，达到提高大学生心理素质、促进其身心健康和谐发展的目的。本章将介绍高校心理育人工作途径构建的多个依据，明确工作实施的基础，并具体介绍发展性心理育人、预防性心理育人这两个工作层次的工作途径。

## 第一节 高校心理育人工作途径构建的依据

高校心理育人工作途径的构建，针对大学生这一特殊群体。大学生处于个体发展的特殊阶段，具有其独特的身心发展特点及规律。尚未稳定的生活环境和仍未成熟的心理使得大学生不得不在面临各种选择时独立做决定，并承受伴随而来的迷茫、焦虑等情绪和压力。因此，开展高校心理育人工作，对大学生进行帮助和引导，对大学生的健康成长具有重大意义。由于所面对的困惑和压力不同，对不同年级的大学生实施的心理育人工作途径也会有差异。此外，心理育人工作内容体系多方面、多种类的要求决定了心理育人工作开展的基本途径。对于不同的心理育人工作内容层面，应该采用不同的工作途径。心理健康教育基本方法和途径，也为构建心理育人工作途径提供了重要依据。其中，学校心理健康教育模式提供了关键的专业依据，临床心理学和心理咨询领域有关个体心理评估和诊断方面的理论提供了重要的理论依据。同时，一系列重要文件也为构建高校心理育人工作途径提供了专业的政策依据。

## 一、大学生身心发展的特点与规律

大学生处于个体生命的黄金期——青年期，这是个体生理和心理迅速发展的时期，也是个体心理迅速走向成熟而又尚未完全成熟的一个过渡期。该时期大学生的心理发展具有以下基本特征。

大一新生告别父母、家乡、熟悉的学习环境和学习方式进入一个陌生的、远离父母的大学环境，容易有生活上、学业上和人际交往上的不适应问题，此不适应期被美国心理学家霍林维称为"心理性断乳期"。这一阶段的人精力充沛、情感丰富、有强烈的追求个体存在价值的欲望，但易冲动、烦躁，容易产生孤独感和空虚感。有许多新生第一次住校，舍友是来自不同省份的五湖四海的同学，心中很容易缺少归属感；离开家乡，没有父母在身边可以依赖，需要快速成长，具备独立生活的能力；没有了教师的严格监督、手把手的指导，需要自己调控自己的学习与生活之间的关系；需要适应学校饮食，需要自己安排照顾好自己的起居生活，需要适应来自不同地方的同学的差异性……种种的挑战会让大一学生有较大的压力感。同时，进入大学以后，身边的同学都是实力相当的佼佼者，高中时期的优越感消失了，而大学专业性、探索性、自主性教育的学习方式与高中填鸭式教育是截然不同的，这容易导致学生产生焦虑、自卑、不自信感，表现为学习目标不明确、学习安排很模糊、学习态度较懒散。学生也许会对自己的生活无所适从，不清楚自己的大学目标定位，不知如何进行探索性、自主性的学习模式，不适应充满自主性、专业性的大学学习生活，产生困惑和迷茫。

大二是学生在整个大学阶段心理问题最多、心理压力最大的时期。大二学生的不适应心理问题已经逐渐解决，但是随着与同学、朋友之间熟悉度的提高，某些个人品质和性格中的毛病、缺点也逐渐显现出来，而自己的处事方式通常比较青涩和直率，容易造成人际交往处理不当，进而引起冲突矛盾；面对多门专业课程，学习方法不当，学习效率不高，大量的学生会、社团以及校外兼职等非学习性事情造成学习时间不够等情况，学生经常熬夜导致学习疲劳感加大，易造成巨大的学业压力引起的心理问题；此外大二学年与异性交往的主动性加大，因学业性或非学业性事情产生交往，随着交往程度和了解程度的加深，双方产生懵懂的友谊和爱情相互交织的关系，却无法很好地分清楚友谊和爱情的界限，由此造成心理问题。

大三的学生随着年龄的增长和心智的逐渐成熟，面临着未来就业还是读研深造等一系列涉及个人发展的问题，这一系列问题不仅容易对恋情造成冲击，使原本的理想和现实产生冲突，原有计划未能实现，也容易造成悲观消极的情绪，进而让学生对自己的能力产生怀疑和不自信。有的学生不愿意面对这些情况，选择专注于爱情和网络来应对这些心理压力，宣泄心理荒芜感和痛苦感。

大四年级的学生进入大学本科生涯的最后一年，面临着毕业这一重大主题。就业（包括考公务员、进事业单位、进入企业、自主创业等）、考研及出国深造、大学爱情等事情形成的压力对学生的心理健康造成消极影响。

不同年级的大学生都可能被心理问题所困扰。贾丽娟通过《中国大学生心理健康量表》，对来自东北、华北、华东、华中、华南、西南、西北的40 所高校的 2 246 名"90 后"本科生进行研究，结果如表 3-1 所示。"90 后"大学生在心理健康 12 个维度上，得分由高到低依次为：强迫、依赖、焦虑、社交退缩、抑郁、自卑、偏执、冲动、社交攻击、躯体化、精神病倾向、性心理障碍。进一步对各维度得分的两两配对 $t$ 检验结果表明，除抑郁与自卑、偏执与冲动之间差异不显著外，其他各维度得分两两间差异均非常显著（$P<0.001$），说明"90 后"大学生在心理健康方面，强迫症状位列第一，依赖、焦虑、社交退缩症状位列第二、三、四，抑郁、自卑症状位列第五、六，偏执、冲动症状位列第七、八，社交攻击、躯体化、精神病倾向、性心理障碍症状位列第九、十、十一、十二。[①] 高校开展预防性心理健康教育和发展性心理健康教育的工作对于大学生的成长来说必不可少。

---

① 贾丽娟. "90 后"大学生心理特点研究：兼与"80 后"比较 [D]. 广州：华南理工大学，2013.

表 3-1　"90 后"大学生适应状况的总体状况

| 心理健康 | 均值 | 标准差 |
| --- | --- | --- |
| 躯体化 | 1.778 0 | 0.626 7 |
| 焦虑 | 2.148 6 | 0.765 8 |
| 抑郁 | 2.006 4 | 0.717 5 |
| 自卑 | 2.004 8 | 0.730 4 |
| 社交退缩 | 2.073 3 | 0.784 9 |
| 社交攻击 | 1.832 1 | 0.647 6 |
| 性心理障碍 | 1.557 7 | 0.658 6 |
| 偏执 | 1.935 6 | 0.695 4 |
| 强迫 | 2.475 6 | 0.738 8 |
| 依赖 | 2.335 7 | 0.767 5 |
| 冲动 | 1.933 2 | 0.655 3 |
| 精神病倾向 | 1.631 9 | 0.610 7 |
| 量表总均分 | 1.961 3 | 0.552 0 |

## 二、心理育人工作内容体系的要求

如前文所述，高校心理育人目标是培养自尊自信、理性平和、积极向上、身心健康、德智体美劳全面发展的社会主义建设者和接班人。高校心理育人的内容可以概括为"八大要素"，即学习心理、生活心理、人际关系心理、品德心理、恋爱与性心理、成长成才心理、职业心理和社会化心理。这些心理育人工作的目标和内容都要通过有针对性和目的性的途径来完成，同时也为高校心理育人工作的多样化途径提供了依据。

根据《高等学校学生心理健康教育指导纲要》的总体思路，高校心理育人应坚持育心与育德相结合、教育与咨询相结合、发展与预防相结合，聚焦人文关怀和心理疏导，着力构建中国特色高校学生心理健康教育服务体系，促进学生心理健康素质与思想道德素质、科学文化素质的协调发展。

从操作层面，高校心理育人的内容可以概括为与学习有关的心理教育、与生活有关的心理教育、与生涯发展有关的心理教育三大领域。

与学习有关的心理教育，包括学习动机、学习能力、考试心理等方面的教育与辅导。有研究表明，在影响大学生学习的因素中，20%与智力因素相关，80%与非智力因素相关。绝大部分大学生的智力水平都属于正常范围，非智力因素主要是后天形成的，完全可以通过教育得以改善和提高。因此，可以通过心理教育使大学生克服不利因素的影响，学会学习、乐于学习。首先要正确认识学习的价值，调整心态，增强意志，端正学习态度，合理地制订学业目标和学业期望，正确对待荣誉。其次，对于考试焦虑的学生，一要引导他们充分地做好准备工作；二要引导他们理性地对待考试结果，保持适度的考试焦虑感；三要教会他们学习运用放松技巧克服焦虑。

与生活有关的心理教育，包括自我意识、情绪、人际交往、恋爱观等方面的教育与辅导。首先，正确的自我意识是形成健康的人格结构的基础。因此，要通过自我意识教育使大学生能够了解自己，帮助大学生全面、客观、正确地认识自己，对自己的能力、性格和优点都能有正确的认识，悦纳自我；能够认识到每个人都是发展变化的，各有所长所短，应努力完善自我，创造出人生的价值。其次，作为一个特殊的群体，大学生的生理基本成熟而心理尚未成熟，情绪容易处于紧张状态，长期如此就会影响大学生的身心健康发展，妨碍大学生的学习、生活、人际交往以及心理潜能开发，有时甚至导致心理障碍的出现。因此，要教会大学生理性情绪疗法、积极的自我心理暗示、转移注意力、适度宣泄等情绪调节技巧，消除不良情绪的影响，加强自我调适能力。再次，良好的人际交往关系对大学生的个性发展与人格健全以及其今后的成才作为有重要的影响，它也是衡量大学生心理健康水平和社会适应能力的重要指标。在大学阶段，大学生普遍面临着整合各种社会关系，包括处理好与交往对象的关系的问题。因此，要教会大学生协调人际关系，培养交往能力，保持适当的交往距离等技巧。最后，随着社会的发展和人们思想观念的转变，在当今的大学校园，恋爱已经成为一件很常见的事情。恋爱中大学生双方关系的协调、双方矛盾的解决，都会不断丰富大学生的生活经验，促使双方在心理上日趋成熟。因此，要引导大学生树立正确的恋爱观，合理地处理学习与恋爱的关系，把学业作为支撑爱情的杠杆，相互帮助，相互鼓励，实现学业和爱情的双丰收，避免沉溺于庸俗的、功利的爱情之中；注重恋爱中的性教育。

与生涯发展有关的心理教育，包括生涯规划、择业心理等方面的教育与辅导。如何规划自己的生涯是学生进入大学之后面临的首要问题。首先，高校心理教育工作者应当树立"生涯教育"的观念，使生涯规划教育与学生的发展愿望相结合、与学校的教学过程相结合、与市场的要求相结合，按照生涯认知、生涯准备、生涯成熟等步骤，使学生获得求职技能，引导学生正确规划自己的生涯。其次，择业是大学生最关键的人生转折点，在此转折点大学生往往面临着各种现实的选择和压力。大学生在面对职业选择的冲突时常常会产生各种心理问题，导致心理失衡，不仅严重影响职业选择的合理性，而且会影响大学生的身心健康发展。为此，高校应当进行择业心理教育，引导学生充分做好择业心理准备，正视社会现实，从实际出发，更新就业观念，勇于竞争，敢于接受社会的挑战和考验；客观分析自我，对自己有充分的认识，确定自己的职业发展方向，明确自己的优势和劣势，做到扬长避短，把主观愿望和客观条件结合起来，选择适合自己的职业和单位；学习自我激励法、自我安慰法、适度宣泄法等调适方法，善于抓住机遇，勇于迎接社会挑战。

心理育人工作的内容体系决定了高校心理育人工作途径应该从以下几个方面着手。

1. 宣传和普及心理健康知识，增强大学生的心理健康教育意识

了解心理学科体系背景，有助于加强大学生心理健康教育的科学性和主动性。心理科学知识包括心理学的研究对象、方法、原理和应用，可使学生清晰认识自身心理活动与个性特点。心理健康知识的普及有助于学生了解健康心理对成长的重要意义，掌握心理健康的标准，识别心理异常现象，理解常见心理问题产生的原因及主要表现，以科学的态度看待各种心理问题，从而提高整体心理健康水平，实现心理健康教育的自我教育。

2. 传授心理调适技能，提供保持心理健康和提高心理素质的方法

高校心理育人需要务实地提供保持心理健康和提高心理素质的方法，

帮助大学生学会自我心理调适,有效消除心理困惑,及时调节负性情绪;也需要帮助大学生养成良好的学习习惯,掌握科学、有效的学习方法,提高学习能力,自觉地开发智力潜能,培养创新精神和实践能力。此外,高校心理育人工作还要培养学生良好的心理品质和自尊、自爱、自律、自强的优良品格,开发心理潜能,培养坚韧不拔的意志品质和艰苦奋斗的精神,提高承受和应对挫折的能力。要使大学生树立积极的交往态度,掌握人际沟通的方法,学会协调与同学、教师的人际关系,增强适应社会生活的能力。

3. 根据不同大学生的具体问题,有针对性地实施专项心理教育

首先,要针对不同年级的大学生在不同的心理教育内容上有所侧重。新生心理健康教育重点放在适应新环境上,帮助他们尽快完成从中学到大学的转变,确立合适的自我概念及发展目标,正确规划大学生涯。二、三年级要以帮助他们了解心理科学基础知识,初步掌握心理调适技能以及处理好学习成才、人际交往、交友恋爱、人格发展等方面的困惑为重点。对于大四学生,要配合就业指导工作,帮助他们正确认识职业特点,客观分析自我职业倾向,做好就业心理准备。其次,要针对大学生普遍存在的、较为集中的心理问题安排专题教育。如开展"适应中学到大学的转变""学习压力与考试焦虑""人际关系心理""性心理""情绪的调节与控制"等专题讲座和报告会。

## 三、心理健康教育基本方法与途径的要求

一直以来,心理教育工作者对心理教育的基本方法和途径进行了长期的探索。在历史上心理教育模式的发展经历了五种变化:一是宗教和迷信模式,将心理疾病理解为着魔,常采用禁闭、放血、念咒、火烧、水淹等方式虐待心理异常者,以实现"驱魔"的目的。二是医学模式,重视心理问题的生理基础的研究,采用药物疗法干预心理不健康者。三是心理模式,开始重视早期经验和心理创伤等心理因素的影响,把精神分析、行为主义和人本主义理论用于心理干预。四是社会模式,认为心理不健康是不同社会文化因素影响的结果,强调通过现实生活环境和人际关系的改善,进行

心理干预。五是生物—心理—社会模式，将生物—心理—社会因素整合起来，在了解生理机制的基础上，充分调动社会支持系统，开展有针对性的心理辅导。①

在综合以往研究和实践的基础上，崔景贵②从不同方面又归纳了很多新的模式：①心理教育协同发展模式，突出学会生活、学会学习、学会创造、学会关心、学会做人、学会自我教育。②生理—心理—社会—教育协调作用模式，强调通过"自我认识—动情晓理—策略导行—反思内化—形成品质"五个环节，创设适宜的心理教育干预情境，设计有效的心理教育策略，培育健全心态。③心理辅导模式，包括个体心理辅导和团体心理辅导，心理健康辅导和心理发展辅导。④心理教育"四结合"模式，是指学校全体教师和专职心理教师的结合，专门心理教育与学校现有课程教学的结合，集体心理教育、分组心理辅导与个别心理辅导的结合，学校教育、家庭教育和社会教育的结合。⑤"群星拱月"的心理教育"三全"模式，即"全员、全程、全方位"的心理教育模式。全员是指全校师生员工、社会力量和学生家长都参与发展性心理健康教育；全程是指教育、教学各个领域的每个过程都要把心理健康教育落到实处；全方位是指心理教育要由校内扩展到校外，包括学生参加社会公益活动并深入社会、投身实践等。⑥渗透式心理教育模式，一方面充分重视心理教育本身的特殊功能，开设心理教育课，并开展心理讲座、心理辅导、心理咨询等活动；另一方面，把心理教育与各科教学紧密结合起来，通过语文、数学、体育、伦理等课程全面提高学生心理素质。⑦"四结合"全方位、立体式心理教育模式，充分发挥学校教育特点，有组织、有系统、有计划地对学生进行心理健康教育，以促成其心理健康发展。

以上学校心理健康教育模式，为高校心理育人工作途径提供了关键的专业依据；临床心理学和心理咨询领域有关个体心理评估和诊断方面的理论，也为高校心理育人工作途径提供了重要的理论依据。

---

① 张积家，王惠萍. 大学心理教育导论［M］. 北京：高等教育出版社，1999：106－108.

② 崔景贵. 心理教育模式的建构与整合［J］. 现代教育科学，2004（1）：52－55.

在个体心理健康评估中，有两套标准、三种状态。首先根据郭念锋的病与非病三原则，对心理疾病和精神疾病进行区分。区分依据为：①主观世界与客观世界的统一性原则；②精神活动的内在协调一致性原则；③个性的相对稳定性原则。排除掉异常的精神疾病后，再根据许又新有关心理健康与不健康的标准，进而把正常心理又分成健康与不健康心理。许又新的"三标准"包括：①体验标准，看个体是否有良好的心情和恰当的自我评价；②操作标准，通过观察、实验和测验等方法考察个体的心理活动过程和效率来评估；③发展标准，从个体心理发展状况进行纵向考察与分析。不健康心理主要包括一般心理问题、严重心理问题和神经症性心理问题等。

可见，个体的心理健康是一个从病到非病、从不健康到健康的连续过程。同理，正常大学生的心理健康状况可以分为心理疾病、心理不健康和心理健康三个层次。按照我国《精神卫生法》的定义，心理疾病属于精神医生的工作范畴。所以，大学生心理育人工作主要针对的是心理不健康的预防和矫正，以及健康心理的培育和发展。据此，可以把构建高校心理育人的途径划为两个层次：一是发展性途径，二是预防性途径。

发展性途径以广大健康大学生为对象，从学生全面发展的层面出发，有目的、有计划地使学生获得最优化、最充分的发展，开发心理潜能，增强大学生心理的自我教育能力，解决大学生在学习和生活中所面临的各种发展性问题，促进其主动发展。如前文所述，心理育人工作要具有发展性。心理育人不能简单地以学生掌握了多少知识点作为课程教学效果评判的依据，不能仅仅满足于学生学习了多少个心理学专业名词和专业术语。心理育人工作的基本出发点是促进学生的发展，心理育人工作具体任务和具体目标的确定、实施方法和措施的选择应以学生的身心发展水平为依据；心理育人工作的考核和评价，应以大学生的心理发展水平为主要依据；心理育人工作的动态监测，应包括学生心理发展的指标，如情绪、人格和认知能力等。发展性途径的具体形式有开设心理健康教育课程、学科渗透、开展心理社团活动、开展学生发展辅导、举办心理沙龙和心理讲座、营造良好的校园心理文化等。

预防性途径则主要以心理不健康状态的大学生为对象，预防心理疾病，增进心理健康。这部分学生没有明显的病态,但都存在着一定程度的心理困扰,如情绪烦躁、心态失衡,这些困扰对其生活质量和学习效率产生较严重影响。对这部分学生的教育主要以完善认知、调节情绪、锻炼意志、健全人格、培养学习适应能力,增强自我调控、面对挫折的能力,建立和谐的人际关系等为主要内容。对于有严重心理问题与神经症性心理问题的学生,则有必要采取矫治性措施,为其提供专业的帮助,使之克服心理和行为障碍。虽然这部分学生人数很少,但这是高校心理育人工作不可或缺的环节,如果处理不当可能引发重大极端事件。预防性途径的具体形式有心理健康测评、心理健康知识讲座、团体辅导、个别辅导、心理情景剧、心理危机干预等。

自2001年以来,教育部颁发了《关于加强普通高校大学生心理健康教育工作的意见》等一系列重要文件,强调大学生心理健康教育工作要重在建设、立足教育,心理健康教育要以课堂教学、课外教育指导为主要渠道和基本环节,形成课内与课外、教育与指导、咨询与自助紧密结合的心理健康教育工作的网络和体系。这为高校心理育人工作途径进一步提供了专业的政策依据。

## 第二节 发展性心理育人工作途径

高校发展性心理育人,更多地关注大学生如何更好地发展、了解自身,如何优化自己的心理素质,如何实现心理潜能的开发等一系列人生发展的重大课题。发展可以是认知品质和特征的改变,可以是良好的情感意志品质的培养,也可以是个性与社会性特征的完善。总之,重视大学生的认知品质、情感品质、意志品质及其他各种个性心理品质的健全发展,促进大学生心理发展的正常演进,促进其整体素质的提高,实现德智体美劳的全面发展是发展性心理育人工作的重点。

根据高校发展性心理育人的基本要求,依据大学生在该阶段已有的心理发展水平、在该阶段的发展课题以及存在的主要心理问题,高校发展性心理育人的主要任务就是促成大学生达成其发展阶段的相应任务,发挥潜能、完善人格，坚持育心与育德相结合，培养自尊自信、理性平和、积极向上、全面发展的社会主义建设者和接班人。从广泛和根本的意义上说，高校发展性心理育人的总目的就是使大学生的心智水平和个性品质得到完全的发展，培养身心健康、德智体美劳全面发展的社会主义建设者和接班人。

根据大学生的显著的心理发展特点，高校对发展性心理育人的工作途径的探索从未止步，开展各种各样形式的工作，有效提升学生心理健康素质。心理健康教育课程、各科教学、各种活动的开展，在学生的心理健康的发展中发挥着无可替代的独特作用，显著提高了高校心理育人工作的有效性。

发展性心理育人功能的发挥还有赖于对学校、家庭、社会等环境中有关资源的开发与利用，如社会教育资源、家庭教育资源、校园文化、辅导员工作、社团活动等。因此，发展性心理健康教育需要构建"社会教育—家庭教育—学校教育—课外班团活动"一体化的教育网络，聘请校外顾问、建立实践基地、请各行各业的优秀模范人物进校做报告、开展学生社团活动等，目的就在于让这些资源充分发挥其最大的功能，充分提高大学生的心智水平和发展个性品质。

## 一、开设心理健康教育课程

高校可以根据实际情况，开设心理健康教育必修课程或者选修课程。教育部印发的《关于加强普通高校大学生心理健康教育工作的意见》突出了心理健康课程教育在心理健康教育中的地位和作用。高校大学生心理健康教育课程包括大学生心理健康学科课程和大学生心理健康活动课程，通过传授心理知识、提高心理素质来达到促进学生身心健康、全面发展的目的。有调查表明，51.4%的大学生认为心理健康教育课程能提高其心理健康水平。[①] 将心理健康教育课程纳入学校教学体系之中是高校开展发展性心理育人工作的主要途径之一。

---

① 刘海燕，宁淑芬. 大学生心理健康教育课程教学需求的调查与思考［J］. 思想理论教育导刊，2010（9）：99-101.

### (一) 课程性质

2011年,教育部办公厅印发《普通高等学校学生心理健康教育课程教学基本要求》。该要求确定高校学生心理健康教育课程是集知识传授、心理体验与行为训练为一体的公共课程,指出要把高校学生心理健康教育课程纳入教学计划和培养方案,主干教育课程作为公共必修课设置2个学分,32~36个学时。延伸教育课程可根据学生情况和需要分布在不同学期开设。

### (二) 教学方法

课程要充分发挥师生在教学中的主动性和创造性。教师要尊重学生的主体性,充分调动学生参与的积极性,开展课堂互动活动,避免单向的理论灌输和知识传授(如图3-1所示)。课程要采用理论与体验教学相结合、讲授与训练相结合的教学方法,如课堂讲授、案例分析、小组讨论、心理测试、团体训练、情境表演、角色扮演、体验活动等。

图3-1  华南理工大学广州学院"大学生心理健康教育课程"课堂现场①

---

① 图片来源:华南理工大学广州学院官网。

### （三）教学目标

课程教学多使用具有系统知识的教科书，使学生了解心理学的有关理论和基本概念，明确心理健康的标准及意义，了解大学阶段人的心理发展特征及异常表现，增强自我心理保健意识和心理危机预防意识，掌握自我调适的基本知识和技能，如学习发展技能、环境适应技能、压力管理技能、沟通技能、问题解决技能、自我管理技能、人际交往技能和生涯规划技能等。树立心理健康发展的自主意识，了解自身的心理特点和性格特征，能够对自己的身体条件、心理状况、行为能力等进行客观评价，正确认识自己、接纳自己，在遇到心理问题时能够进行自我调适或寻求帮助，积极探索适合自己并适应社会的生活状态。

### （四）教学内容

心理健康教育课程的基本内容可分为以下几个领域：

（1）健康人格教育。了解健康人格的理论和特征，了解个体心理活动的规律和个性特征，有良好的自我意识，培养健康的人格品质，克服自卑心理，避免心理变态和人格异常。

（2）环境适应教育。要了解环境有哪些变化、有什么样的新要求，如何进行及时的调整，学会正视现实，提高心理承受能力，敢于迎接挑战。

（3）人际关系和谐教育。了解人际交往的基本知识和技能，学会与他人交往，优化人际关系，学会共同生活。

（4）智力发展教育。了解智力发展的规律、特点和自身智力发展水平与特点，通过培养观察力、记忆力、想象力，提高思维能力，挖掘开发智力潜力，掌握有效的、科学的学习方法，养成良好的学习习惯，提高学习效率，促进智力发展。

（5）非智力因素的培养。非智力因素的培养主要在于激发学习动机，培养学习兴趣，锻炼意志品质，学会情绪调节，保持乐观的生活态度和良好的心境。

（6）健康恋爱观教育。了解性生理和心理的基本知识，正确处理恋爱中的心理问题，树立健康恋爱观，上好人生必修课，促进人格完善和健康成长。

（7）心理障碍与心理疾病的预防。了解心理障碍与疾病的发生、发展过程，及时克服不良心理，学会寻求心理咨询的帮助。

除了公共必修课，高校也可以根据实际需要开设心理健康教育选修课程。例如，可以针对大学生常见的心理需求开设人际交往心理学、青春期心理、女性心理学以及职业生涯规划课程等。当前网络上在线心理健康教育课程资源很丰富，也是开展心理健康教育课程的具体途径之一。

## 二、开展学科渗透

在学科教学中渗透心理教育，是高校心理育人全员投入和面向全体的关键途径。一方面，各科任教师要善于发现并利用学科教学中与心理育人有关的内容；另一方面，科任教师要加强教学设计，将本课程的教学目标与学生知、情、意、行方面的心理素质培养整合起来。学科教学渗透可将心理素质培养融入常规的学科教学，让学生在掌握专业知识、形成相应技能的同时，发展各种心理品质。在具体教学中可以采用问题情境设置、案例分析、课堂讨论等教学方法，结合学科教学任务来体现发展性心理健康教育，调动学生主动参与，使学生心理素质在潜移默化中得到发展，促进学生形成更成熟、更丰富、更健全的人格。

例如，高校的思想政治课程与心理育人关系尤为密切，良好的思想品德和价值观是心理健康的重要前提和保障。通过对生命意义和人生价值的探索，可以建立健康的爱情观、金钱观、友谊观、幸福观等。

吉艳霞等系统地探讨了将大学生体育教学和心理育人相结合的有效模式。①

首先，寻找体育教学的典型属性与心理育人目标的契合度。体育教学强调"竞争"与"达成"。体育的"竞争"是在有规则限制、相对公平的条件下进行的，不仅有利于培养学生勇敢顽强、拼搏进取精神和坚忍的意志品质，也易于使学生养成遵守规则、公平竞争的意识，在群体竞争中也能促使学生建立团结协作的行为模式；体育的"达成"特点有利于使学生勇于挑战自我、超越自我，体验目标达成过程中的困难与成功，以此培养

---

① 吉艳霞，王德强. 大学生心理健康教育的学科渗透模式研究：以体育课程为例[J]. 中国多媒体与网络教学学报（上旬刊），2018（7）：192-193.

坚韧不拔的进取心态。显然，体育教学与心理育人是高度契合的。

其次，遵循心理品质的形成机制设计体育课程教学。在教学目标上，形成可观察、可测量的行为目标体系，体现心理品质塑造所需要的实践性、互动性、活动性、体验性的特点。在活动设计上，强调群体项目中每个人承担的角色和职责，将考核重点设置成个人对项目的贡献大小而不是个人成绩。在活动原则上，强调在互惠互利中提升合作体验、促进合作意识和合作行为的提升，激励大学生在竞争与对抗中敢于突破常规，大胆进行竞争与合作，奋勇争先又不失体育精神。在教学反馈中注重行为目标与执行力的培养，提升大学生的自我控制能力和意志品质。在体育运动中，大学生经历肌肉酸痛、疲劳、呼吸困难等带来的痛苦，需要顽强的毅力去坚持。

### 三、开设专题讲座和心理沙龙

举办专题讲座和心理沙龙也是开展高校心理育人工作的有效途径。正式的心理健康教育课程内容相对固定，虽然系统，但是时效性和针对性相对较差。而专题讲座或心理沙龙可以邀请校内外的专家前来主持，可以聚焦当下最热门或最受关注的话题，时效性和针对性强，专业性和多样性也通常胜过常规的心理健康教育课程。

高校心理育人工作主管部门可以根据学生的意见或者典型问题，有针对性地邀请专家开展讲座。如新生入校后，可以为新生安排角色转变与环境适应的专题讲座，向学生介绍适应大学学习和生活的知识；可以为即将毕业的同学安排就业心理辅导或生涯规划方面的专题讲座，教他们如何调整心态、如何应对求职面试。平时也可以根据学生的实际需求，开展如何拥有理性平和心态、如何做自己情感主人、如何面对人际冲突、如何处理亲密关系等专题的讲座。

心理沙龙是一种以心理话题为主题的讨论形式。它主要针对学生关注的热点话题，以陈述观点、交流互动、专家点评等形式，组织参与者进行深入讨论和交流。心理沙龙的内容可以涉及心理健康的各个领域，形式也是多种多样的，通常要求在结束时尽量得出一个较明确的结论。心理沙龙的优点有学生参与性强、能够引发深入的思考、受环境制约小等。

## 四、开展团体心理辅导

团体心理辅导是在团体情境中给大学生提供心理帮助与指导的一种心理育人工作途径,在预防性和发展性心理育人工作中均有重要作用。在团体辅导中,心理教师面向全体成员并积极关注每一个人的心理状况,通过与成员共同商讨、训练、引导,帮助那些有着类似问题和困扰的人克服心理发展的困扰,使其健康成长。

团体心理辅导有以下几个优点:第一,在团体活动中,团体可以让学生了解并且体验到自己是被其他同学支持的,可以增进信心,有助于增强团体的归属感和凝聚力。第二,学生在团体活动的场合中与教师接触,可以克服胆怯、减轻压迫感,消除过去的疑惑,改进自己的态度。经过团体讨论、交流分享,学生对学校的各项活动感到更有意义,能够形成更和谐的关系。第三,团体成员来自不同的生活背景,在充满安全、支持、信任的良好的团体气氛中,通过示范、模仿、训练等方法,可以促进成员相互间的理解。在团体中,不论交流信息、解决问题、探索个人价值还是发现共同情感,成员间都可以提供更多的观点和理解。第四,学生对于自我的成长、心理素质的发展、潜能的开发有着强烈的渴望和追求。团体心理辅导在发展性模式下面向全体学生,促进学生各种潜力得以实现,引领学生对健康的积极向往,从而促进学生人格的健全发展。

心理拓展训练也是团体心理辅导的一种具体形式。它是一种典型的户外体验式辅导和学习。参训成员通过充分感受,继而理解,最终能够把感悟和收获应用到日常生活中。大学生常用的拓展训练有千米长跑和俯卧撑专项运动等体育活动,以及"无家可归""同舟共济""建高塔"等团体游戏活动。此外,大学生也可以参加心理障碍突破训练、抗挫折能力训练、情绪调控训练、个性塑造训练等心理拓展训练。

## 五、组织高校心理社团活动

高校心理社团是大学生基于对心理学的兴趣,本着完善自我、服务他人的宗旨自愿成立的学生组织。通常由心理学专业的学生组织建立,归属于学校心理健康中心。心理社团活动,就是在高校里由经过筛选和培训的教师和学生,通过在校园里开展心理知识宣传、心理辅导、团体训练等活动,解决参与者和周围同学所遇到的基本的心理问题,使自我和受助者的心理素质向好的方面转化的心理健康教育活动。

以心理互助为指导的心理社团,很好地体现了人本主义心理学的理论观点。这一理论认为人有能力发现自我发展中存在的问题,有能力调整自己;同时人都有自我实现的需求,这种需求使得人能够真诚地关心他人的健康成长,人与人之间建立起朋友、关怀者、帮助者的关系。按照人本主义心理学的观点,人与人之间都充满友爱,人人都富有同情心,每个人不仅有获得别人帮助的需求,也都有从心理上帮助别人的愿望和本性。高校的心理互助机制为大学生提供了一个获得别人帮助和在心理上帮助别人的平台,满足大学生的心理性求助和在心理上帮助别人的愿望。

随着高校心理健康教育工作的不断推进,高校心理社团也得以蓬勃发展,在心理健康教育工作中起着重要的作用。具体表现在以下三个方面:①在大学生心理健康教育宣传工作中,心理社团通过报纸、宣传栏、广播等各种媒体以及举办心理沙龙、心理情景剧、影片心理赏析等形式多样的活动开展心理健康知识宣传;②在大学生心理危机干预预警工作中,心理社团主要负责对身边表现异常或患有严重心理问题、精神障碍的同学进行早期识别与报告;③在大学生心理辅导工作中,心理社团成员适当开展朋辈辅导工作,为身边的同学排忧解难。

因此,心理社团被定位为高校心理健康教育工作体系的重要补充、重要环节或载体。高校心理育人应尊重心理社团的独立性,培育他们的主体意识、自主能力和创造才能,促进心理社团进行自我管理、自我教育与服务他人,引导心理社团致力于提升社团整体素质、健全制度规范、提升活动品质。全面发展的心理社团既能够切实减轻专职心理教育工作者的工作负担,又能够促进学校心理健康教育工作的发展,使高校心理健康工作做到"从学生中来,到学生中去"。学生心理社团开展心理健康教育工作有着得天独厚的群众基础和丰富的人力资源,在时间和空间上有着无限的扩展性。借助各种媒体,心理社团有能力开展一系列的心理健康教育实践活动;

借助宿舍、班级等单位，心理社团能够举办各类心理健康教育主题活动，使心理健康教育渗透到校园的文化建设中。

心理教育主题活动是指具有宣传心理健康知识、引发参与者良好心理体验或提升其心理素质等功能的心理健康教育活动。它是心理社团得以生存，甚至是心理健康教育宣传工作得以有效开展的生命线。由学生自己组织开展的心理健康教育主题活动，往往会因为其特殊的性质以及学生之间的交流和启发，对于削弱来访学生的戒备心理有一定的帮助，也会在一定程度上达到共同探讨、互帮互助的促进作用。这也与高校心理互助的口号相呼应。

与"我爱我"发音相近的5月25日，各个高校的心理社团会面向全校大学生开展相应的心理健康科普活动，此外，还会有"心理健康月""心灵广场"等活动。活动形式丰富多彩，包括人格测试、情绪测试、职业测试、房树人、自画像等心理测试活动，也有心理仪器的展示，为大学生提供了一个近距离接触并了解心理学的机会。

近年来，多数高校非常重视心理健康教育主题活动。最典型的是举办"心理健康教育月"活动和"'5·25'大学生心理健康节"。这种融合身心健康的文体活动和心理教育活动，具有较强的吸引力和感染力，可唤醒高校学生的心理健康意识，有助于形成人人关注心理健康的校园心理氛围。图 3-2 是广东中医药大学"5·25"心理文化节活动照片。

图 3-2　广东中医药大学"5·25"心理文化节①

---

①　图片来源：广东中医药大学官网。

播放心理主题类电影也是心理社团活动的重要内容，可大大激发同学们对心理学和心理健康的兴趣。影片开始前，通常有观看引导；放映结束后，有相关心理学影评；或者让学生互相讨论，交流各自感悟，分享所得，在活动中共同获得心理方面的成长。要注意的是，影片的播放要有计划、有针对性，并且涵盖内容广泛、全面。

此外，还可以举办心理情景剧表演、心理漫画展、主题征文大赛等活动，采用喜闻乐见的形式，宣传普及心理健康理念，吸引同学的关注，帮助学生健康成长，更好地促进同学对心理健康的重视及思考。为学生提供一个展示自己、感悟生活的舞台。

多样化的高校发展性育人的工作的开展，推动了心理健康知识的普及和传播，充分挖掘了学生心理潜能，培养了积极心理品质，促进了学生身心和谐发展，对学生心理健康发展发挥了重大作用，培养了一批批优秀的身心健康、德智体美劳全面发展的社会主义建设者和接班人。

## 六、建设心理健康教育微信公众平台

在日新月异的网络时代，大学生之间的相互交流已经不再局限于QQ、博客、微博等社交平台，使用最广泛的是后来居上、集成现有通信方式众多优点的"微信"。微信公众号的文章推送成了大学生获得碎片化信息最多的方式。高校可以建设具有学校特色的心理咨询中心微信公众号，日常为学生推送心理健康教育方面的内容，为学生提供日常调适心理困扰的知识和技能；提供网上测评链接，让学生参与心理测评更便捷；宣传学校的关于心理健康方面的讲座信息，扩大活动宣传的力度。

华南师范大学心理咨询研究中心的微信公众号是其官方公众平台（如图3-3所示），粉丝超过2万人，有许多优秀的心理学知识推文。腾讯做过一篇年度总结推送《华南师大心理咨询研究中心的2017》，该推文显示，华南师大心理咨询研究中心微信公众号传播力超过62.13%的公众号，累计阅读数10万，勤勉度超过61.57%的公众号，热点覆盖率超过60.87%的公众号。

图3-3 华南师大心理咨询研究中心微信公众号[1]

心理社团也可以紧跟时代步伐，利用微文化这个手段，更加便利地走进大学生的心理生活。通过新媒体平台，更能够加强与同学的日常交流和互动。在平台上设置不同的板块，如案例分享、心理知识科普等，也可以向全校对心理学感兴趣的大学生征集心理相关小故事。这样的微平台能以更加便捷、自主、互动的方式成为心理健康知识传播的新载体。

## 七、营造校园心理文化

营造良好的校园心理文化也是发展性心理育人的有效途径。校园文化具有潜在而重要的心理健康教育价值，对学生的心理健康往往有着不可估量的作用。校园文化中渗透发展性心理健康教育，是学校心理健康教育整体实施策略的重要组成部分。校园文化对心理健康教育的重要意义在于可以培养学生健康的情感情绪，可以培养学生良好的心理品质，甚至影响其

---

[1] 图片来源：华南师大心理咨询研究中心微信公众号。

人生观、世界观的形成。

校园心理文化建设的目标是通过文化内涵和文化活动的熏陶，把精神力量内化为大学生的心理能量。校园文化衍生于主导文化，理想主义色彩浓厚，在精神和价值引导上超越于一般的社会文化。然而，它不能脱离现实社会的大背景，必须与大学生的心理发展过程融为一体。这就要求我们提供现实的物质、精神基础，在科学方法的指引下，分析大学生的客观精神状况，着力培养他们知、情、意、行方面的能力，提高他们对学校的满意度，使他们在教育目标上与学校形成共同的心理契约，提高他们的人生幸福感。

叶谰教授曾经指出："当今学校文化建设十分现实和重要的任务不是回避或以精神否定财富的方式来形成学生积极的人生态度，而是要从财富与精神、幸福人生关系的意义上，帮助学生形成健康、积极的人生观和生活方式，这是基础教育学校文化建设的首要任务。"① 建设高校心理文化需要确定合理的内容和形式，重点要去发现符合学生个体心理发展和群体规范形成的方法。群体规范的形成是一个复杂的过程，受模仿、暗示、从众、服从等心理因素的影响，群体规范的影响力取决于群体凝聚力，与个体心理发展是相互作用的。要建设一个积极健康的群体必须运用多种手段，通过各种活动，提高学生对校园生活的满意度、幸福感。

校园心理文化具有群体性、开放性，对于学生来说具有群体效应，它使学生群体朝向自己认同的文化氛围，表现出从众求同而又不失个性的风格。同时，校园文化也为校园群体行为及价值趋向提供了较广阔的选择余地，指向积极、向上、健康的文化内容，使得不同的文化感受呈现出相近或相同的精神内涵，从而显示出无意、无形而又无时不在的现实的制约力量，使校园文化的物质方面和精神方面对青年学生的气质、风度、人格等心理品质都有熏陶作用和规范作用。

良好的校风、班风、人际关系本身就是学校发展性心理健康教育的目标，校园心理环境和谐民主、积极向上，有利于学校发展性心理健康教育的整体推进。校园心理文化对学生的心理影响是潜移默化的、持久的、积极的。借

---

① 宋春蕾，徐光兴，周晓平．高校校园文化建设与大学生心理健康［J］．教育与职业，2011（20）：72－73．

助校园广播、海报、板报等形式的宣传，能够让学生在日常生活中学习到心理健康的有关知识。学生的智力、情感、意志等心理活动在文体活动的过程中形成，教师与学生、学生与学生的人际关系和人际交往也是在文体活动中同时产生，在文体比赛过程中，学生的心理世界充分敞开，最深切地体验着成功的喜悦和失败的痛苦。校园文化通过感染、暗示、同化、激励与心理调适等多种方式，改变着学生的情绪、情感、行为规范与生活方式等，有效地克服和预防了学生心理发展的不良倾向。同时，通过发展性心理健康教育与校园文化的结合可以建立积极的大学生心理健康教育危机干预体系。

在校园网络信息传播环境中，不同国家、不同学校的教育资源和科研成果纷纷以数字化的形式进行跨时空的传播，知识的最新成果能及时在网上发布。校园网络的建设已经推翻了时空的障碍和校际的围墙，提高了知识创造的效率。大学生可以从网上零距离接触最优最新的文化知识，并自由交流不同的文化观念与时尚。高校校园网络文化也因此形成了多元化的、体现最新时尚与观念的内容体系，这极大地满足了大学生的求知与求新心理。

高校可以针对在校大学生不同年级的心理特点来开展相对应的网络心理健康教育。刚进校门的大学生对高校校园网络的情况所知寥寥，充满好奇，渴望加入到校园网络的主力军中。他们对色情、暴力、错误舆论等不良网络内容更缺少抵挡能力，因而需要受到保护、帮助和引导。对大一新生，可以通过入学网络教育、网络专题讲座、网络主题班会等帮助他们正确认识网络，养成良好的网络行为方式。大二、大三的学生从总体上说心理是相对稳定和健康的，这一时期导致他们心理发展不平衡的因素主要与专业学习、人际关系、恋爱等相关，网络的理想化和成就感恰恰弥补了现实的缺憾。随着这些学生上网时间的增加和对现实的漠视，其精神世界由于得不到充实，造成了对网络依恋的进一步加深，对他们就要进行网络法规教育及正确的网络人际交往观的培养。大四的学生心理趋于成熟稳定，主要问题是面对就业市场竞争产生的心理压力，有的大学生害怕走出校园，不愿走向社会，互联网成了他们逃避现实、寻求自我解脱的一个良好的渠道和环境。因此，要帮助他们认清网络中的自我与现实中的自我，摆脱网络迷恋，顺利完成学业，走向社会。

高校心理育人工作部门应积极拓宽心理健康信息传播渠道，充分利用广播、电视、书刊、影视、动漫等传播形式，组织创作、展示心理健康宣传教育精品和公益广告，传播自尊自信、乐观向上的现代文明理念和心理健康意识。创新宣传方式，主动占领网络心理健康教育新阵地，建设好融思想性、知识性、趣味性、服务性于一体的心理健康教育网站、网页和新媒体平台，广泛运用门户网站、微信、微博、手机客户端等媒介，宣传心理健康知识，倡导健康生活方式，提高心理保健能力。发挥学生主体作用，支持学生成立心理健康教育社团，组织开展心理健康教育活动，学习心理健康知识，提升心理调适能力，积极进行心理健康自助互助。强化家校育人合力，引导家长树立正确的教育观念，以健康和谐的家庭环境影响学生，有效提升心理健康教育实效。

## 第三节　预防性心理育人工作途径

《高等学校学生心理健康教育指导纲要》中强调高校心理育人需要发展性与预防性相结合。发展性心理育人工作重在加强心理健康知识的普及和传播，充分挖掘学生心理潜能，培养积极心理品质，促进学生身心和谐发展。预防性心理育人工作则强调重视心理问题的及时疏导，加强预防、识别、干预常见精神障碍和心理行为问题，最大限度预防和减少严重心理危机个案的发生。预防性心理育人工作的目标为学生心理健康问题关注及时、措施得当、效果明显，心理疾病发生率明显下降。本节从预防性心理育人的基本要素入手，探讨高校预防性心理育人的工作途径。

### 一、建立完善学生心理健康档案

开展心理普查，建立学生心理健康档案，切实加强心理健康教育的针对性和实效性，是全面了解学生心理健康状况的有效手段。大学生心理咨询工作在我国虽然已经开始，但仍然有可以改进和加强之处。当前高校心理咨询的主要问题：一是被动等待大学生前来进行咨询，而非主动出击；二是心理咨询工作有头无尾，没有贯彻始终。

建立学生心理健康档案，坚持对受教育者进行心理普查是教育过程的主体，受教育者的身心发展特点制约和指引着教师的教学活动。高校预防性心理育人以全体大学生为教育对象。《礼记·学记》中提出，成功有效的教育就在于"长善而救其失者也"。而"长善救失"的关键又在于全面了解学生的心理特点，即"知其心，然后能救其失也"。因此，要切实增强心理健康教育的针对性和实效性，首先必须全面深入地掌握学生的心理健康状况，这就需要建立与完善大学生心理档案。这是全面了解学生心理健康状况的有效手段，是高校开展个性化的、因材施教的心理健康教育的前提条件。

大学生心理档案是高校心理健康教育机构借助各种专业的心理测评工具，如症状自评量表（SCL-90）、卡特尔16种人格因素测验（16PF）以及霍兰德职业倾向问卷等，对学生的心理健康状况、人格特征以及职业兴趣、职业能力等心理特点进行心理诊断测量后，对其测量结果进行记录、整理、分析，并分类保存，以便查找利用的所有材料的总和。在此基础上为每位学生建立一份心理健康档案，可以为心理健康教育工作的开展提供科学的、有针对性的依据，但在具体工作时应注意心理测量的结论在使用上要十分慎重，一般只能作为参考。

大学生心理档案记录大学生心理成长轨迹，是一个动态发展的档案。档案中记录的学生情况要随着学生心理发展而不断变化，特别是人格、智力、心理健康、学习心理及职业能力等方面，要定期施测和进行分析，并针对不同学生的身心发展特点及时提出相应的教育建议或培养策略。

## 二、心理咨询工作贯穿大学生活始终

建立大学生心理健康档案只是预防性心理育人的第一步，有效管理和利用大学生心理健康档案才是关键。一方面，通过档案可以了解、评估、界定大学生的心理健康水平，预测其发展走势；另一方面，通过专业的心理测量，能把存在一定人格问题或正遭遇特殊生活事件、正承受较大精神压力或已发生心理问题的学生从学生群体中筛选和甄别出来，以便能够及时采取有针对性的措施帮助他们减轻压力，有效预防严重心理问题或心理危机事件的发生。

对心理健康水平较低或者出现一般心理问题的学生给予积极关注，提供心理辅导,同时充分发挥非正式群体即朋辈辅导的作用;根据学生心理档案中所提出的教育培养建议,对于心理问题比较严重的学生,及时与学校心理健康教育中心联系,进行跟踪调查,利用学生心理档案上关于能力、人格、心理健康、学习心理及职业特点等方面的较为具体的教育及培养策略,有针对性地做好个别辅导工作,防止危机事件的发生。

(一) 传统心理咨询

个别心理咨询是心理咨询中最常见的形式。在方式上,是咨询师与来访者两者发生的单一交往,而与当事人所处的社会、集体及家庭环境毫无关系。在内容上,着重帮助当事人解决个人的心理问题。心理咨询是通过咨询师与来访者之间的语言、思想、情感等方面的交流,在特定的心理氛围中,应用心理学的专门知识和技术,针对来访者在学习、工作、生活、疾病及保健等方面出现的心理问题来解释疑惑、商量讨论、提出建议,以帮助、劝告、教导等方式来促进来访者心理健康的过程。个别心理咨询为来访者提供心理帮助,帮助来访者达到以下的目的:①建立新的人际关系;②认识内部冲突;③纠正不合适观念;④深化求助者的自我认识;⑤学会面对现实问题;⑥增加心灵自由空间;⑦帮助求助者做出新的有效行动。

此外,还可以结合团体咨询。个别咨询是咨询工作人员与来访者一对一的直接接触,对来访者的个性特点及问题类型,有针对性地提供指导和帮助。目前,个别心理咨询的方式已满足不了大学生的心理需要,针对大学生的共性问题开展团体咨询便成为高校心理咨询的重要方式之一。

(二) 新兴心理咨询——网络化心理咨询

我们处在一个信息化的时代,教育信息化是实现教育现代化的必经之路,也是教育现代化的重要内容和主要标志。2008 年,中国互联网络信息中心(CNNIC)互联网发展研究部发布的最新互联网调查显示,中国在校大学生中,95%以上都是网民。由于网络具有平等性、隐蔽性、便捷性和实时性等特点,高校预防性心理育人要特别注重网络阵地的心理健康教育,强化网络心理健康教育和思想政治教育的作用。借助网络平台,开设有特色的符合本校学生实际的心理教育网站,开展网络咨询、在线测试、网络问卷调查等,构建网络心理健康教育系统,并且和现实网下的交流辅导相结合,有针对性地解决一些学生在网络上显露出的心理状况和心理问题,有的放矢地对学生进行心理健康教育。

广义的网络化心理咨询是指来访者通过互联网学习有关的心理健康知识，并通过互动的方式为来访者提供心理咨询和健康辅导的一种咨询模式。网络化心理咨询这种方法已经成为一种新型的帮助人们解决生活和工作问题的咨询模式。有效的网络化心理咨询，一定是建立在科学、合理的网络咨询平台上，以方便和满足咨询双方的需求为目的的。因此，内容的模块化和工具的实用性就成为保障目的顺利实施的必要手段。模块化的内容，有助于针对来访者的个性特征和问题提供不同的心理环境和不同类型的服务；工具的实用性则使得咨询者在使用的时候更加简洁，真正达到工具为人服务的目的。由此可见，网络化心理咨询并不是狭义地将网络技术与心理咨询叠加，而是指可以使用网络的双方，通过网络平台，摆脱时间和空间的限制，结合心理学的原理和知识，对来访者进行心理健康的宣传和心理问题的疏导。

以网络为主要媒介的网络化心理咨询，可以通过编写程序和安装软件的方式完成，具体实施途径如图 3-4 所示。

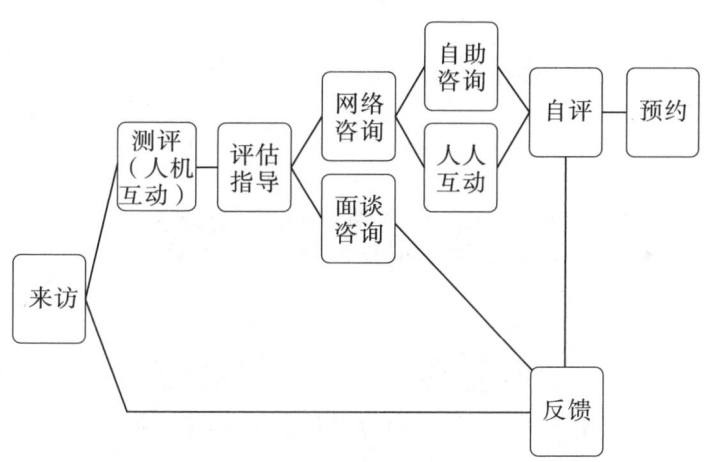

图 3-4　网络化心理咨询的实施途径①

---

①　周旻，石大维. 高校网络化心理咨询研究 [J]. 中国电化教育，2015（7）：122-126.

对于高校来说，具体实施主要包括人机互动、人人互动和自助咨询这三方面。

1. 人机互动

人机互动主要是指来访者和电脑之间通过计算机智能完成简单的心理咨询过程。高校可以在专业的心理咨询网站设立信息管理系统，通过学号注册账号，并填写基本的学生资料，登录后，来访者可点击链接，进行心理测评，完成初步的心理测评后，网页会自行弹出测评结果。通过这一过程，来访者可以准确、客观地了解自身的情况，同时可以选择下一步的解决方案，进一步促进来访者主体性的发挥。例如华南师范大学智为心理服务云平台学生登录界面如图3-5所示。

图3-5 华南师范大学智为心理服务云平台①

2. 人人互动

在咨询师与来访者互动的方面，网络化心理咨询可以分为实时互动和

---

① 图片来源：华南师范大学心理咨询研究中心。

延迟互动两种类型。所谓实时互动，即咨询师和来访者通过 QQ、MSN、聊天室等社交工具，进行即时互动。延迟互动则是指来访者通过电子邮件（e-mail）、论坛、BBS 等平台，通过留言的方式与咨询师取得联系，咨询师运用心理咨询的原理在限定的时间内做出回答，并通过邮件或留言的方式反馈给来访者。

3. 自助咨询

自助咨询主要是由来访者自己选取既定的美文、图片或音频和视频来完成心理辅导。在心理咨询的网络平台上设置各种常见大学生心理问题自我调适知识和技能指导的文章、图片、音频或视频，供来访者选用。在来访者通过人机互动获得心理测评结果后，来访者可以根据自己症状的轻重缓急，及自身的调节水平，选择相应的方式尝试进行心理问题的自我调适。

高校引入网络化心理咨询尚且处于试行阶段，目前还是一种辅助的咨询手段，但是与传统咨询方式相比，其优势已逐渐显现出来，这种不受时间和空间限制的咨询方式，以及在咨询过程中一贯体现的自主性、便捷性和匿名性必定会为它带来远大的发展前景。

## 三、开展朋辈心理辅导

朋辈心理辅导是指由经过辅导知识与技巧培训的非专业人员（朋辈心理辅导员）对周围需要心理帮助的同学和朋友提供具有心理咨询功能的帮助，在日常学习和生活中，自觉开展心理知识普及、心理问题探讨、心理情感沟通、心理矛盾化解、心理机制干预活动，帮助同学和朋友解决日常遇到的心理困扰，推动学生群体的互助、关怀、支持，实现学生"自助"的成长模式。它可以理解为非专业心理工作者作为帮助者在从事一种类似于心理咨询的帮助活动，是一种特殊的心理咨询形式。朋辈辅导的最大优点是有助于心理问题的预防。朋辈辅导是专业心理辅导的重要补充。

专业心理辅导中，一般的专兼职心理辅导教师所能接触的学生也只不过是到心理咨询中心来主动寻求心理帮助的学生，心理辅导教师较少主动接触学生，不了解学生的苦恼和困扰，他们只能被动地在心理咨询中心等待学生上门。而朋辈心理辅导是在同辈、同学朋友之间进行的一种心理辅导。朋辈辅导在建立咨询关系上具有其他咨询辅导形式所没有的独特优势。学生在遇到心理问题时更倾向于向朋友倾诉，由于同辈之间具有类似的生活经历、价值观和情感体验，往往能够快速良好地进行沟通交流，从而容易形成信任、稳定的咨询关系，达到较好的咨询效果。朋辈心理辅导中，助人者可能与当事人共同生活，空间距离接近、交往频繁，甚至休戚相关，提供安慰、鼓励、劝导等心理支持非常便利，这就将心理援助的覆盖面大大拓宽了。专业心理咨询需要咨询员一开始便与当事人建立良好的可相互信任的人际关系，这一过程需要时间，而朋辈心理辅导一般不需要这一过程。由于担当朋辈心理辅导工作的通常是当事人比较要好的同学或朋友，这些同学或朋友易于接触，其建议和意见容易被接受，从而能够及时缓解他们的心理压力。此外，担当朋辈心理辅导的同学，往往与当事人共同生活和学习在一起，对监督建议的实施以及改善环境极为有利，这些因素都使朋辈心理辅导的有效性大大提高。

同时朋辈辅导的实施更加灵活，可以不受时间地点的严格限制，只要咨询双方的条件允许，即可实施辅导。个别对话、团体互助、心理沙龙、网络聊天、心理电影赏析等活动都是具有朋辈辅导特点的心理辅导形式。

## 四、开展心理情景剧活动

在开展大学生心理健康教育活动中，心理情景剧作为一种团体心理辅导的方法，非常受欢迎，也很值得推广。心理情景剧源自著名的维也纳精神病理学家莫雷诺（J. L. Moreno）创立并发展起来的一种团体治疗的方法——心理剧。心理剧通过特殊的戏剧形式，让参与者扮演某种角色，以某种心理冲突情景下的自发表演为主，将心理冲突和情绪问题呈现在舞台上，以宣泄情绪、消除内心压力和自卑感，增强当事人适应环境和克服心理危机的能力。正如瑞典心理剧导演布洛姆奎斯特所说，心理剧所演出的场景是"代表自己的某个东西，并不会有任何隐藏，个人投入这些新的、不熟悉的经验，这些比解释跟诠释更来得重要"[①]。与其他的心理治疗方法

---

① 舒曼，黄欢，徐朝亮. 校园心理剧对提高大学生心理素质的探索［J］. 华东交通大学学报，2007（6）：71-74.

相比，心理剧有着许多独特的优势。与心理剧不同，心理情景剧着重于面向校园所有学生开展教育和普及，演员不是心理剧治疗意义上的来访者。心理情景剧是由具备表演能力的学生借助舞台来呈现他们日常学习生活中典型的心理困惑、冲突和矛盾，在心理教师和全体参与表演者以及观众的帮助下学会如何应对和处理心理问题的过程，从而使全体学生受到教育启发的一种心理辅导方式。它能对大学生产生一种积极的潜移默化的心理影响和人格影响，使得大学生及时调适自己的心境和情绪，保持一种乐观向上的健康心态，以饱满的热情投身到紧张的日常学习和生活当中去。校园心理情景剧在演出过程中，包含四个主要元素：舞台、观众、引导者和演员。舞台是演出的载体，引导者在台上推动剧情的发展与现场观众情绪的发展，并引导大家进行思考。演员在舞台上主要起到设置场景，使场景真实化的作用。

心理情景剧可以防止学生对自身心理问题的掩饰压抑。心理情景剧没有固定的剧本，也没有确定的主角和配角，剧本就是由主角及所有参加演戏的演员共同创造出来的。它是开放性的，完全可以在演戏的过程中修改、丰富、完善和创新。这种随机的、隐匿性的展现问题的方式，让主角很容易去掉伪装和掩饰，从而通过剧中的人物表现自己的意愿、观念、性格和行为方式。但实际上，在剧中的任何一个角色的言行，都投射了他本人身上很多的东西。心理教师能够很清晰地看出每个人的特点和问题所在。这实际上是一种很好的投射测验。对于心理较为脆弱的学生来讲，这种暴露心理问题的方式因带有一定保护性质的色彩而容易被接受。

心理情景剧给学生提供了一个宣泄不良情绪的场合。由于高校大学生正处在成长期，涉世未深，情绪不稳定，遇到挫折时很容易累积负面情绪而无处宣泄，心理情景剧正是为这样的学生提供了一个释放消极情绪的场合。在剧中，由于有配角的积极配合，当事人很容易进入状态，他（她）可以借剧中的人物尽情地发泄自己的情绪，揭示内心深处的症结，在知情观众的协助及心理教师的指导下，当事人在痛快的宣泄之后，可以使愤怒、焦虑、恐惧等负面情绪得到一定程度的缓解，在此过程后，当事人往往可以在心情相对平静的状态下，冷静地分析问题，或在角色置换的过程中，学会处理问题的方式方法,把握自己的情感。

心理情景剧为学生创造了一个塑造良好行为模式的机会。现在的学生大多是独生子女,特殊的生活环境使他们对如何看待自己、如何对待别人、如何对待挫折、如何适应新的环境等方面产生了困惑。这些都是困扰学生的较为典型的心理问题。采用心理情景剧疗法来加以解决,往往会收到优于个别咨询的疗效。心理问题常常是在人际互动的环境中产生的,而心理情景剧恰恰可以为他们提供一个人际互动的场合。如有的人突出的问题是和父母的关系问题,那就可以在剧中给他设置一个家庭环境;有的人是人际关系问题,那就让他现身在人际紧张的环境当中……在这样的场合里,学生可以通过主角或配角的身份,把自己的观念、行为模式加以演示,在此过程中,通过镜像技术让表演者在局外观察自己的行为方式对别人、对自己以及对人际关系的影响,从而进行深一层次的自我认识,重新评价自己观念的正确性,重新审视自己行为的适当性。通过角色转换技术,让表演者有机会学习他人的行为模式,掌握处理问题的方式方法,帮助他们改善个性心理结构中不良的倾向,建立健康的个性心理参照体系和行为模式,形成健全的人格。

心理情景剧的舞台就是生活的小小缩影,学生在生活中发生的一切问题都可以通过演剧的方式呈现在舞台上。正是因为心理情景剧比其他的心理教育更加的形象化、生活化、深入化,所以它能使参与演出的配角以及在场的许多观众很快地与剧中的某个人物产生共情,与之同哭同乐同感受,在角色宣泄了负面情绪的时候,随之痛快;在角色从中有所收获的时候,也获益匪浅。这种收效在心理情景剧的最后阶段即分享阶段表现得更为突出。每个人站在自己的角度去谈感受、分享自己生活中有关的经历和体验,这对于现场的每一个人来讲都是一次认知观念和行为模式整合的机会,学生可以在较短的时间里更多地掌握他人在现实生活中的经验,掌握应对困难时更多的方法和对策。

## 五、实施危机干预

危机干预是指干预者采取紧急应对的方法帮助当事人从心理上解除迫

在眉睫的危机，使其症状得到缓解和消失，心理恢复平衡的过程。危机干预主要通过预防教育、早期预警、危机干预、后期跟踪等步骤进行。大学生心理危机干预是一项系统的工程，应立足教育，重在预防。危机干预是心理治疗措施的一种，但区别于一般的心理咨询和治疗，是在简短治疗基础上发展起来的治疗方法，是一种特殊的心理咨询服务，它的基本目标不是寻求根治，而是争取在较短时间内使当事人从危机事件中过渡。与普通心理咨询和治疗相比较，危机干预突出的特点是帮助的及时性、迅速性，其有效的行动是立见成效的关键。当前危机干预理论研究有两方面值得关注：其一，危机干预中评估的重要性。危机评估就是对当事人是否处于心理危机之中、危机的严重程度、当事人的反应模式、有无可以利用的社会支持的资源等进行评价。在干预中，评估是进行干预的前提条件，贯穿干预过程的始终。干预者必须通过不断地评估确定危机的严重程度，确定当事人的心理状态，才能确定采用相应的应付策略和支持系统等。其二，干预模式的研究。危机干预模式具有三个特征：一是划分干预过程的不同阶段。通过技术性区分各个不同阶段的特点，采取针对性措施与策略。二是将不同的干预模式、支持资源加以整合。通过整合技术，发挥干预系统的功能，使效果达到最优。三是特异性发展，即针对不同人群、不同应激情境做深度拓展，发挥干预的特异性效果。

面对危机事件，行政机构最重要的职责是协调和组织。目前高校的党委领导下校长负责制决定了协调组织的核心必须是由党委书记和校长组成的应急指挥中心。在危机事件下，启动应急机制，制订工作计划，指定相应的执行机构——一般是院长办公室或学生处负责协调各系部迅速成立干预协调小组。干预协调小组按照突发事件的严重程度，在应急指挥中心的统一安排下，按照突发事件的不同类别，组织相应级别的突发事件心理援助行动。通过这样的构成，初步形成了党委牵头、统一领导、部门协作、分级负责的应急体系。

做好学校心理危机干预工作，除了应急指挥机构的及时协调组织，在具体执行中还必须依靠院系学生管理队伍和学生社团的力量，共同推进心理健康教育的深入和发展。这项工作关键是建立心理健康与危机干预、纵向和横向相结合的心理援助服务网络:由班级同学和辅导员构成一级网络,高校相关部门、心理咨询中心构成二级网络,校医院心理门诊、社会心理咨询及诊疗专门机构构成三级网络。从纵向角度来看,由院系学生管理机构及班级、校级心理干预机构,社会心理干预机构构成的各级网络为危机干预提供了人员和技术上的保障,当危机事件发生后,指挥部门可以按照突发事件的不同等级,协调相应的干预网络开展工作,当低层次的网络干预不足以达到预期的效果时,可以申请更高级别的援助与支持。从横向角度来看,各级网络的干预工作也并非是孤立的,而是具有各自完整的援助措施。一级网络通过辅导员、学生社团、班级群体开展心理健康教育,发现出现心理危机征兆的同学,通过谈话、社团活动、与家长协调等方式消除学生的危机感,缓解症状。二级网络的心理危机干预管理机构则通过讲座、心理健康宣传等方式提高学生的心理自我保健能力,通过一级网络的信息以及日常的心理咨询、心理测试等确定是否要给出相应的解除心理危机的对策。如若确诊,应对患者实施必要的心理辅导,并通过三级网络引入社会力量,寻求社会专家和专业机构的支持,让患者接受正规系统的心理治疗。

## 六、建设心理健康网络系统

随着网络技术的不断发展,当代大学生的思维方式和生活方式也存在着明显的网络时代的特征。随着网络技术的日益发展与成熟,高校的网络普及面越来越广,利用网络对大学生进行心理健康教育已成为一种新的形式,为改变传统的心理健康教育带来了生机。在开展传统的面对面的咨询和电话咨询的同时,也应注重开辟网上心理健康教育渠道,开展诸如网上心理培养、网上心理训练、网上心理咨询、网上心理测试、网上心理诊断、网上心理治疗等心理健康教育活动。网络使人们摆脱了种种束缚,扩大了交际的领域,使人们可以在平等、自由的氛围里进行交流沟通。学校的教育者也可以充分利用这个工具,加强与学生在网上的思想交流,主动通过网络与学生进行平等的聊天、讨论,通过对称的信息流和多渠道的沟通来了解情况、掌握动态、解答疑难、化解矛盾,进一步加强对大学生的引导;

使大学生的情绪得以合理宣泄,意愿得以表达,对心理起到调适的作用。

当前我国高校心理健康教育人才资源难以满足大学生需求的快速增长,开展网上心理健康教育有利于把心理健康教育与网络技术有机结合起来,通过建立心理健康教育网站或制作心理健康教育主页,供大学生们阅读,并在网上与学生进行交流。网上心理健康教育可以大大减轻心理健康教育工作者简单重复的工作量,提高了工作效率;同时,网上交流具有隐蔽性的特点,这样可以使对心理咨询心存疑虑的大学生大胆地说出自己的隐私和心理困惑,在教师的帮助和指导下,解除心理困惑,医治心理疾病,有效避免了因难以启齿等原因导致隐瞒症状等现象的出现。目前高校基本上都实现了"数字化校园"建设的目标,网络与大学生的学习、生活紧密地结合在一起,这为开展网上心理健康教育提供了前提条件。网上心理健康教育符合青年大学生闭锁性和开放性并存的心理特点,一方面,当出现心理困惑时,大学生往往掩饰内心世界,没有勇气去心理咨询中心寻求面对面的帮助;另一方面,他们强烈地希望被他人接纳,渴望与人沟通、交流,需要被人理解和帮助。因此,网上心理健康教育更有可能被大学生接受。

开辟网上心理健康教育渠道主要应做好以下三方面的工作:

第一,构建网上专家型心理健康知识系统,促进大学生的自我教育、自我帮助。所谓专家型的心理健康知识系统,"就是指在心理问题不明确的情况下,系统提供心理量表或问卷进行心理问题诊断,并根据心理问题提供解决建议;或直接在心理问题驱动下,系统给出问题的解决建议"[1]。研究表明,当前大学生存在的心理问题绝大部分属于"适应和发展方面的障碍"[2],如人际关系方面的、学习方面的,对于这些问题可以通过求助于心理咨询来解决。但实际上,中国大学生的心理特质和社会化特点使得他们更多的是通过非专业的途径来解决所面临的心理和行为问题,其一是找朋友、家长或教师谈心而得以解决,其二是自己在思索、顿悟中得以解脱。

---

[1] 陈文干,王小飞. 网络专家型心理健康教育系统构建[J]. 现代教育技术,2003(1):46-48.

[2] 易法建,倪泰一,杨丹燕,等. 心理医生[M]. 重庆:重庆大学出版社,2000.

因此，构建网上心理健康知识系统，正适合于在学生有心理困惑寻求解决办法时，给他们提供有针对性的心理保健知识，使他们实现自我教育、自我帮助，有效地解决心理困惑。

第二，开展网上心理辅导、心理咨询和治疗等各种形式的心理健康教育活动。在学校网站中开办心理健康教育主页，开展各种形式的心理健康教育活动，如网络咨询、网络辅导、线上治疗。网上心理健康教育活动应由高校心理健康教育工作者在线提供指导。面临心理困惑的学生能通过电子邮件或者QQ、微信等聊天工具，通过即时文字交谈、即时视听等方式与教师进行敞开的内心深处的沟通和情感上的交流，从而得到教师的及时指导，及时克服心理或行为障碍，解决心理困惑。

第三，建立网上与网下相结合的工作机制。为了实现对大学生心理健康问题的及时发现、早期干预和有效控制，应当建立网上与网下相结合的工作机制，即网上心理测验与网下筛查、干预、跟踪、转介一体化的工作机制。以对全体大学生进行网上心理测验为基础，把部分有心理问题倾向的大学生筛选出来，通过心理测验，进一步进行有组织、有计划、有目的的心理调查，根据相关标准将确有心理问题的学生找出来，主动进行心理咨询与心理辅导，并对其进行跟踪观察和进一步诊断，将有严重心理疾病的学生转介到专业精神卫生机构接受心理治疗。这一工作机制在很大程度上提高了大学生心理健康教育的针对性和有效性，有利于增强心理健康教育工作的实效性。

# 第四章 高校心理育人工作的队伍建设

## 第一节 高校心理育人工作队伍建设的意义

习近平总书记2016年在全国高校思想政治工作会议上指出,"要坚持不懈促进高校和谐稳定,培育理性平和的健康心态,加强人文关怀和心理疏导",不断提升心理健康素质。心理育人工作队伍是落实习近平总书记讲话的核心力量,是对学生进行人文关怀和心理疏导的关键,是落实加强思想政治工作队伍的焦点之一。建设心理育人工作队伍,是把全国高校思想政治工作会议精神落到实处的必然要求。提升心理育人队伍的专业技能,切实发挥心理健康教育工作育人功能,有助于培育大学生理性平和的健康心态,也有助于全面提升大学生心理素质,促进大学生成长成才。①

### 一、当前高校心理育人工作队伍现状及分析

随着"健康中国"号角的吹响,我国高校的心理育人工作经历了逐渐被认识、逐渐被重视的发展历程。随着心理知识的不断普及和心理工作的

---

① 丁笑生. 关于高校心理健康教育工作队伍建设的思考[J]. 思想教育研究, 2017(6):121-123.

逐渐深入，心理育人工作逐渐成为思想政治教育的重要组成部分。大多数高校都成立了一支由专职心理教师、辅导员、学生组成的心理育人工作队伍。但由于我国高校育人工作起点较低，起步较晚，心理工作队伍的建设还不完善，主要存在以下几个问题。①

**（一）高校心理育人工作队伍组织机构不健全**

部分高校领导阶层对心理育人机制不重视，缺乏对大学生心理健康重要性的充分认识，忽视了大学生心理健康水平在大学生发展中的作用，高校缺乏完善的组织领导机构，难以有效开展心理育人工作。具体来说，部分高校领导人员没有在本校设置心理健康教育专门机构，也没有配备相关的心理辅导人员，导致心理育人工作无法落实。另外，部分高校虽然设置了相关的心理育人工作组织机构，但是，心理育人工作组织机构的隶属关系不明确，缺乏对心理育人工作组织机构的科学管理，导致心理育人工作缺乏规范性和实效性。②

**（二）高校心理育人工作队伍规模结构不合理**

当前，我国各高校大多都设立了心理健康教育机构，并逐渐配备了专职教师，但相对于日益扩大的办学规模，各高校专业从事心理咨询工作的人员数量过少，心理健康教育的师资配比远远不够。国际上一般主张专职心理辅导员与学生比为1∶700。在美国，约每500名学生配有一位心理辅导员；在部分欧洲国家，该比例一般为1∶1 000；在我国台湾地区师生比平均为1∶1 500，香港地区平均为1∶1 000。我国内地师生比较国外和境外师生比相去甚远。③ 有的高校心理咨询师编制严重紧缺，师生比例严重失调，有的高校甚至只有一两名专职教师，专业教师相对较少，师生比严重不足。国家规定，专职心理健康教育教师和其他心理工作人员与全日制在校学生的比例不低于1∶4 000，实际上，只有较少高校的心理健康教育中心的专职

---

① 曹盈，杨潇. 新时代地方高校心理健康教育工作队伍建设［J］. 安徽广播电视大学学报，2018（3）：59-62.

② 聂恒. 高校心理育人机制和路径研究［J］. 当代教育实践与教学研究，2017（8）：105.

③ 李洪. 高校心理健康教育工作队伍建设研究［J］. 出国与就业（就业版），2011（21）：64-65.

人员数量能够达到此比例，远远不能满足目前心理健康教育的需要，这也成为制约高校心理健康教育发展的最大瓶颈。① 目前，师生比能达到1∶4 000的高校很少，有的高校4万余人，只有3个心理咨询师，有的高校甚至达到1∶30 000。②

目前，虽然每个高校都设立了专门的心理健康教育中心，但是心理育人工作队伍的结构仍然不合理。专职人员数量比较少，兼职人员和非心理学或教育学相关专业的心理健康教育工作者占较大比重，并且专职人员还要兼任其他教学或管理任务，职责和权限界定不清，削弱了心理育人的骨干力量。此外，各个高校的专职和兼职人员的性别比例以女性居多，男性偏少。由于职业生涯发展受限，专职人员流动性较大。多数高校以辅导员或是医学类工作者兼职心理健康教育工作，然而心理健康教育工作是一项专业性和技术性都很强的工作，对工作人员的专业能力和业务能力的要求都比较高，如果没有专业的队伍，将在一定程度上影响心理健康教育工作的质量和效果。③

（三）高校心理育人工作队伍专业能力有待提高

高校心理育人工作队伍的能力和水平是提升心理健康教育工作成效、促进学生心理健康发展的重要保障。我国大多数高校心理育人队伍组成一般包括心理咨询中心专职人员、心理学教师、辅导员等。非心理学专业的兼职人员占有很大比重，成为我国高校心理咨询工作队伍组成的最大局限之处。而师资力量不足、专业化水平不高成为我国高校心理育人工作开展的最大阻碍。心理育人工作者参加进修培训的机会较少，心理健康教育专兼职教师继续教育制度远未形成。尤其是占队伍较大比重的兼职教师往往是通过短期培训，参加心理咨询师考试后直接上岗，实际操作技能极为欠缺，后期又缺乏相应的追踪培训，其咨询水平很难得到显著提高。由于兼

---

① 童伟. 论高校心理健康教育工作队伍的健全及优化 [J]. 江苏高教，2017 (9)：85 - 88.

② 冯铁蕾. 高校心理健康教育师资队伍现状及政策建议 [J]. 湖北大学学报（哲学社会科学版），2008 (6)：125 - 129.

③ 郑琳，周美，刘景伟，等. 高校大学生心理健康教育队伍建设研究 [J]. 科技视界，2013 (14)：23.

职心理咨询人员大多由辅导员担任,绝大多数都非心理学专业出身,专业背景分散在各个学科,缺乏心理学专业背景,必需的心理学专业理论和工作技能相对缺乏。另外,由于高校兼职心理咨询师大多是年轻辅导员,经过短期培训就上岗,虽有一定的理论知识,但缺乏系统的专业训练,实践能力极差,这样给开展心理辅导带来许多限制,产生了不少问题,心理辅导的质量难以令人满意。①

## 二、高校心理育人工作队伍建设的意义

大学生正处于心理变化最大的时期,面临着一系列生理、心理以及社会适应的问题。因此,加强大学生的心理健康教育工作是十分重要的。高校心理育人工作队伍作为高校心理健康教育的核心力量与重要保障,在高校起着非常重要的作用。因此,完善心理育人工作队伍的建设显得迫切而必要。完善心理育人工作队伍的建设,具有以下几点重要意义。②

### (一) 心理育人工作队伍建设是实现高校育人功能的重要前提

高校既是培养和输送社会主义事业建设者和接班人的基地,又是社会主义精神文明建设的重要阵地。高校不仅要对学生的思想道德素质、人文素质、文化素质、专业素质和身体素质负责,还要为学生的心理健康承担责任。在大学生心理问题逐渐凸显的大学校园中,如果不能解决好社会变革、学习压力、就业压力、情感压力等诸多因素给学生带来的心理影响,"将会对他们的健康成长产生不良影响,严重的会使学生发生明显的心理疾病和人格缺陷,甚至会产生抑郁、厌世自杀等现象。"③ 这些问题如果不能很好地解决,必然会影响高校心理健康教育的发展。所以,在高校中加强心理健康教育队伍建设,充分发挥心理健康教育在培养大学生良好心态、健全人格方面的作用,可以为高校育人功能的实现和培养社会主义建设人

---

① 冯铁蕾. 高校心理健康教育师资队伍现状及政策建议 [J]. 湖北大学学报 (哲学社会科学版), 2008 (6): 125 – 129.

② 俞雅芳. 地方高校心理健康教育工作队伍建设研究 [J]. 湖南大众传媒职业技术学院学报 (哲学社会科学版), 2010 (3): 105 – 107.

③ 吴捷. 对高校大学生心理健康教育教师队伍构建的思考 [J]. 心理与行为研究, 2004 (1): 394 – 396.

才服务。①

**（二）心理育人工作队伍建设是高校思想政治教育的重要基础**

心理健康教育是高校思想政治教育的重要内容与环节。随着现代社会的发展，一些大学生的自我意识与心理状况在流行文化与后现代主义思潮的影响下产生了一定的偏差，并引起了全社会的关注，重视大学生的心理健康教育在当今时代就显得尤为迫切和必要。目前，心理育人工作队伍建设是当今高校普遍面临的重要课题。只有加强高校心理育人工作队伍的建设与优化，才能切实提高大学生心理健康教育工作的科学性、规范性与实效性。② 高校心理育人工作队伍包括心理专职教师、辅导员、朋辈辅导员等。以辅导员为例，辅导员作为高校心理育人工作队伍的中坚力量，需要在传统的思想政治教育工作内容与方式的基础上，适应当前社会的要求，打破自身工作局限和壁垒，积极开展心理健康教育。所以，加强辅导员队伍建设，是开展大学生心理健康教育，构建大学生思想政治教育新模式的必然选择，是思想政治工作适应时代发展的需要，是拓宽思想政治工作新思维的有效手段。③

**（三）心理育人工作队伍建设是高校立德树人教育的重要保障**

心理素质是大学生基本素质的关键，大学生没有良好的心理素质便无法很好地完成学业，更无力完成社会化。大学生的心理素质直接关系到大学生全面素质的提高，直接关系到高校能否完成素质教育的目标，关系到中华民族的未来。而心理育人工作者作为一线的思想政治工作教育者一分子，须从自身的职责出发，切实提高对心理健康教育的重视，全面贯彻党的教育方针，实施素质教育。以辅导员为例，立德树人的教育目标要求辅导员作为大学生思想政治教育主力军，要站在素质教育的战略高度，充分践行心理健康教育，充分发挥自身在心理健康教育工作中的优势与作用，

---

① 张明明. 高校心理健康教育队伍建设研究［J］. 湖南省社会主义学院学报，2012（2）：94-96.

② 童伟. 论高校心理健康教育工作队伍的健全及优化［J］. 江苏高教，2017（9）：85-88.

③ 陈新星. 高校辅导员开展大学生心理健康教育研究［D］. 福州：福建师范大学，2016.

巩固和保证德育工作的效果,为大学生德智体美等各个方面全面协调发展打下坚实基础。所以,加强心理育人工作队伍建设是高校立德树人的素质教育的重要保障。①

### 三、高校心理育人工作队伍建设的举措

为了确保心理健康教育和心理危机防御工作的覆盖率和有效率,心理育人工作队伍建设的科学性、规范性不容忽视。目前来看,许多高校都在做有益的尝试。目前最有成效的是建设一支金字塔形的工作队伍,建立由校、院(系)、班构成的心理健康教育三级网络。②

学校心理育人领导小组是领导机构,主要负责审议学校心理健康教育工作方案、计划和实施策略,进行个案咨询和团体辅导,组织全校心理健康教育相关人员培训。在学校领导的协调下,组成一支由德育教研室、学生工作部、团委、心理学教师、辅导员、医务人员和学生等组成的高校心理健康教育工作队伍,承担全校性的心理健康教育工作,对全校心理健康教育实施机构和协作机构提供专业指导,进行心理健康教育科学研究。他们的工作主要是实施学校心理健康教育方案、计划和策略,向心理健康领导机构和专责机构反馈大学生心理信息,进行朋辈心理教育等。③

专职从事大学生心理健康教育工作的教师既要保证有足够的数量,又要坚持高效的原则。编制可以从学校总编制或专职学生思想政治工作编制名额中争取出来。专职人员应纳入学生思想政治教育专业课教师队伍管理行列,评聘相应的教师职务;兼职教师和心理辅导或者咨询人员,要按照学校有关考核规定与薪酬制度核算教学工作量,给予相应的报酬。④

---

① 李玲玲. 高校辅导员心理健康教育能力及培训体系的建构研究 [D]. 武汉:中国地质大学,2011.

② 李明秀. 我国高校心理健康教育体系的构建与完善 [D]. 长春:东北师范大学,2009.

③ 韩继莹. 论高校心理健康教育工作体系建设 [J]. 黑龙江科技信息,2008(3):147.

④ 李明秀. 我国高校心理健康教育体系的构建与完善 [D]. 长春:东北师范大学,2009.

此外，还可以从班级或学生心理社团中挑选有一定心理学基础、具有良好心理素质、有责任心、热心于心理健康工作、适合做心理辅导工作的同学来做兼职心理辅导员。筛选出来的学生心理辅导员，经过基本的技能训练后，针对同学在学习生活中遇到的心理问题，通过与同学进行交流，或者开展具有针对性的团体心理活动，与同学建立良好的关系，利用一定的方法和技巧，共同找出心理问题所在，并用正确的方法去解决，达到助人与自助的目的。其实，这个也是近年在校园推广的一种特殊心理辅导形式——朋辈心理辅导，又称准心理咨询或非专业心理咨询。对学生兼职心理辅导员，学校应提供一定的条件并建立相应的激励机制，核算其工作量，按照学生的工作量给予加分，工作成绩突出的还应给予一定的物质奖励。

## 第二节 高校心理育人工作队伍的培养与管理

目前，在高校从事与心理育人工作相关的教师包括心理健康教育专职岗位的教师、辅导员、部分行政管理人员等。无论是兼职还是专职，我们都统称他们为高校心理健康教师，这是一个比较宽泛的概念。国内大部分高校都已经建立了心理健康教育工作队伍网络，部分高校采取典型的三级网络系统，"校大学生心理健康教育中心—院（系）心理健康辅导站—班级心理委员"，即"心理健康教育专家队伍—兼职心理辅导队伍—朋辈心理辅导队伍"三位一体的心理健康教育工作系统，有些学校还有心理委员辅导队伍。① 高校心理育人工作队伍的选拔与培训应该根据这些人员工作的岗位和已有的专业知识水平进行分类。在实际工作中，可以将高校心理健康教育教师分成三类：心理健康教育专家、兼职心理辅导队伍（辅导员和高校心理健康教育行政辅助人员）、朋辈心理辅导队伍，对这三类人员的管理也成为心理育人工作的重中之重。②

---

① 童伟. 论高校心理健康教育工作队伍的健全及优化［J］. 江苏高教，2017（9）：85-88.
② 俞海侠. 高校心理健康教育教师的专业化培训路径［J］. 沈阳师范大学学报（社会科学版），2012，36（3）：123-125.

### 一、心理健康教育专家队伍的培养

心理健康教育专家队伍指的是专职心理健康教育教师,专业从事大学生心理健康教育与心理咨询工作,具有相关专业学历、相应的心理咨询执业资格和专业技术职务,在学校整个心理健康教育队伍系统中起到核心作用。专家队伍是高校心理育人工作队伍的主导性力量,选拔时主要考察相关的专业资历和从业经验。[①] 心理健康教育专家队伍的培养工作包括确立专家队伍的培训目标与培养模式,丰富队伍的培训内容。

**(一)心理健康教育专家队伍的培训目标**

培养高校心理健康教育教师掌握心理健康教育的理论知识,掌握心理健康教育工作的方法与技术,是高校专家队伍培训的目标。美国著名的心理学家布卢姆曾提出教育目标分类的理论,将教育目标分类为情感目标、认知目标和动作技能目标。在情感目标上,培养高校心理健康教育教师对高校心理健康教育行为的积极情绪体验,培养高校心理健康教育教师对高校心理健康教育工作的热爱和责任心;在认知目标上,培养高校心理健康教育教师掌握高校心理健康教育的理论知识;在动作技能目标上,培养高校心理健康教育教师掌握从事高校心理健康教育所需要的实践能力,要求他们在实际工作中熟练运用各种心理工作的技术,开展高效的心理健康教育工作。

**(二)心理健康教育专家队伍的培训模式**

目前,高校心理健康教育教师培训的模式包括在职进修和学历教育。在职培训是已经参加工作的高校心理健康教育教师在工作之余的时间进一步获得专业知识与技能的途径。学校相关工作的负责人员可以根据每个教师专业水平、学历背景、承担任务的实际情况,采取重点培养骨干教师或全体教师轮训制度的方法,使所有教师都有继续学习的机会。

**(三)心理健康教育专家队伍的培训内容**

借鉴国外的先进经验并立足于我国具体国情,高校心理健康教育教师

---

① 俞海侠. 高校心理健康教育教师的专业化培训路径 [J]. 沈阳师范大学学报(社会科学版), 2012, 36 (3): 123-125.

的师资培训课程应该包括专业基础课程、专业核心课程、专业选修课、实践课程。专业基础课程主要包括普通心理学、发展心理学、心理测量与评估。专业核心课程主要包括心理咨询与治疗概论、心理咨询与治疗技术、团体心理咨询与辅导概论、变态心理学、心理咨询与学生思想道德教育、高级统计与心理学研究方法、心理咨询师的专业修养及伦理道德。专业选修课程主要包括社会心理学、社会学、教育学、实验心理学、认知心理学、教育心理学、特殊教育学、特殊学生心理学、生理学。实践课程主要包括心理咨询机构见习、心理咨询、个案分析、团体心理咨询与辅导实践技术。①

## 二、兼职心理辅导队伍的培养

高校兼职心理辅导队伍是指具有全职工作岗位，同时又利用闲暇时间在高校心理咨询中心兼职从事心理辅导工作，为学生提供心理辅导服务的从业人员。目前我国高校的兼职心理辅导教师构成较为复杂，数量最多的是从事一线学生工作的辅导员教师。此外，还包括心理系专业任课教师、行政管理人员、研究生等，以及经学校的心理咨询机构聘任，在高校为学生提供心理咨询服务的心理助人者。②事实上，随着心理健康教育全员育人理念的逐渐普及，从事管理工作的保安、宿管员等群体也应该纳入兼职队伍中。兼职队伍是高校心理育人工作队伍的重要组成部分，配合并协助专家队伍对大学生日常心理和行为进行监督与管理。在兼职队伍的培训层次与培训方法上，应该多样化，针对不同专业水平、来自不同岗位的心理育人工作者，按照分类指导、按需施教的原则组织各层次的培训。③兼职心理辅导员队伍的培养需要经过选拔和培训的过程。

---

① 俞海侠. 高校心理健康教育教师的专业化培训路径［J］. 沈阳师范大学学报（社会科学版），2012，36（3）：123 - 125.

② 张红. 高校兼职心理咨询师队伍的角色定位及其专业化发展［J］. 湖州师范学院学报，2015（6）：73 - 76.

③ 郑琳，周美，刘景伟，等. 高校大学生心理健康教育队伍建设研究［J］. 科技视界，2013（14）：23.

### (一) 兼职心理辅导队伍的选拔

从事一线学生工作的辅导员教师是兼职队伍的中坚力量。辅导员是高校学生思想政治教育的先锋，与学生的日常生活和学习联系紧密。辅导员是最能贴近大学生心灵的人，是掌握大学生各方面情况第一手资料的人，能够及时发现大学生的心理问题并倾听和疏导，是大学生与心理健康教育工作的连接纽带。[①] 同时，是学生最容易亲近并信任的教师。学生辅导员能够扎根于学生之中，配合心理健康测试和大学生心理问题的甄别，做到第一时间的心理危机干预，预防学生由心理问题导致的极端行为的产生。高校辅导员开展心理健康教育工作不仅是其职责所在，也是建设高校心理健康服务体系的保证，更是促进大学生健康成长与成才的重要保障。[②]

要选拔优秀合适的辅导员进入心理育人工作队伍，就要设立科学合理的选聘机制。把好入口关，选对人、选准人、选好人至关重要。首先，应确保辅导员选拔过程科学合理，要扩大基层学院人员的参与力度，做好选拔考官的设置工作。其次，要多手段考察。选拔辅导员时不能简单地通过笔试、面试等环节，而要采取多种手段对兼职应聘者进行全方位考察，对应聘者的专业素养、专业能力等方面进行全面考核。[③] 如吉林大学规定兼职心理辅导员须为各学院在岗辅导员，且具备如下条件：具备一定的职业资质（如国家心理咨询师职业资格证书或省、校级心理培训证书等）；热爱学生心理健康教育工作，政治素质好，有较强的事业心和责任心；有扎实的专业知识，能够协助学院和学生心理健康指导中心做好学生的心理危机预防、干预、救助和朋辈心理辅导员指导等工作。又如甘肃中医药大学规定兼职心理咨询师应当具备的条件包括：热爱心理咨询工作，有高度的事业心和敬业精神；个人心理健康水平及专业素养较高；具有心理学、教育学或医学教育背景，接受过心理咨询等相关课程的培训。并且优先选聘具有

---

[①] 童伟. 论高校心理健康教育工作队伍的健全及优化 [J]. 江苏高教, 2017 (9): 85-88.

[②] 焦艳. 高校优秀辅导员培育机制研究 [J]. 学校党建与思想教育, 2018 (2): 94-96.

[③] 赵丽娜. 高等院校辅导员队伍构建策略 [J]. 经济研究导刊, 2018 (6): 130-131.

心理咨询师资质的以下人员：大学生心理健康测评心理辅导教师、大学生心理健康测评管理员、心理学教研室专业教师以及学生辅导员。其他的行政管理人员如保安、宿管员等则应该先进行全员基础知识培训，培训考核合格后再选拔其中的优秀者补充进兼职队伍中。

（二）兼职心理辅导队伍的培训

在培训内容上，为了确保培训质量和教育质量，要根据兼职心理辅导队伍的工作任务，科学设计培训内容，合理设置培训项目。只有这样才能灵活配置组合不同的课程内容，使培训的开展更具科学性、有效性，以达到预期效果。兼职心理辅导队伍的主要任务是能及时准确甄别学生的心理问题，对心理问题的严重程度进行分类，问题严重者进行转介，问题轻微者能够自行处理。根据此目标，兼职心理辅导队伍的培训主要可以从基本素质、专业知识、专业技能三个方面进行培训。基本素质主要包括判断分析、组织管理以及表达沟通等方面。专业知识主要包括普通心理学、发展心理学、心理测量与评估、变态心理学、咨询心理学等。专业技能主要包括临床心理会谈能力等。[1]

在培训方式上，由于每一位新入职的教职员工都要先通过岗前培训，可以将兼职心理辅导队伍的培训内容有选择地并入岗前培训内容中，保证每一位教职员工都能成为潜在的兼职心理辅导教师，充实队伍力量。另外，大学生心理健康教育中心大多隶属于学生处，因此，当前我国高等院校的兼职心理辅导队伍的培训通常由学校学生处来组织开展，大多为讲座形式，培训方式较为单一。为了让每个高校都能掌握高效率的创新培训方法，各大高校学生处之间可以充分运用互联网的优势，与其他高校进行积极的联系和沟通，将自身学校培训中先进的培训方式与其他各大高校共同分享，突破培训方式过于单一的现状，探讨效率更高的培训方式。在充分利用好专家授课以及分组讨论这样的方式同时，也需要以参观考察、实战模拟以

---

[1] 郑琳，周美，刘景伟，等. 高校大学生心理健康教育队伍建设研究［J］. 科技视界，2013（14）：23.

及分析案例等方式来进行教育教学。① 另外，兼职心理辅导队伍的培训应该向企业培训学习，采取合理的培训手段，多样的培训方式。例如，采用个案分析、咨询督导、户外拓展、情景还原、网络平台等丰富有趣的培训手段，不仅可以增强培训的趣味性，更能有效地传达培训知识，也能提高兼职心理辅导员参加培训的积极性，达到培训目的。②

### 三、朋辈心理辅导队伍的培养

朋辈心理辅导是大学生心理辅导的重要组成部分，但由于大学生的人数较多，需要选拔的朋辈辅导员较多。因此，为了达到良好的辅导效果，高校需要建立系统化的朋辈辅导员的体系，使其制度化。朋辈辅导员的培养主要包括选拔与培训的过程。③

#### （一）朋辈心理辅导队伍的选拔

朋辈心理辅导员主要是指高校学生中在思想上积极上进、学业上成绩优秀、生活上乐于助人的一批优秀学生。此队伍进行的朋辈心理辅导就是为周围同学提供指导和帮助，通过与身边同学的良性互动实现学生"他助—互助—自助"的成长模式。④ 建立朋辈心理辅导队伍是当今高校借鉴西方心理咨询模式所做的探索和尝试。朋辈心理辅导人员是指受过的心理知识和实务培训达到要求时数、获得学校心理健康教育中心颁发的资格证书并在专业人员指导下的非专业人员。朋辈心理辅导队伍是高校心理健康教育的渗透性力量。⑤

朋辈心理辅导员的选拔是提高朋辈心理咨询质量的重要前提。朋辈心

---

① 赵丽娜. 高等院校辅导员队伍构建策略 [J]. 经济研究导刊, 2018 (6): 130 - 131.

② 郑琳, 周美, 刘景伟, 等. 高校大学生心理健康教育队伍建设研究 [J]. 科技视界, 2013 (14): 23.

③ 王青. 浅析高校大学生朋辈心理互助体系的构建 [J]. 科教文汇（上旬刊）, 2013 (9): 179, 184.

④ 谢丹. 高校朋辈辅导员体系构建探究 [J]. 教育教学论坛, 2014 (28): 1 - 3.

⑤ 童伟. 论高校心理健康教育工作队伍的健全及优化 [J]. 江苏高教, 2017 (9): 85 - 88.

理辅导员应具备一定的基本素质。身为朋辈心理辅导员应当具备优良的品德，足够的耐心、恒心、信心、爱心，具备一定的专业素质，能够不断"自省"，不断完善自身。能够处理咨询和辅导过程中的突发事件，有较强的处事应变能力。① 在朋辈辅导员选拔时，学校要综合考虑学生的人格、学习能力、生活经历、心理素质等多方面因素，不断完善和规范朋辈心理辅导员选拔和考核机制，优化朋辈心理辅导员教育资源。②

高校要科学选拔朋辈心理辅导员，可以通过自主报名、班级推荐、辅导员发掘等多种途径，经学生推荐、心理测评、面试等流程，加强考察候选朋辈心理辅导员的人格、人际关系、工作态度、知识结构、价值观等方面，挑选出有责任心、有爱心、有耐心、沟通技术良好、心理健康、积极乐观并且热爱心理学的学生来担任朋辈心理辅导员。③ 目前，高校朋辈心理辅导员的选拔主要有两种方式：一是先培养后选拔；二是先选拔后培养。第一种选拔的方式，要求在培训的过程中，教授学生心理学的基本知识、人际沟通技巧等知识，然后根据培训后考核的成绩，结合学生自身的特点安排其具体的工作。第二种选拔的方式，要求先通过一定的考核程序，将符合考核标准的学生留下来进行培训；培训结束后，再进行第二轮考核，把符合标准的学生留下来作为准朋辈心理辅导员。前者重点在大学生中普及心理健康知识，掌握可以帮助自己、帮助别人的一些方法和技巧。而后者重点在于对半专业性质的朋辈心理辅导员的选拔。另外，朋辈心理辅导员在拔和培训的前期宣传工作是很重要的，需要借助海报、报纸、校园广播、展板等多种校园宣传媒介来进行宣传。通过前期的宣传，可以招募成员和宣传心理健康知识。④

---

① 牛祥宇，张开富. 朋辈心理辅导员的选拔与培训 [J]. 新教育时代，2015 (10)：250.

② 贺婧雯，夏冬晴，李姿霖，等. 高校心理健康教育的生力军：朋辈辅导员 [J]. 科技创新导报，2015 (9)：117 - 118.

③ 李宛青. 高校朋辈心理辅导优势及队伍构建探讨 [J]. 郑州铁路职业技术学院学报，2018 (2)：81 - 83.

④ 成静. 大学生朋辈心理辅导的理论与实践研究 [D]. 南京：南京林业大学，2012.

### (二) 朋辈心理辅导队伍的培训

目前，国内对朋辈心理辅导队伍的培训工作还没有一个统一的认识，因此也没有统一的教材或培养方案，无论是培训的数量还是质量都较难得到保证。高校大学生面临的心理问题越来越复杂，朋辈心理辅导员必须明确其责任与义务界限，为顺利开展心理健康教育工作打下基础。朋辈心理辅导员的核心工作通常是发现学生心理问题并帮助学生解决一般的发展性心理问题。如果发现严重心理问题或危机事件，则要及时向辅导员或者学院心理咨询中心报告。因此，朋辈心理辅导员必须要有一定的心理咨询的基础，相应的培训就显得至关重要。① 高校要重视朋辈心理辅导员的心理专业知识和技能的培训，充实培训内容，如心理咨询基本知识、大学生心理问题应对技巧、心理咨询实践等项目。培训的内容应着重加强其内容的系统性、实用性和可操作性。可由学校心理咨询中心统一规范培训的内容和形式，授课教师综合运用授课、讲座、团体辅导、小组讨论、个人分享、心理互动游戏等方式进行教学，既要保证培训的数量和质量，又要灵活开展，寓教于乐，增强培训的实效性和互动性，对考核合格的学生颁发证书，提高朋辈心理辅导员专业素质。同时定期强化检查案例分析、心理辅导实践心得，充分发挥学生的积极性和主动性，全面提升朋辈心理辅导员服务能力。②

由于朋辈心理辅导员和其他同学共同生活，他们的重要职能是及时发现学生是否处于心理危机状态之中。通过学习相关的心理知识，了解基本的心理干预技术，就可以及时发现同学中存在的心理问题，真正做到心理问题及早发现、及时预防、有效干预。首先，朋辈心理辅导员需要了解心理危机与危机干预的相关知识。心理危机是指"个体或群体运用惯常的应对方式无法处理目前所面临的困境时的一种心理失衡状态"。当出现心理危机的时候，就需要有心理危机干预。危机干预是指干预者对处在心理危机

---

① 贺婧雯，夏冬晴，李姿霖，等．高校心理健康教育的生力军：朋辈辅导员［J］．科技创新导报，2015（9）：117–118．

② 符双．高校大学生朋辈心理辅导队伍建设研究［J］．高教学刊，2016（15）：191–192．

状态的个人或群体，运用周围社会资源提供支持的一种短期帮助方式，这种方式能使危机者的症状得到缓解和消失，心理恢复平衡。其次，朋辈心理辅导员需要掌握心理咨询的一些基本技能，主要包括倾听、共情以及积极关注的技巧。

（1）倾听。倾听是朋辈心理辅导员应对大学生心理咨询的基本技能。它能使朋辈心理辅导员了解来访者的情况，发现来访者的心理问题。倾听不仅是为了了解来访者的情况，更重要的是为了建立关系，鼓励求助者开放自己。倾听不仅要听懂求助者通过言语、行为所表达出来的东西，还要听出求助者在交谈中所省略的和没有表达出来的内容。更重要的是，要理解求助者所传达的内容和情感，把自己放在求助者的位置来思考，帮助其澄清自己的想法。

（2）共情。共情也被称为同理心，是指从来访者的角度，设身处地地感受和理解对方。从心理辅导角度来看，在朋辈心理辅导工作中，共情有如下三方面的含义：第一，朋辈心理辅导员要通过求助者的言谈举止，去体验他的思维、情感等内容；第二，朋辈心理辅导员要借助自身的知识和经验，把握来访者的体验、经历和其人格之间的联系；第三，朋辈心理辅导员要运用咨询技巧，把自己的理解传达给对方，以达成共识，使对方更深入、更深刻地理解自己，寻求改变。

（3）积极关注。积极关注是指助人者以积极的态度看待来访者，对来访者的言语和行为的积极面、光明面或长处给予有选择的关注，利用其自身的积极因素促使其产生积极变化。作为朋辈心理辅导员要善于发现来访大学生的潜能，给予尊重与赞扬。积极关注不仅要求朋辈心理辅导员对来访大学生持肯定的态度，并要求在朋辈心理辅导的过程中去识别和发现问题，同时予以不断的支持，最终使来访大学生的心灵力量得以增长。①

## 四、心理育人工作队伍的管理

高校心理育人工作的水平与发展取决于心理育人队伍的状况。高校的

---

① 成静. 大学生朋辈心理辅导的理论与实践研究［D］. 南京：南京林业大学，2012.

心理育人工作需要普及到班级时，需要大量的专职教师。由于高校专职心理教师较少，因此，大多数高校开始培养兼职教师队伍与学生队伍。为了提高心理育人队伍的专业水平，保障工作的质量，需要对心理育人队伍进行管理。高校心理育人工作队伍的管理主要包括建立心理育人工作的领导机构以及制定全面加强心理育人工作队伍的管理方案。①

**（一）高校心理育人工作队伍的领导**

高校加强心理育人工作的领导为各项心理工作的开展提供了重要的支持以及必要的条件。高校心理育人队伍的领导工作主要包括建立心理育人工作队伍的领导机构、建立心理育人工作队伍的管理制度和确立心理育人工作队伍的管理思路。

1. 建立心理育人工作队伍的领导机构

高校应高度重视、切实加强对大学生心理育人工作队伍的领导管理，把心理健康教育工作纳入学校德育工作管理体系中，为开展工作提供必要的条件，切实解决工作中的困难和问题。学校应建立大学生心理健康教育工作领导机构，由一名校领导担任主任，校学生工作处处长担任副主任，结合本地、本校的实际情况，确定本校心理育人工作专职和兼职人员的合适人选，制定相应的管理条例，组织全体教师及专职人员培训进修，加强对心理育人工作队伍的领导与管理。②

2. 建立心理育人工作队伍的管理制度

心理育人工作作为一项全新的工作，通过科研的方式在小范围开展工作是可以的，但要在大范围开展，离开学校行政部门的推动是很困难的。在高校建立起有效的领导机构后，应该进行有关政策的制定和基本条件的创造，并在此基础上建立有效的管理制度。这些制度包括心理育人工作队伍的选聘、考核、工资待遇、工作职责等。高校应加快心理育人机制教育队伍建设，积极引进高素质的心理学专业人才指导心理育人机制的实施。

---

① 李艳华，陈曦. 以"三力"为目标管理心理健康教育工作队伍［J］. 教书育人，2014（2）：48-49.

② 刘红艳. 新形势下心理健康教育师资队伍建设研究［J］. 教学与管理，2012（10）：41-43.

更重要的是，高校应组织现有的心理育人工作人员参加心理学专业培训，加强心理育人工作人员对心理学专业知识的学习，增强心理育人工作人员的教学技能。①

3. 确立心理育人工作队伍的管理思路

管理心理育人工作队伍，可以"三力"为目标进行管理。"三力"包括执行力、影响力、持续力。执行力是对心理育人工作队伍的能力要求，执行力强调要对工作进行统筹规划，要时刻以目标为导向；影响力要求心理育人工作队伍对师生心理健康与校园文化发挥良好影响作用；持续力是对心理育人工作长远发展的要求，是决定心理健康教育工作的作用或效果的重要因素。②

**（二）高校心理育人工作队伍的管理**

为了让高校的心理育人工作得到全面有效的开展，提高心理教育的整体水平，心理育人工作队伍的领导部分需要落实心理育人工作队伍的管理举措。管理举措包括制定心理育人工作队伍的准入制度、确定心理育人工作队伍的发展机制、制定心理育人工作队伍的考核与激励机制。

1. 制定心理育人工作队伍的准入制度

心理健康教育是一项专业性很强的工作，严格准入门槛是必需的，例如，美国要求临床心理学家必须有博士学位，心理咨询师要求至少硕士以上学位，要通过 2 000 小时的实习、督导和终身继续教育的刚性规定等。只有专业知识丰富、专业技能过硬的师资队伍才能保障并推进高校心理健康教育工作的有序开展。③ 目前，我国心理育人工作队伍的专职缺口巨大，这就出现复杂状况：若严格准入制，现有的一大批早期从业者（非心理学、教育学专业背景，非硕士、博士学位）将不符合条件。

在欧美国家，从事教育机构心理服务的人员必须通过教育培训、考试、

---

① 聂恒. 高校心理育人机制和路径研究［J］. 当代教育实践与教学研究，2017（8）：105.

② 李艳华，陈曦. 以"三力"为目标管理心理健康教育工作队伍［J］. 教书育人，2014（2）：48-49.

③ 赵旭东，丛中，张道龙. 关于心理咨询与治疗的职业化发展中的问题及建议［J］. 中国心理卫生杂志，2005（3）：221-224.

实践经验三个要求。教育培训是为了学习专业的心理知识结构，考试是为了验证心理健康教育理论知识的掌握程度，实践经验是为了显示其将理论运用到实际生活中的相关业务水平。在国外从事心理健康教育的教师，不仅要有硕士以上学位，更要接受5~8年的专业培训和督导训练，没有一定的专业素养、学历背景和相当的实践经验是很难进入这一领域的。① 我国高校在选聘心理育人专兼职教师的时候可以参考欧美国家的做法，邀请心理专家当场对申请者进行知识与能力的考核。根据分析案例，提出解决方案，由专家评点打分。最后，高校组织申请人员进行心理测试，由心理专业机构采用标准化的量表进行测验，确保申请人员本身心理健康。②

2. 确定心理育人工作队伍的发展机制

建立专职的心理育人教师队伍是高校心理育人工作发展的必然趋势，但考虑到目前我国高校心理育人的实际情况，以兼职教师为主，利用专兼结合的模式开展心理育人工作是比较符合实际的。不管是专职还是兼职教师，都应该制定一个长效的专业发展机制。③ 另外，各高校要根据教育部有关文件精神，明确心理育人专职教师的管理序列。在各高校的管理实践中，心理育人专职教师的管理可以放在大学生思想政治教育队伍序列，也可放在教育学、心理学、生理学、医学等相应的专业序列；其职称可挂靠思想政治教育学科组，也可挂靠教育心理学、生理学、医学等教学机构的学校。专职教师的发展取向、职称评定取向要从最有利于教师利益的角度出发，同时要尊重教师本人的意愿。④

3. 制定心理育人工作队伍的考核与激励机制

心理育人工作队伍承担了开展心理健康教育的主要任务。他们需要培

---

① 冯铁蕾. 高校心理健康教育师资队伍现状及政策建议[J]. 湖北大学学报（哲学社会科学版），2008（6）：125-129.

② 周姣. 网络时代高职院校心理健康教育管理研究：以无锡工艺职业技术学院为例[D]. 南京：东南大学，2017.

③ 屈正良. 大学生心理健康教育工作的现状分析与对策研究[D]. 长沙：湖南农业大学，2006.

④ 税瑶. 高校辅导员心理健康教育工作研究[J]. 读与写（教育教学刊），2014（3）：90.

养学生健全的智力、情感、意志和人格;教会学生正确处理人际关系,引导学生以积极的态度待人接物;在帮助学生解决心理问题的同时,要教会学生正确处理问题的方法,提高自身心理承受能力,学会自己去承担责任,主动想办法解决问题,适应社会环境的变化。因此,加强对心理育人工作队伍的管理,建立完善的高校辅导员队伍保障机制,这一点就显得至关重要。① 保障机制不但应该包括健全的工作人员选聘机制,而且应该包括工作人员的政治、工作条件和生活待遇等方面的考核和激励机制。②

　　心理育人工作队伍的考核是指学校主管部门组织相关专家或权威机构对工作人员开展心理健康教育的实施情况和效果进行考核与评价,通过专业的指导与评价,提高心理健康教育工作者的教育管理水平,达到心理健康教育工作的整体优化。③ 考核可以目标为导向,从德、能、勤、绩四个方面进行。同时,心理育人工作人员在大学生思想政治教育的一线,工作量大,任务重,需要为其提供良好的政策环境和在待遇、职称等方面给予明确的认定,才能最大限度地调动他们的积极性。学校应该建立起全面考核机制、职务晋升机制,建立公平竞争的激励机制,促进他们的进一步发展。④

---

① 屈正良. 大学生心理健康教育工作的现状分析与对策研究 [D]. 长沙:湖南农业大学,2006.
② 苏世橘. 高校辅导员队伍的建设和发展 [J]. 中国大学生就业,2018 (6):12-14.
③ 冯铁蕾. 高校心理健康教育师资队伍现状及政策建议 [J]. 湖北大学学报(哲学社会科学版),2008 (6):125-129.
④ 郑艳. 基于双因素理论视角下的辅导员队伍管理研究 [J]. 现代商贸工业,2018 (20):34-35.

# 第五章
# 高校心理育人的工作机制与评价机制

2016年,习近平总书记在全国高校思想政治工作会议上提出:"要坚持把立德树人作为中心环节,把思想政治工作贯穿教育教学全过程,实现全程育人、全方位育人,努力开创我国高等教育事业发展新局面。"育人工作是高校一切工作的核心和基础。随着社会的进步与竞争的加剧,大学生面临着越来越大的心理压力,如何保障大学生的心理健康已经成为高校急需解决的问题。教育部在《关于加强普通高等学校大学生心理健康教育工作的意见》中明确指出,"加强大学生心理健康教育工作是新形势下全面贯彻党的教育方针、实施素质教育的重要举措,是促进大学生全面发展的重要途径和手段,是高等学校德育工作的重要组成部分"。因此,只有在高校教育的全过程中贯彻落实心理育人的理念,形成明确完善的高校心理育人工作机制和评价机制,培养学生的良好心理素养,才能达成全面发展的目标。①

## 第一节 高校心理育人工作机制与评价机制创建的意义

作为培养高层次人才的高等院校,开展心理育人工作,营造文明和谐

---

① 李明. 论高校保障大学生心理健康的服务体系 [J]. 北京工商大学学报(社会科学版),2004,19 (5): 97-100.

的氛围，创建心理育人的工作机制与评价机制，对于促进大学生全面发展、塑造大学生健全人格、提高大学生社会适应能力有重大意义。

## 一、心理育人工作机制与评价机制是育人工作的重要基础

21世纪是一个竞争激烈、高速发展的时代，生活在这个时代的人们受到来自工作、学习、生活等多方面的挑战。当前，我国正处在完善社会主义市场经济体制和实现社会主义现代化战略目标的关键时期，社会生活发生了复杂而深刻的变化，人们的经济生活、价值观念、思维方式、人际关系等也随之发生了很大变化。在这样复杂的社会背景下，人们的心理状态自然会受到很大的影响，处于象牙塔的大学生也不例外，产生了许多心理压力和困惑。近年来，我国大学生中存在的心理障碍问题日趋严重。根据有关资料显示，全国大学生中因心理疾病而退学的人数约占退学总人数的50%；有25%~28%的大学生具有不同程度的心理问题；其中，有近10%的大学生存在中等程度以上的心理问题。此外，诸如北大学生刘海洋泼硫酸案、马加爵凶杀案等一系列暴力侵害案件，以及其他大量数据和事实表明，大学生的心理健康问题已十分突出，开展心理健康工作已刻不容缓。创建完善的心理育人工作机制，对心理育人工作进行有效评价，成为高校育人工作的重要基础。①

## 二、心理育人工作机制与评价机制是人才培养的迫切需要

高等学校担负着培养高素质人才的光荣使命。高素质人才，不仅要有良好的思想道德素质、文化素质、专业素质和身体素质，而且要有良好的心理素质。因此，心理育人工作事关高等学校人才培养工作的成败。1994年，《中共中央关于进一步加强和改进学校德育工作的若干意见》指出，要通过多种形式对不同年龄层次的学生进行心理健康教育和指导，帮助学生提高心理素质，健全人格，增强承受挫折、适应环境的能力。1995年，《中国普通高等学校德育大纲（试行）》明确提出，要把心理健康教育作为高等

---

① 韦耀东，左肇明，莫雄钧，等. 大学生心理健康教育亟待加强［J］. 临床和实验医学杂志，2007，6（1）：189.

学校德育工作的重要组成部分。大力加强大学生心理育人工作是时代发展的需要，是社会全面发展对培养高素质创新人才的必然要求。心理育人工作目的在于培养心理健康、人格完善的大学生，而合格的大学生必须是健康的，可以说，高校心理育人工作是学校素质教育工作的重要组成部分，因此，创建心理育人工作机制与评价机制，使大学生心理育人工作顺利进行，从而培养大学生良好的个性心理品质，提高大学生的社会适应能力、挫折承受能力和情绪调节能力，促进他们的心理素质、思想道德素质、科学文化素质、身体素质的全面协调发展，是新时期培养高素质人才的迫切需要。

### 三、心理育人工作机制与评价机制是学生成长的客观要求

大学阶段是人生可塑性较强的一个时期，也是人的世界观、人生观、价值观以及良好的心理素质形成的关键时期。对于在校大学生来说，他们在成长过程中遇到困难和矛盾，产生困扰和冲突，会形成这样那样的心理问题。心理问题的存在，必然影响大学生正确世界观、人生观、价值观的确立。同时，大学阶段也是一个危机潜伏期。当前社会竞争加剧、生活节奏加速，社会的变革给正在成长着的大学生带来了比以往任何时候都更强烈、更复杂的心理冲击。处于变革背景下的当代大学生，又正值心理、生理冲突最激烈的年龄阶段，心理变化异常激烈。当他们面对竞争、择业、社会责任等多方面的压力，面对日益复杂的人际关系以及青春期出现的适应不良等诸多问题时，难免出现迷茫、烦躁、失望、忧虑、恐惧、抑郁等负面情绪或不良心理现象，给大学生的健康成长造成无形的障碍。这些冲突和困扰若得不到有效疏导、合理解决，久而久之便会形成心理疾病。在这种情况下，创建心理育人工作机制与评价机制，开展心理育人工作，预防大学生身心疾病产生，促进大学生智力发展，促使学生完善人格，提高其身心素质已成为大学生成长的客观要求。①

---

① 陈中永，付海东. 高等学校开展大学生心理健康教育工作的意义与工作机制[J]. 内蒙古师范大学学报（哲学社会科学版），2007，36（1）：25－28.

## 第二节 高校心理育人的工作机制

面对日益严峻的大学生心理健康问题,高校开展心理育人工作势在必行,而如何建立高效的工作机制则成为当前亟待解决的重要问题。我国的大学生心理健康教育工作起步于20世纪80年代中期,经历了一个逐步提高认识、逐步重视、逐步推进的过程。① 特别是近十多年来,我国高校的心理健康教育工作越来越受到政府的高度重视和社会各界的广泛关注,全国不少高校对心理育人工作进行了积极的探索,开展了大量的工作,做了许多有益的尝试。然而,高校心理育人工作在向前进步和发展的过程中,也同样存在着许多亟待解决的问题,例如,教育行政部门以及学校领导重视不够,机构设置不健全,心理育人工作实效性差,师资队伍建设不够专业,缺乏有效的工作运行机制,等等。② 为了促进高校心理育人工作良性开展和发展,建立起一个相对完整全面的心理育人工作体制就变得非常重要,这能为心理育人工作提供指导和保障,确保心理育人工作落实到实处,为大学生的心理健康发展保驾护航。

### 一、高校心理育人工作机制现存问题

大学生的心理健康状况直接影响着学生的生活态度和生活质量,对学生的发展极为重要。当前,各大高校十分关注大学生的心理健康教育问题,但是,由于受传统教育方法的影响,高校心理育人工作在组织机构、教学内容、教育队伍、教学方法、保障机制等方面都存在着一定的问题,需要高校心理教育部门尽快解决。

#### (一)心理育人工作的组织机构不健全

其一,许多高校没有将学生的心理健康教育正式纳入学校的人才培养

---

① 廖迎春,周爱云,曾国. 大学生心理健康教育不力原因探析 [J]. 学校党建与思想教育,2005 (6):56–57.
② 张茂丰. 转型时期的大学生心理素质及其拓展教育研究 [D]. 晋中:山西农业大学,2013.

体系，也没有组织相关人员研制一套适合于高等学校实施的学生心理健康教育的工作体系。其二，许多高校没有建设校、院（系）、班级三级的心理健康教育工作网络，也没有设置灵活的协调机制和明确的职责分工。其三，许多高校没有建立健全心理健康教育的各项规章制度来规范学校的心理咨询、心理危机的预防与干预、心理健康教育课程教学等的工作。

### （二）心理育人工作的教学内容与教学方法不合理

首先，从心理育人工作教育内容方面来说，大多数高校的心理健康教育机构都会开设相关的基础心理学课程、社会心理学课程、生理心理学课程等，以此加强心理育人工作教育内容的系统性。但是，部分高校将大学生心理健康教育视为大学生心理知识的教育，认为大学生掌握了相关的心理健康知识就具备了健康的心理。在这种情况下，很多高校心理育人工作的教学人员只注重向学生介绍心理学知识，忽视了学生健康心理的培养。其次，从教学方法方面来说，受传统理论教育的影响，很多高校在实施心理育人机制的过程中十分重视学生对心理学理论知识的掌握，却没有开展心理学实践，学生都懂大道理但是却无法将心理学知识运用在自身情绪调节或行为矫正中，心理育人工作效果不明显。

### （三）心理育人工作队伍的教师缺乏专业性

心理育人工作的教育队伍直接影响着心理育人工作实施的效果。当前，心理育人的工作队伍成员主要由思想政治教育人员、辅导员及其他管理人员组成。这些心理教育者大多没有学习过系统的心理学专业知识或培训，无法为学生讲授系统的心理学知识和专业化的心理调节技巧，严重影响心理育人工作的实施效果。另外，还有部分心理育人工作人员虽然出身心理学专业，但是缺乏对先进的心理学知识和技能的学习，所传授的教学内容具有较大的滞后性，教学方法也相对比较保守，难以满足学生发展的心理知识需求。心理育人工作队伍缺乏专业性，这使得心理育人工作的效果大打折扣。

## 二、高校心理育人工作机制

随着大学生心理健康问题的大量出现，社会对高校育人理念也提出了新的要求，心理育人作为其他育人模式的补充和深入便应运而生，这使得人们更加关注大学生的心理健康教育，高校针对大学生心理健康问题开展了各种活动，创新了育人机制。① 通过新的育人机制能改善学生的心理问题，让他们充分发挥自身价值，使学生成为身心素质好的新一代人才。② 因此，各高校应积极开展育人机制建设，探索心理健康教育知识，更好地提高大学生心理素质。

**（一）组织管理机制**

1. 设立组织机构

《高等学校学生心理健康教育指导纲要》指出："各级教育工作部门要切实加强对学生心理健康教育工作的统一领导和统筹规划，积极支持开展大学生心理健康教育工作，要将心理健康教育工作作为高校思想政治工作测评和文明校园创建的重要内容。""要明确心理健康教育工作牵头负责职能部门，构建校内各部门统筹协调机制，研究制定心理健康教育的工作规划和相关制度。"高校应高度重视、切实加强对心理育人工作的领导，把心理育人工作纳入学校总体工作管理体系中，为开展工作提供必要的条件，切实解决工作中的困难和问题。

学校应建立大学生心理育人工作领导机构，这是开展高校心理育人工作的重要保障。可由一名分管心理健康教育工作的校领导担任主任，校学生工作处处长担任副主任，结合本地、本校的实际情况，制定本校大学生心理育人工作实施细则，设立开展大学生心理育人工作的常设机构。该领导机构可以将大学生心理健康教育或咨询中心作为心理育人工作的实施机构，由分管该工作的校领导直接部署，学生处、心理健康中心领导具体实施，形成以专业为抓手，以行政为推手的工作系统。

一是加强对大学生心理育人工作的目标管理，建立上下联动的管理一体化机制，完善由校心理咨询中心、学院、班级组成的三级网络管理体系，

---

① 刘亭亭. 高校心理育人机制和路径探究［J］. 安徽文学（下半月），2018（10）：146 - 147.

② 刘笑，方莉. 高校心理健康教育的育人机制研究［J］. 黑龙江科学，2018（7）：28 - 29.

对学生进行心理素质强化训练，同时对异常情况及时报告，及时处理。各级各部门应有明确的职责分工和协调机制。学校应有机构负责大学生心理健康教育和咨询，并将其纳入学校思想政治教育工作体系，具体组织协调开展全校学生心理健康教育工作；院（系）应安排专兼职教师负责落实心理健康教育工作；学生班委会、党团支部等学生组织积极协助辅导员、班主任和研究生导师开展心理健康教育工作。

二是根据实际情况在中心设立多个机构，落实心理育人的各方面工作，例如设立研究部，对心理育人工作的相关课题进行研究，并承办心理育人的工作交流和学术研讨活动；又如设立咨询部，针对全校师生进行心理问题的咨询，既具备及时解决学生心理问题的功能，也可以帮助教师增强心理育人意识，改善工作方法以及处理问题的对策。①

三是按照上级教育行政部门的要求和统一部署，在专家的指导下，制定学校心理育人工作的发展规划，协调学校各部门之间的关系，确定心理育人工作专职人员的合适人选，组织全体教师及专职人员培训进修，提供必要的经费和设备，指导有关学校心理健康教育的各种会议，组织有关学生心理素质训练的各种活动等。

2. 加强理念宣传

学校重视心理育人工作是推进素质教育、深化教育改革的一个重要趋势。高校心理育人不仅仅是一套方法和技术，更重要的是体现一种先进、科学的教育观念和思想。② 随着这种观念的不断更新和深入，心理育人工作将渗透在教育观、学生观和人才观之中，从每个学科、每个领域嵌入，成为学校教育的内在要求，同时也将成为追求身心和谐、健康发展的每一个学生的内在需要。这样，心理育人就会全面渗透到学校教育的全过程和各方面，成为学校整体工作的有机组成部分。为此，教育部一再强调要重视学生心理健康，然而要真正把学校心理育人工作落到实处，还有一个过程，

---

① 丁宁，邓艳明，潘振东. 高校心理育人机制探索［J］. 考试周刊，2017（48）：16.

② 李爱叶. 关于大学生心理亚健康教育的思考［J］. 太原城市职业技术学院学报，2010（5）：95-97.

即必须强化和提高领导、教师对学校心理育人的认识。

　　心理育人组织机构的相关负责教师要努力学习有关学校心理育人工作的理论知识，并在学校教师、学生家长和学生中不断扩大宣传教育，使正确的教育理念不断深入人们的思想意识里。其他各教育工作者也都需要加强自身的修养和学习，深入理解心理育人工作的重要性、目标、内容、方法等有关知识。教育行政部门领导以及学校领导要充分认识到学校心理育人工作的重要性和必要性，要把大学生心理育人工作纳入学校的中心任务来抓，建立一个分层次、有重点的教育体系，并由心理育人工作领导小组具体实施方案，列出每一个学期学校心理育人工作的任务和目标，安排各项活动，定期检查，并对发生在学生中的应激事件制定处理方案。

　　3. 完善工作制度

　　拥有完善、可行的一套制度，高校心理育人工作便有章可循、有证可依。

　　首先是教育行政部门层面。作为学校的上级主管单位，其职责包括设置专门部门或者机构以及安排工作人员负责学校心理育人工作的指导和实施，拟定学校心理育人工作制度模板，统一安排部署行政辖区学校遵照执行，检查高校心理育人工作的实施情况，组织进行高校心理育人教育研究等。教育行政部门对学校心理育人制度工作的统一安排部署，是保障学校心理育人工作制度贯彻落实的有效手段。所以，应该强调教育行政部门的责任意识、统一安排部署行政辖区学校遵照执行学校心理育人制度，从而完善对高校心理育人工作的管理和规划。

　　其次是高校层面。好的制度需要通过实践来检验，心理育人工作制度是否被学校教育所接纳，是否能够真的如人们所期待的那样改善学校心理健康教育状况，从而促进学生身心健康。要回答这些问题，只能将高校心理育人制度认真贯彻落实在学校心理育人工作中。学校心理育人工作干什么、怎么教是学校心理育人工作制度的一个落足点，也是整个制度构建的核心和关键，它规定了学校心理育人的总体目标、教学原则、教学内容、实施途径和方法。学校心理育人的目的、目标不是学生自发实现的，不会随着学生的生理、心理的发展自动实现，需要通过教育者的努力才能达到。

因此，学校心理育人工作制度需要明确指出，必须根据学生的阶段特征开设心理育人以及各项渗透课程。根据学生心理发展的规律及其特点，在高校心理育人的过程中，满足学生身心发展需要，为学生成长过程提供指导，发现学生存在的心理问题并进行辅导，从而帮助学生在和谐、开放、自由、民主的空间里健康成长。因此，高校应该根据上级教育行政部门制定的工作规范，结合本校的实际情况，完善相应的工作制度，从而落实各项心理育人工作。

4. 设立专项经费

高校心理育人工作涉及日常教育、课堂教学、心理问题筛查、心理咨询、危机干预、科学研究等诸多方面，需要必要的人、财、物、工作场所等方面的保障。高校应提供专项经费和人员编制，确保工作顺利开展，同时要提供必需的工作场所，配备必要的工作设备。经费管理不单是规划资金的来源和使用，还包括硬件设施的配置和使用。一个固定的、独立的心理咨询场所是必需的，如有必要还可以更详细地规定心理咨询场所的地理位置、面积大小、室内家具和环境布置，如果有条件配备一个团体心理活动室就更好。同时，应配备必要的书籍、资料、桌椅、软靠垫等，以便开展团体心理活动的时候使用。条件更好一些的学校，还可以要求设置专业的心理测评系统，用于心理普查和诊断，为建立学校心理健康档案提供物质基础。此外，学校还应投入必要的、适量的运行经费来保证宣传教育、教学、咨询、心理普查、心理训练、师资培训等工作的正常开展。[①]

**（二）教育教学机制**

1. 开发心理育人课程体系

高校心理育人的根本目的就是使大学生的个性得到全面、和谐的发展，促进学生素质全面提高。要实现学校心理育人的这一目标，需要通过一系列的具体目标来实现。这些具体的目标包括培养和塑造学生的良好心理素质，培养健全的个性，从而帮助学生形成健康的心理。落实高校心理育人工作，心理课程的教育教学是一个至关重要的环节。通过教育教学途径帮

---

① 刘婧. 高校心理健康教育评估研究 [D]. 武汉：中南民族大学，2012.

助学生，避免和减少心理问题对学生的各种不良影响，根据学生成长发展的需要和特点，通过各种教学途径不断提高他们的心理健康水平。

高校应从发展性心理健康教育和预防性心理健康教育两个层面出发，开发新的适合大学生的心理育人课程体系。发展性心理健康教育内容体系的核心是大学生积极品质的培养。根据该目标可以设计包括学习心理、人际交往、个性品质、自我意识、情绪管理、职业规划等主题的教育内容，既能够正面培育学生养成良好的心态，同时能够保证学生可根据自身的困惑自主选择适合的课程形式和内容来解决问题，达到健康成长的目的。预防性心理健康教育内容体系的核心是解决个别学生存在的心理问题从而预防严重心理危机。根据这个目标，可以针对学生常见心理问题，如学习问题、人际交往问题、情绪问题、睡眠问题等设计一系列预防性心理健康教育的课程方案。

2. 创新心理育人教学方法

高校应整合现有的心理健康教育课，融合必修课、选修课、讲座以及团体小组训练等多种形式，同时根据发展性心理健康教育和预防性心理健康教育的内容体系，创新心理育人教学方法体系，保证大学生心理健康教育的实效性。发展性心理健康教育方法体系是以培养全体大学生积极心理品质为主的方法体系，主要包括心理课程教育、心理训练、学科渗透、心理活动教育、心理档案、专题讲座等。预防性心理健康教育方法体系是以预防个别学生严重心理危机发生为导向的方法体系，主要包括个案筛选、个体心理辅导、团体心理辅导、心理治疗、危机干预等。此外，要进一步拓宽、探索行之有效的多种途径，落实教育内容，实现教育目标。充分利用广播、电视、计算机网络、校刊、校报、橱窗、板报等宣传方式，通过第二课堂活动，广泛宣传、普及心理健康知识。同时根据学生需要，每年举办形式多样的"心理健康教育月"宣传活动，强化学生的参与意识，提高广大学生的兴趣。要通过加强校园文化建设，营造积极、健康、高雅的氛围，陶冶学生高尚的情操，促进其全面发展和健康成长。

（三）心理辅导机制

1. 建立预防机制

预防机制发展优先，防重于治，是心理育人的基本原则。高校心理育人工作应首先着眼于培养学生良好的心理素质，注重维护与促进学生的心理健康，而不能将工作重点放在发现心理出了问题的学生并对其矫正与治疗方面。因为从心理育人的任务来看，开展大学生心理育人工作的根本任务在于使学生正常健康地发展、成长、成才，因此，培养学生良好的心理素质，维护学生心理健康，必然是高校心理育人工作的重点。从效果来看，如果到了学生发生严重心理偏常或心理障碍的时候才来做补救工作，进行纠正与治疗，则难度很大，要花大量的时间和精力，效果还不一定显著，常常"事倍功半"。而如果预防工作做在前面，就能防患于未然，学生的心理问题就不会出现，或者即使出现问题，但尚在轻微状态或早期阶段就及时发现及时处理，达到"事半功倍"的效果。因此，抓预防工作是关键。培养学生良好的心理素质，使学生具备坚定的自信心、坚强的意志、良好的心理承受力与心理调节力，他们就不可能出现严重的心理问题。

首先，高校应认清心理育人工作的特点，既不能将心理育人工作等同于德育或思想政治教育，也不应人为地割裂二者之间的内在联系，同时应意识到心理育人是一项复杂的系统工程，必然与各学科教学密切相连，而不应孤立于各学科教学之外。因此，将心理育人工作与思想政治教育相结合，在各学科教学中渗透心理育人，无疑是开展心理育人工作的一种最有效的形式。

其次，建立学生心理健康档案，深入了解学生心理。学生心理健康档案建立能够使心理育人教师从总体上把握学生的心理特征，发现学生成长中的共同点与普遍存在的问题，为学校制订心理育人工作计划提供依据。此外，通过为学生建立心理健康档案，还能及时准确地掌握和了解全校学生的心理发展规律、特点及现状，为学校的科学管理提供心理学依据。学生心理健康档案关系到学生的心理健康，因此，在设计和使用学生心理健康档案的内容时，一定要注意科学性。测试内容包括学生基本情况、能力状况、心理健康状况、人格特征、职业能力倾向等。在设计学生心理健康档案内容过程中，要特别注意遵循心理学的理论和原则。测试结束后，由心理教师和专业人员进行结果统计，有软件的量表尽量使用计算机处理，没有软件的量表也要由专门人员进行手工操作，然后由专业人员负责把测试结果登记在学生的心理健康档案文本中。

最后,建立心理问题筛查、干预、跟踪、控制一体化的工作机制,做到早期发现、及时干预和有效控制,提高工作的科学性和针对性。高校应对每届新入校学生都进行心理健康测评,在测评基础上建立全校学生的心理健康档案,主动约有心理疾病倾向的学生到心理咨询中心进一步面谈,同时,不定期对在校生进行心理健康状况调查。从而掌握大学生心理健康状况的全貌,及时发现问题、解决问题,为开展大学生心理育人工作奠定坚实的基础。另外要建立监控系统,以年级辅导员或各班班主任、学生骨干为主力,密切关注学生特别是入学时排查出的有心理疾病倾向的学生的日常心理波动,发现情况及时上报。学校的心理咨询中心要切实做好心理疾病预防工作,同时要加强与校外心理疾病治疗机构的沟通与合作,开设心理健康专题讲座等,努力降低心理疾病、心理事故发生率。此外,定期开展隐患排查,重点要关注失恋学生、生病学生、特困生、学困生及有心理疾病的学生,以有效预防心理危机的发生,做到防患于未然。

2. 建立应对机制

开展心理辅导或咨询工作,对于解决学生的心理问题具有重要的作用,因此学校要积极建立大学生心理育人工作的应对机制。要通过个别咨询、讲座、心理行为训练、书信咨询、热线电话咨询、网络咨询等多种形式开展心理辅导或咨询,有针对性地向学生提供经常、及时、有效的心理健康指导与服务。特别是要针对高校容易产生心理问题的人群开展团体教育或辅导。例如对一年级新生,工作的重点应在指导他们适应大学环境,并根据提高大学生心理素质和促进成才的总体要求,以心理普测促进大学生充分了解自身的心理状况,并在此基础上整理大学生心理档案,结合测评情况进行心理咨询及心理危机干预。对大四毕业生,工作的重点应在开展就业心理指导咨询。每年对高年级学生进行职业能力测试和辅导,让其了解自己的职业兴趣和能力特长,即了解自己到底重视什么、能做什么、适合做什么,从而帮助学生在毕业求职择业时做出科学和正确的选择。另外,高校的心理健康教育机构还应有应对突发事件(如自然灾害、重大事故、群体事件等)的心理疏导和辅导的工作预案与能力。

3. 建立渗透机制

一方面,要将心理育人意识渗透到教学环节。课堂是大学生学习的主要平台,教师在教学过程中的言传身教均具有重要的心理教育影响。因此,高校教师需要具备一定的心理学知识和心理教育技巧,充分掌握当代大学生的心理发展过程和特点,在课堂教育中,将心理教育与教学环节有机结合,这不但能够更多更好地掌握学生在教学过程中表现出来的心理状态,还可以及时有效地引导学生塑造健康心理,真正做到教书育人。另一方面,要将心理育人意识渗透到校园环境建设中去。生存环境在很大程度上影响着人类心理的发展,良好的校园环境、文化氛围以及人际关系环境能够帮助大学生养成良好的品质。良好的校园环境能够促进学生参加校园活动,丰富精神生活;丰富的校园生活能够促进学生陶冶情操,启迪思想;和谐的人际关系能够促进学生共同进步,增强凝聚力,最终实现环境育心。

(四) 队伍建设机制

国家教委在全国126所大学中的抽样调查表明,全国有20.23%的大学生存在不同程度的心理障碍甚至心理疾病,25%的大学生需要精神卫生服务,10%有明显的心理障碍症状,急需心理咨询与心理治疗。[①] 心理问题的产生已严重影响大学生的健康成长,成为影响人才培养质量的重要因素,制约了培养目标的实现。这就需要进一步加强高校心理健康教育队伍建设,通过心理育人工作、心理咨询和心理危机干预,化解心理问题,使大学生具备良好的心理素质,形成完整健康的人格,真正成为全面发展、德才兼备、身心健康的新一代社会主义建设者和接班人。因此,高校心理育人工作队伍建设是推动高校心理育人工作的重要保障,是促进大学生健康成长、培养高素质合格人才的迫切需要。高校心理育人工作在高校的各项工作中占据举足轻重的位置,工作效果的好坏,与从事工作的队伍水平直接相关。一支高水平的心理育人工作队伍能够有效地对大学生开展教育活动,扫除学生心理障碍,化解心理危机,创建和谐平安的校园环境。

---

① 金伟. 大学生心理健康状况分析及对策 [J]. 边疆经济与文化, 2009 (5): 73 – 74.

1. 人员构成

为了使大学生心理健康教育工作更加科学化、专业化，学校要努力建设一支以专职教师为骨干，专兼结合、相对稳定、素质较高的心理育人工作队伍。高校心理育人应在高校内部由专门工作人员组织协调，营造全校员工共同关心学生心理教育的氛围，将心理育人融入学校的各项工作之中，形成教育合力，全面调动各种力量。因此，高校心理育人工作队伍既包括由德育教师、心理教师、医务人员组成的专业队伍，还包括高校全体教职工、学生以及学生家长。高校既应该保证具备足够数量的专职心理育人教职工，并建立完善的人事制度，还应从心理育人的角度对学校其他岗位的教职工建立相应的激励机制。

2. 培训体系

由于我国高等教育的高速发展以及当代大学生心理需要的日益增长，心理育人工作面临着巨大的考验，尤其是在教育和咨询的实践当中，缺乏正规的心理科学知识以及系统的技能训练，很难保证心理育人的效果。根据教育部《关于加强普通高等学校大学生心理健康教育工作的意见》的要求，应有计划、有组织、有目的地加强对从事大学生心理健康教育工作的专、兼职教师的业务培训。心理育人工作是一项专业性很强的工作，必须通过培养培训使教师掌握心理学的基本理论和知识，具备进行心理育人工作所需的知识和能力。开展心理育人的培养培训，其对象不仅仅是专兼职心理教师，也包括学校分管领导、各学科教师以及参与学生管理工作的教育人员。多层次全方位的培训，有助于提升教师的教育教学素质，能够使教师在教学活动中把握学生心理活动动态，将学校心理育人工作渗透到学校日常教育工作的方方面面。此外，对心理教师的专业培训要列入各地和学校师资培训计划。通过培训，使从事心理育人工作的教师提高对心理育人重要性的认识，掌握进行心理育人工作所具备的知识和能力。

3. 用人机制

建立和完善"入口、使用与出口"的用人机制。首先，实行条件限制、严格考核与相对优厚待遇的竞争淘汰制度。由于心理育人工作具有较强的政治和政策上的导向性、工作上的创新性等特点，要求专兼职工作人员必须具有较高的政治素质、业务能力和工作热情,因此,在选人上实行严格的条件限制,有助于队伍整体素质的提高和工作的开展。首先,在用人机制上,无论专职还是兼职,实行"双轨制"下的"能进能出"的考核竞争制度,促使每一位专兼职人员都能够把精力充分投入到心理育人工作之中。其次,实行"不可逆向"流动制度。对于未通过考核、不能够胜任工作的专职工作人员,根据学校教职工有关人员流动制度规定,从工作岗位上分流出去,另作安排。这种制度的实施将有助于提高人们对心理育人工作队伍人才观的认识,树立队伍的新形象,增强队伍的影响力,从而达到建设一支敬业、创新、富有活力的工作队伍的目的。

**(五) 课题研究机制**

为了使大学生心理育人工作更加科学化、专业化,学校应不断加强相应的投入,鼓励相关教师进行理论、方法和技术的研究工作。鼓励相关教师承担有关心理育人工作的科研项目,出版论著和教材,发表研究论文。高校心理育人工作应注重在日常的教育管理中不断总结经验,改革创新,探索更符合当代大学生心理特点的工作形式。在此基础上,应开展对热点、难点问题的调查研究,并形成分析报告以及具备实用价值的结论,深入掌握学生心理素质发展规律,切实满足各类学生在心理咨询、服务以及治疗方面的需要。此外,还应积极鼓励教师参加相关的学术研讨,通过学习和交流,提高心理育人队伍的工作水平,从而推进心理育人工作的科学化和规范化。

## 第三节 高校心理育人的评价机制

心理育人工作的评价机制是指运用科学的方法和手段收集有关高校开展心理育人工作的客观资料,了解其目标达成情况,并对其效果和存在的问题做出符合实际并恰如其分的评估的过程。通过评价机制,其一,可使上级行政部门准确了解下属学校开展心理育人工作的实际成效,便于确定下一步工作重点和难点,为科学决策提供可靠依据;其二,通过评价可反映学校在心理育人方面所取得的成绩与不足,有示范和导向的作用;其三,可利用客观的评估结果,向上级有关部门及社会宣传心理育人工作的意义和作用,以便获得来自各方面的理解与支持,从而更好地开展心理育人工作。① 作为衡量高校心理育人水平及心理育人工作成效的有力标准,心理育人工作评价机制通过构建科学合理的心理健康教育评估体系,促进心理育人工作的开展,为提高大学生的心理健康水平提供强有力的教育保障。

## 一、高校心理育人评价机制现存问题

我国高校心理健康教育工作起步于20世纪80年代末90年代初,经过二三十年的发展,已经成为许多高校学生工作的重点和亮点,并积累了许多有价值的工作经验。② 但是在实际工作中,各高校及相关行政管理部门都强烈地感觉到缺乏一项细致量化的操作性标准以指导心理育人工作,缺乏一个横向比较的评价机制对心理育人工作进行评估促进。

### (一)存在定义混乱现象

从定义出发看,与高校心理育人工作相关的高校心理健康教育评估、高校学生心理健康教育评估、高校学生心理素质教育评估这三个概念混用的情况很常见。这几个概念既有联系又有区别,它们都是为高校心理健康教育服务的。高校心理健康教育评估的外延是大于其他两个的,因此它的评估对象范围应该更大。但纵观全国现有的文献资料,很大部分都把这三个概念当成同一个概念来使用。北京市的"北标"中用的是"高校学生心理素质教育评估",上海市的"上标"中用的是"高校学生心理健康教育工作评估",江西的"江标"中用的是"高校心理健康教育与咨询工作检查评估",而广东的"广标"中则用的是"普通高等学校心理健康教育工作评估",它们的名称看似没有区别,但从具体内容来看,它们的评估指标的一级指标、二级指标涉及的内容大相径庭,只是因为上述四个地区重视评估

---

① 钱兵. 浅谈心理健康教育评估体系的建构[J]. 中小学心理健康教育,2004(1):17-18.

② 严由伟,刘建国,张贤蓉. 高校心理健康教育综合管理模式的实践与思考[J]. 韶关学院学报(社会科学版),2001,22(10):64-67.

的内容不一样，而导致它们的评估指标级别和权重大小不一样。①

**(二) 评价主客体存在认识偏差**

对评价工作认识的偏差，主要体现在评价主客体对评价的作用和最终目标认识不一。

首先，作为评价计划和方案的制定者，教育管理部门希望通过评价的方式检查出各高校心理育人工作建设质量和水平，通过评估评比选出优秀的单位作为典型，促进心理育人工作水平的提高。但是在执行过程中往往出现变式，一些高校为了应付评比而编造虚假的材料，造成攀比、浮夸之风盛行，这让许多高校心理育人工作变成了宣传主义和形式主义。

其次，由于每所高校心理育人工作的基础不同，学科发展程度不一样，为了达到一致的评价标准，只能勉为其难地组织人力物力应付行事，这种本着良好初衷的心理育人评价反而成了一种工作负担和压力。而高校的心理咨询中心和专职的心理教师对评价的期待又不一样，他们希望心理评价和督导能够给领导施加一定的压力，改善他们的工作环境与条件，所以在评价工作汇报时难免会有所侧重，从而造成评价结论对硬件与地位估计过低。

最后，在评价中最受益的是学生和家长们，他们对评价的看法也最为客观和中立，但由于学生与家长对本校的心理工作开展情况了解又非常有限，他们的评价自然也存在诸多不足。

**(三) 评价方法机械单一**

评价方法是开展评价工作的有力工具，决定着评价是否有效。现行评价通常采用材料审核、听取汇报、现场走访和观察等方式进行，得到的结果只能静态地反映学校心理育人工作的情况，忽略了动态观测层面。众所周知，学生心理发展过程以及心理育人工作都是动态变化和发展着的，显然静态评价方法与评价内容不配套。另外，评价工作一般是每年一次，但这种年终评估评价或者评先往往有重视结果而忽视过程的嫌疑，难以较为完整和准确地反映院校日常工作状况，也未能充分考虑到学生个体的身心

---

① 刘婧. 高校心理健康教育评估研究 [D]. 武汉：中南民族大学，2012.

发展特征，严重影响了高校心理育人工作的评价效度，不利于发挥评价的激励与导向作用。同时，现今各省市的评估评价标准往往缺乏有效的心理育人评价过程，传统评价方法都是邀请心理教育专家、领导等对高校心理工作进行强制性评估，而忽略了一线心理工作者的主观能动性。

### （四）评价指标难以量化

评价的指标需遵循"SMART"原则，即应具有明确性、可衡量性、可达成性、相关性和时限性。心理育人评价标准就像是测量身高的尺子，如果尺子不准，再好的裁缝也裁不出合身的衣服。有些地区评价标准涵盖范围非常全面，例如包括组织领导、基础设施、队伍建设、课程教学、心理咨询、心理测评、科学研究、评估督导等一系列子指标。但值得注意的是，很多指标不能得到有效的实施，例如领导重视，何为领导重视？如何评分是个难题。这种体系虽然全面，但往往因为评价操作复杂困难而流于形式。除此之外，有些高校单纯以是否开设咨询室、是否开放心理育人必修课程等作为主要指标，更有甚者，以是否有自杀等极端事件、发生次数频率等作为心理健康教育评价的"潜规则"。因而，这些评价对实际工作的促进作用也十分有限。

### （五）评价者素质良莠不齐

从评价者素质看，评价者素质的高低直接影响到高校心理育人工作评价的质量。高校心理育人的评价要求评价者既要有心理育人方面的专业理论知识，具备一定的评价理论基础，还必须具备良好的沟通能力与专业技巧、高尚的品德与修养。目前来看，评价小组成员素质良莠不齐，综合以上素质的专业心理育人评价人才屈指可数，这降低了高校心理育人工作评价的效能。

### （六）评价工作缺乏透明度

从评价的透明化看，通过互联网搜索省市教育局网站的相关信息，发现高校心理育人评价缺乏透明度。从教育局官方网站上可以找到高校心理健康教育工作的相关评价通知、评价指标体系或者评价内容和评价的最后结果，但找不到评价的途径与方法、评价人员、评价过程、评价的具体等级或分数、问题分析与建议。透明化是为了监督与管理，是为了评价工作更好地开展，因此它是影响评价工作有效性的重要方面。

## 二、高校心理育人评价的目的

通常来讲，高校心理育人工作评价机制是根据一定的评价指标体系和价值判断体系，通过系统地收集有关的信息，遵循合理的评价原则，运用专门的评价方法和技术，对学校心理育人要素、过程和效果进行价值评判的活动和过程。而在这项评价工作中心理育人评价目标的确立居于核心地位，是顺利开展评价工作的首要任务，也是构建评价指标体系的前提。因此，应充分结合高校心理育人的现实目标体系，参照教育评价的一般规律，确立高校心理育人的根本目标和基本目标。

### （一）根本目标

根据教育部制定的《关于加强普通高等学校大学生心理健康教育工作的意见》与《普通高等学校大学生心理健康教育工作实施纲要（试行）》的规定，我国高校心理育人评价工作的根本目标为：规范与促进高校心理育人工作的合理、科学、健康开展，提升心理育人工作的整体质量，促使心理育人工作改革与创新，营造健康的高校心理氛围与环境，切实提高高校师生的心理素质与心理健康水平。

### （二）基本目标

高校心理育人工作评价的基本目标主要包括：①及时地、全面地、动态地、发展地了解学校心理健康教育工作开展的现状、特点、存在问题等基本情况，评定学校心理育人工作的总体水平；②协助学校正确认识心理育人工作的得与失、困难与成功、机遇与挑战，推动心理育人工作者的专业发展和个人成长，明确学校今后工作的重点和方向；③协助师生关注和正确了解自身真实心理健康状况和今后的努力方向；④促进学校、家长和社会各方力量给予心理育人工作更多的支持，为今后更好开展心理育人各项工作做好积极准备。①

---

① 常德庆，张承运，王立慧. 学生心理健康教育的实施过程[J]. 中国成人教育，2004（11）：50-51.

### 三、高校心理育人评价的内容

目前来看，我国高校的心理育人工作实况千差万别，发展极不平衡，原因之一是没有一个很好的评价机制。① 确定高校心理育人评价内容通常需要由一些比较具体的、可量化的指标来反映，而评价指标就是开展评价工作的实施规程和标准尺度，因此要根据学校自身发展情况，尤其是学生心理状况、校园环境等，全面确定评价的内容，进而确定科学、客观、全面、可行的评价指标。②

#### （一）心理育人工作的组织管理评价

高校心理育人组织管理评价的主要对象，包括学校各级领导参与心理育人工作的状况，学校开展心理育人工作的运行机制以及经费投入和使用情况，心理育人工作管理机构的设立及工作开展状况，工作和管理人员配置状况，心理育人工作的近期工作计划和远期规划，各项工作制度建设情况以及具体的管理措施等内容。

#### （二）心理育人工作的师资水平评价

高校心理育人工作的师资水平评价主要包括学校专兼职心理育人教师的数量以及师生比，心理育人教师的学历、职称、年龄结构、资质，教师的专业能力和职业道德水平，以及心理育人教师的进修学习和培训经历等指标。

#### （三）心理育人工作的设施环境评价

高校心理育人工作的设备环境评价主要包括心理育人场所地理位置、周边环境和内部整体风格，开展心理育人工作的各功能室、办公设备、专业设施的配置及使用情况，以及心理育人工作所需图书资料的配备情况等指标。

#### （四）心理育人工作的实际开展评价

高校心理育人工作的实际开展评价主要包括心理育人课程的设置、教

---

① 马艳秀，杨振斌，李焰. 构建中国高校心理健康教育评估指标体系的研究 [J]. 思想教育研究，2013（3）：70-73.

② 傅早霞. 学校心理健康教育绩效评估工作研究 [J]. 湘潭师范学院学报（社会科学版），2009，31（3）：120-121.

学计划、教学形式以及心理育人相关培训讲座开展情况，个体咨询、团体辅导、危机干预的具体开展情况，师生心理健康档案的建设及管理情况，心理育人教育宣传普及工作开展情况，心理育人相关科研情况等指标。

**（五）心理育人工作的服务实效评价**

高校心理育人工作的服务实效评价主要包括心理育人的年度总结、专题总结、工作记录、社会评价，师生基本心理素质和心理健康水平、学校整体心理氛围、师生对心理育人工作的接受和认可程度等指标。

## 四、高校心理健康教育评价的方法

为了更科学、准确、及时地开展心理健康教育评价工作，实现心理健康教育评价目标，就要选择和运用恰当、有效、可靠的评价方法收集和处理评价信息。

**（一）资料查阅法**

资料查阅法是评价者通过广泛查阅学校心理育人工作相关的各种文献类、影像类资料来获取信息的一种间接评价方法。资料涉及学校的年度工作计划、相关会议记录、工作总结以及具体心理育人工作所形成的各类工作记录，在查阅以上资料的基础上，对比评价指标进行评定。这里需要指出的是使用这种方法必须首先要保证各种文献资料的真实性。

**（二）现场观察法**

现场观察法是评价者通过到心理育人工作场所进行全面观察，以获得有效信息进行直接评价的一种方法。现场观察的对象包括心理育人场所地理位置、工作环境以及开展心理育人工作的各类办公、专业设施配备，还包括课程讲授、案例研讨、心理培训、宣传教育等各类心理育人工作过程等。

**（三）问卷调查法**

问卷调查法是评价者采用设计好的调查问卷对有代表性的师生心理健康现状，以及师生对于学校心理育人工作开展的满意程度等信息进行收集整理进而开展对标评价的方法。该方法重点在于编制或筛选科学、规范、针对性强的调查问卷来获取尽可能多的正确评价信息。

### (四) 协商访谈法

协商访谈法是评价者随机选择学校各类工作人员（包括心理育人工作人员及管理者、辅导员、行政人员、专业教师等）以及学生，以平等协商的方式进行深入谈话，全方位、多角度、深层次了解学校心理育人工作开展情况，是充分发挥学校各类角色的主体作用以及多元评价的优势获取信息的一种评价方法。该方法可以使评价者听到更多的声音，将自评与他评相结合，收集到更客观而有价值的信息，但同时也需要评价者具有较强的心理育人专业素质和较高的访谈技能。

### (五) CIPP 评价模式

2011年，教育部颁布《普通高等学校学生心理健康教育工作基本建设标准（试行）》，对高校心理育人工作提出了明确的发展目标和建设路线，许多省、市、自治区根据该标准分别制定了自己的建设标准，心理育人评估评价工作也从此走向了规范和有序。[①] 一直以来，一线心理工作者和学界专家都在致力于制定一个行之有效的评价指标体系，他们结合自身实际工作经验，提出了一些有价值的研究成果，例如，有人认为心理健康教育工作应该在领导责任、机构建设、制度建设、人员配置、经费投入等方面进行落实和评价[②]；还有人提出要系统地评价，包括对心理教育的目标、原则、环境、设备、内容、方法、途径和工作队伍以及绩效等一系列内容进行事实分析和判断。

CIPP 评价模式称为决策导向或改良导向评价模式，包含了背景评价、输入评价、过程评价、结果评价四大步骤，其最重要的目的是改进评价方式提供有用信息，使方案更加有效。应用 CIPP 评价模式的理论概念，江光荣等建构了背景评价、输入评价、过程评价和结果评价的四维评价体系。[③]

---

① 王秀希，张丽娟，高玉红，等. 高校心理健康教育评估体系的初步构建 [J]. 邯郸学院学报，2012，22 (3)：111-114.

② 钱兵. 浅谈心理健康教育评估体系的建构 [J]. 中小学心理健康教育，2004 (1)：17-18.

③ 江光荣，任志洪. 基于 CIPP 模式的学校心理健康教育评价指标构建 [J]. 教育研究与实验，2011 (4)：82-87.

1. 背景评价

即明确评价对象所处环境、是否满足对象需要,并根据评价对象的需要对目标进行一致性判断。在高校心理育人工作评价中,心理育人工作计划与目标应作为背景评价内容。

2. 输入评价

即为了帮助决策者选择达到目标的最佳手段而对各种可选择的计划进行评价。高校近些年心理育人工作评价规则,机构设置、心理咨询中心工作制度、心理咨询中心场地设备配置、心理育人专业教师编制、心理育人经费划拨等均属于输入评价中的关键因素。

3. 过程评价

主要是预测心理育人工作实施过程中可能存在的问题,从而为决策者提供修正工作实施计划的有效信息。如开设心理育人课程、定期开展心理咨询与团体或个体辅导、开办心理育人讲座、进行心理育人素质拓展等。

4. 结果评价

即测量、解释和评判心理育人工作实施的效果。收集与结果有关的各种描述与判断,把它们与目标以及背景评价、输入评价和过程评价反面的信息联系起来,并对它们的价值和优点做出解释。

心理育人工作质量评价还应包括:①是否能够促进广大师生的心理健康水平;②是否能够有效地促进教师专业能力的提升。心理育人工作的对象包含学生,也包含所有教师。提高广大教师的心理健康水平,提升他们的幸福感,对于教师积极主动地与学生建立沟通交流平台具有重要意义。

表5-1为对高校心理育人工作质量评价体系的总结。

表5-1 高校心理育人工作质量评价体系

| 一级指标 | 二级指标 | 评价细则 |
| --- | --- | --- |
| 背景评价 | 教学目标 | 按照适合学生身心发展特点设置教学目标 |
| | | 按照国家相关政策文件设置教学目标 |
| | 教学目标设置 | 教学目标的可行性与操作性 |
| | | 教学目标实施的有效性 |

续上表

| 一级指标 | 二级指标 | 评价细则 |
| --- | --- | --- |
| 输入评价 | 组织机构设置 | 学校成立心理育人工作的专门机构 |
| | | 有分管的校级领导 |
| | | 构建高校心理育人四级网络 |
| | 制度设置 | 心理育人中心工作制度 |
| | | 心理辅导相关记录制度 |
| | | 心理危机干预制度 |
| | | 专职心理育人指导教师指导制度 |
| | | 辅导员定期进行心理健康教育培训制度 |
| | | 能够按照上级相关文件进行专职心理育人教师工作量的计算 |
| | 人员配置 | 学校心理领导小组成员配置到位 |
| | | 学校各级部门心理育人指导人员配置到位 |
| | | 心理育人指导教师按规定比例配置 |
| | | 心理咨询教师有相应资质 |
| | 软硬件配置 | 心理健康网络、测评软件等使用正常 |
| | | 心理辅导中心、咨询中心等场地及设备均配置到位 |
| | | 能够为学生提供心理学书籍与相关杂志进行阅读 |
| | 经费保障 | 学校每年能够提供足够的心理健康教育经费 |
| 过程评价 | 心理辅导 | 定期开展心理育人讲座 |
| | | 开展团体辅导及个人咨询 |
| | | 建立新生心理健康档案 |
| | | 完善心理咨询记录，并按照保密制度进行管理 |
| | | 有心理危机干预预案 |
| | 心理课程教学 | 将心理育人课程作为必修课 |
| | 渗透教育 | 辅导员在工作中能够有意识地渗透心理育人工作 |
| | | 课外活动中能渗透心理育人 |
| | | 营造积极健康的校园文化 |

续上表

| 一级指标 | 二级指标 | 评价细则 |
| --- | --- | --- |
| 结果评价 | 师生心理健康 | 师生出现心理健康方面问题时能够得到及时帮助 |
| | | 无自杀、暴力等恶性事件发生，心理危机干预及时 |
| | 教师专业成长 | 心理育人教师积极开展课题研究 |
| | | 心理育人教师定期参加培训与交流活动 |
| | 满意度 | 学生对该校的心理育人工作的满意度 |
| | | 教师对该校的心理育人工作的满意度 |

# 第六章
## 新时代大学生的心理健康素养提升与心理自我调适

大学生作为社会中一个相对特殊的群体，其心理健康状况及各种常见的心理问题都容易受到特别的关注。一方面这是一个精英群体，关系到国家和民族的未来，自然比较容易吸引大家的注意力；另一方面这个群体规模庞大，涉及千千万万的家庭。因此，探讨当前大学生的心理特点，并在这个基础上积极提升大学生的心理健康素养与心理自我调适能力，增强他们的适应能力，以促进其成长成才，就非常有意义了。

## 第一节　新时代大学生的心理发展特点

在我国，一般把一个人从出生到青年期分为8个时期：新生儿期（0~1岁）、婴儿期（1~3岁）、幼儿期（3~6岁）、童年期（6~12岁）、少年期（12~15岁）、青年早期（15~18岁）、青年中期（18~23岁）、青年晚期（23~28岁）。① 我国的大学生年龄一般在18~23岁之间，按照上述分期方法，正处于青年中期，在这一时期，大学生个体的生理发育已经基本成熟，心理发展虽然正迅速走向成熟但又未真正完全成熟，表现出"生理早

---

① 李文芬. 针对大学生心理发展特点做好各阶段思想工作［J］. 昭通师范高等专科学校学报，2008（1）：65-68.

熟，心理晚熟"的身心不平衡性。大学生群体的这种心理发展现象决定了大学生心理具有两面性和过渡性特征。积极的心理可能成为他们心理发展的动力，消极的心理可能成为他们心理发展的障碍。大学生的心理发展处在由儿童的心理场向成人的心理场过渡、从感性向理性过渡的阶段。

2011年5月教育部办公厅印发《普通高等学校学生心理健康教育课程教学基本要求》，特别强调了新时代下要关注大学生心理健康素养方面以下几个领域的内容：大学生的自我意识与培养、大学生人格发展与心理健康、大学生学习心理、大学生情绪管理、大学生人际交往、大学生性心理及恋爱心理、大学生挫折应对与心理危机应对等。

## 一、大学生心理发展的总特点

大学生处在从幼稚期向成熟期过渡的阶段，生理上趋于成熟，但在社会性和整体的心理发展上仍未完全成熟，呈现出一系列显著的特点。

### （一）精力充沛、心态积极与行为过激

大学生在身体成长和心理机能发育上处于人生的巅峰，具有旺盛的体力和勇往直前的气魄。特别是"95后""00后"大学生的思想独立性强、开放性高，性格率真，表现自我毫不掩饰。但是，无论是社会认知、情感还是自我意识方面，他们都处在趋于成熟但又未完全成熟的过渡期。在做出决定和采取行动的过程中，往往不考虑现实的情景和具体的条件，表现出决策草率、行为过激的弱点。例如，不大注意理解别人，常因一两句话而闹矛盾，陷入人际交往的苦闷失落中。

### （二）认知水平提高、思维活跃与认知偏差

在信息时代成长起来的"95后""00后"大学生有着强烈的独立意识，接受的海量信息使他们的思想更为早熟，思维活跃，善于表达，并积极主动地参与科研和社会实践活动。但由于当代大学生自我中心意识较强，具有渴望表现自我的个性特点，加上社会实践经验不丰富、基础知识不广博以及事物本身的客观规律的复杂性，在认识与分析问题时，大学生容易将问题绝对化，向消极方面转化，易于陷入不合理的思维模式，形成认知偏差，处理问题时显现出冲动、单纯而又脆弱的一面。有时明知道不对，却

喜欢一意孤行，下结论时显得过于主观、狭隘、偏颇。

### （三）情感丰富、反应强烈与情绪不稳定

大学生精力充沛，感知敏捷，情绪奔放，心理需要复杂多样，而复杂强烈的需要导致大学生的情绪与情感带有浓厚的感情色彩。由于追求理想，崇尚完美，大学生容易对情感缺乏控制，不善于控制自己的情绪，易偏激，从而在情感上常常表现出不稳定性的特征。随着年龄的增长，尤其是受教育程度的加深，大学生将逐渐在情感体验中加入更多的理性因素，在情感的倾向、广度和深度、稳定性和效能性等方面健康发展。

### （四）自我意识增强与理想的失落

"我的事情我来做"，这不再是出自孩子或儿童口中任性的语言。在当代大学生的心目中，它是独立自信而成熟的标志。自我意识是人对自身及自身与周围世界关系的认识，"95后""00后"大学生有着强烈的独立意识，他们对事物、社会现象都有自己的看法和想法。他们开始思考人生的价值和个人在社会中应有的地位，自我实现的愿望十分强烈，注重塑造自身形象，渴望得到尊重和理解。虽然大学生的自我意识发展正逐步走向成熟与完善，但也容易出现一些偏差，如自我认同危机，不能正确认识自己，遇到挫折就会萌生自卑、自疑、自贬甚至嫉妒心理，丧失信心。

### （五）性意识强烈与性心理的不成熟以及正确婚恋观的欠缺

处于青年中期的大学生，渴望与年龄相当、情投意合的异性交往，希望获得对方的亲近。大多数学生能正确地选择恋爱的时机，处理好爱情与学业的关系，恋爱的观念和方式文明健康。然而，部分学生由于对性知识、性道德知之甚少，缺乏正确的恋爱观，对异性的追求很多带有盲目性和随意性，在恋爱过程中，出现了各种各样的问题，有的甚至为其荒废了学业，身心受到严重影响，这些对他们的成长是极为不利的。由此可见，强烈的性意识与性心理的不成熟、正确婚恋观的欠缺已构成了尖锐的矛盾，大学生迫切需要引导和教育。

综上所述，处于从幼稚到成熟转折点的当代大学生的心理虽然蕴藏着发展的巨大潜力，但由于其身心还处于未真正成熟的不平衡状态，难免在生活、学业、情感、交流等方面引发心理问题，若解决不好，则会影响大

学生此后的发展和对社会的适应。

## 二、大学生自我意识发展的特点

大学生自我意识发展的特点大体可归纳为以下几个方面：

（1）独立性有了很大的发展，可以独立地评价自我，独立地看待权威、集体和社会，独立地调节和控制自己的行为。

（2）自我评价具有广泛性，他们不仅关心自己的容貌和仪表，而且注重自身的内在修养和气质及自己的社会地位，不少人已清楚地意识到了自己的理想是什么，世界观已经基本形成。

（3）自我评价具有了概括性，能对自我进行理性、辩证和定性的思考。

（4）自我反省水平得以提高，大部分大学生能够进行自我反省，能对自己的行为进行自我调节。

（5）自我意识具有矛盾性，"理想的我"与"现实的我"经常出现碰撞，往往眼高手低、好高骛远；"主体的我"与"社会的我"会产生冲突，有时得不到同学、教师等的理解和认同。

大学生自我意识的发展水平较高，但还没有完全成熟，仍然需要进行正确的引导。

## 三、大学生学习的特点

对于很多人来说，大学阶段是个体走向社会之前的最后一个学习阶段，是系统地掌握专业知识和形成专业技能的重要时期。大学生的学习特点较之以前的中小学阶段的学习，主要有学习的主动性、专业性、广泛性及创造性等特点。

### （一）学习的主动性

主动性是指大学生在学习过程中能充分发挥主观能动作用。自觉、积极、主动地学习是大学学习活动的核心。

有一位大四学生在回忆大学的生活时很后悔，说道："我以为会有老师告诉我什么时候应该做什么，我以为上课会有人告诉我哪些是重点、难点，我以为可以从老师那里获得答案……但是，我错了，我太依赖老师了。大学里要靠自己，不能因为没有人督促而放松了自己，上课、自习都要抓紧，专业课、公共课都不能放松。学习是学生的主要任务，要好好抓住学习的控制权，自觉、主动地学习，只有这样，我们才能够收获到大学里最美好的果实。"

的确如此，与中学相比，除上课以外，大学生约有45%的时间是可以自由支配的，大学的学习更强调学生个人自觉、主动地学习。培养和提高主动学习的能力，是大学生必须完成的一项重要任务。

（二）学习的专业性

大学学习实际上就是一种专业性学习，专业性是大学学习的一个显著特点。大学学习主要是围绕着如何让大学生尽快成为某一方面的专门人才而组织和进行的，大学的课程内容都是围绕着专业的目标、方向和需要来展开。为了适应当代科技发展的既高度分化又高度综合的特点，以及社会对人才综合性知识要求的特点，大学为大学生的学习提供了优越的平台，设置了基础课、专业课、必修课、选修课，以帮助大学生构建专业的知识体系和技能结构。

（三）学习的广泛性

广泛性反映了大学学习的多层面、多角度的特点。大学生在学习过程中可以通过各种不同的途径和渠道吸收知识，也可以靠广泛的学习兴趣去探求、获得课程之外的知识。有的同学进入大学之后，总觉得日子过得很空虚，除了每日正常上下课以外，似乎都是一副无所事事的样子。按他自己的话说："大学里真没意思，没什么事可干，学的知识还不如在高中时候学的多。"其实不然，正如戈登·德莱顿在《学习的革命》一书中指出，"我们所看、所听、所尝、所触、所嗅、所做"均为学习。学习的过程本身就是有价值的，而大学就是要通过各种各样的途径，利用各种丰富的资源来提高自身的修养。正如我国教育家叶圣陶先生所说的：从生活中学，从工作中学，从书本中学。大学学习活动的安排正反映出这种广泛性的特点。上课时间之外，学生有较多时间自由支配，可以在学校为其提供的各种条件下进行广泛的学习。如参与学术报告、知识讲座、专题讨论、社会调查、参观访问、查阅图书馆的文献资料等。众多形式为大学生从不同层次、不同角度学习知识创造了条件。广泛性的另一表现是大学生在学习活动中可以发展自己的兴趣。

### （四）学习的创造性

创造性是指表现在学习过程中的创新意识和初步的创造性活动。爱因斯坦说过："高校教育必须重视培养学生具备会思考、探索问题的本领。"大学学习具有研究和探索的性质，这不仅表现在大学生要完成学位论文和毕业设计方面，而且也表现在所学的课程内容上。大学生的学习不仅要求掌握知识，而且要掌握科学知识的形成过程、科学的研究方法，了解各学科存在的问题及其解决的可能性。大学生由于抽象思维能力的发展，在大学这种充满学术研究气氛的特殊环境的影响下，渐渐萌生了一种重新组合已学知识，以新的角度解释已学知识的创新冲动。

## 四、大学生情绪的特点

大学生正处在心理成熟的重要过渡时期，既有青春期的自我认同感及社会角色冲突的困扰，也有成年早期亲密关系和孤独感的矛盾冲突，随着自我意识的觉醒和发展、知识素养的提高、学习广度的拓展以及亲密关系的介入，使得大学生的情绪呈现出鲜明的特征。

### （一）情绪体验丰富

随着自我意识的发展，大学生对自我体验更敏感、对自我尊重的需要更强烈，再加上人际交往圈的扩大，与各种各样的人之间的交往更频繁、复杂，亲密关系的介入更增加了大学生更强烈深刻的情绪体验，由此呈现出情绪类型多样、情绪强度不一、情绪内容复杂的特点，大学生的情绪体验也更丰富多彩。

### （二）情绪波动明显

大学生面临多种人生选择，学习、交友、恋爱、社会、家庭、学校等生活事件都会对情绪产生影响。大学生的情绪自我控制能力和稳定性较之中小学生有了很大提高，但由于身心发展未成熟，大学生与成年人相比相对敏感，情绪起伏较大，且有明显的两极化特征。一项针对大学生的情绪调查显示，70%的大学生表示情绪像"波动曲线一样，忽高忽低，忽愉快忽愁闷"。

### （三）情绪状态复杂

大学生身心发展尚未成熟，随着知识水平和认知能力的提高，大学生情绪状态呈现出矛盾复杂的特征：大学生对自己的情绪能够有所控制，同时仍带有很大的冲动性；对外界刺激反应迅速敏感，常喜怒形于色，同时也会隐藏和抑制自己的真实情感，深藏不露；希望自己具有独立性，同时依赖于他人的需要而存在等。

### （四）情绪表现不同

大学生整体处在不成熟到成熟、简单到复杂、单纯到丰富的渐进过程，由于不同年级培养目标、教学重点、课程设置、教育方式的不同，各年级大学生的情绪特点也呈现不同的阶段性特点。新生为适应学校生活的困扰多；毕业班学生由于毕业择业的压力大，情绪波动较大、消极情绪增多；二、三年级学生能够融入校园生活，情绪较为稳定。另外，由于社会成长背景、家庭教育方式及自身个性特点、性别特征的不同，大学生的情绪表现也存在较大差异。

## 五、大学生人际关系的特点

大学是一个特殊的社会，存在着各种各样的关系，对于学习和生活在其中的大学生来说，其人际关系有如下特点。

### （一）大学生人际交往愿望迫切

大学生思想比较单纯，精力充沛，兴趣广泛，活泼好动，对人际交往的需要比工作的成人和中学生更为强烈。据有关材料表明，有90%左右的大学生希望自己有良好的人际关系和人际环境。他们希望通过交往去获得同学的认可、接受、尊重、信任，去拓宽视野，满足自己多方面的需求。

### （二）大学生人际关系注重情感需求

大学生的人际关系比较注重情感需求，他们的交往动机中功利性少、情感性多。在一项关于大学生交朋友的起因调查中，有51%的人认为交朋友是因为谈得来，42%的人认为是有感情，只有5%的人认为是用得着。他们崇尚高尚、真诚、纯洁的友谊，注重情感的沟通和交流，不是或主要不是从对象的家庭背景、经济条件、学习成绩等方面考虑,交往的主要目的是为了获得情感需要的满足。这种满足既表现为为了消除孤独,寻求友谊,在同性同辈中找到情感交流的对象,也表现为通过与异性同辈的交往来满足友谊和爱情的需求。

### (三) 大学生人际关系注重平等性

一项调查表明,46%的大学生认为人与人交往应该是平等的、互助的。大学生交往中的平等性特点是由他们彼此关系的非利益冲突和较强烈的平等交往意识决定的。大学生之间是同学关系,谁也不依赖谁,不存在较大的利益冲突,且具有共同的学习任务和比较一致的学习目的,加之学校和教师对他们提出的要求、给予的机会都是平等的,这就使得每个大学生在学校或班级中都是平等的一员,因而,他们的人际关系是比较稳定的,友谊是比较长久的,遇到矛盾和问题也比较容易解决,不会出现大的波动。

### (四) 大学生人际关系交往的内容丰富

由于大学生兴趣广泛,情感丰富,精力充沛,求知欲强,他们对各种自然的、社会的现象都很关注,希望自己见多识广,其结果是他们交往的内容比较丰富。随着社会生活节奏的加快,他们的人际交往由原来主要是交流感情、寻求友谊、寻觅爱情,变得内容更加丰富和多样化。他们不仅对专业以及感兴趣的各方面知识和信息,对衣、食、住、行、工作等方面进行交流,而且还会敞开心扉,无所顾忌地进行情感的交流与宣泄,发生思想的碰撞和融汇。

## 六、大学生恋爱与性心理的特点

大学生处于青春期后期,生理上基本成熟了,出现了两性交往的需要和性的需求。但同时由于受制于心理的整体成熟水平和社会对大学生的行为规范,大学生两性交往的需要和性需求的满足值得我们关注。

### (一) 大学生恋爱心理特点

校园里的大学生,很多都有自己的恋情,但是在恋爱动机上却不一而足。可以说,相当多的大学生在还没有真正领悟到爱的真谛之前,就盲目地闯入了爱情花园,上演着一幕幕爱情悲喜剧。但是,也有一部分大学生相对理性，为了让自己拥有一份真挚持久的爱情，他们会认真地思考一个问题：我可以恋爱了吗？

大学生尽管生理基本成熟，但承担着繁重的学业任务与未来发展的任务，需要更多的时间发展自我。当爱情的脚步走近时，大学生可能无法逃避，但拥有选择的权利。需要清楚的是，恋爱是一把"双刃剑"，因为大学的时间是一个常量，你对精力的分配将决定你未来的发展。因而是否可以恋爱并没有一个绝对的答案，它与个体的身心成熟与社会性成熟有关。最简单的一点是，有恋爱就有失恋，对恋爱的心理预期以及失恋的心理承受能力是无论如何都需要提前考虑的。

在大学时期，恋爱已经不再是"犹抱琵琶半遮面"，很多人都开始寻找自己的亲密伴侣，大学生恋爱问题也成为学校、家长和学生关注的热点问题之一。但跟以往相比，大学生的恋爱已经变得司空见惯，整个社会的接受度也越来越高。在大学校园里，校道上、食堂里、宿舍门口、车站旁……随时随地都能看到成双成对的恋人，他们或一起学习，或一起聊天，或卿卿我我，这样的现象让有些人羡慕不已，也可能让有些人感到厌恶。到底当代大学生是怎样看待恋爱问题甚至是婚姻问题的呢？

在自我和个性日渐得到张扬的今天，对于大学生来说谈恋爱未必是一件坏事情，而且符合其心理发展的规律。谈不谈恋爱，是一个私人的问题。几年前国家也出台了相关的学生管理规定，在校大学生的婚恋行为只要符合我国《婚姻法》的有关规定就行了。虽然在校大学生结婚的现象比较罕见，但广大学生对于婚恋还是会有所关注和思考。

**知识链接：**

**用责任双翅，护激情之心**

——某校关于大学生恋爱观的调查

**引　言**

随着社会的不断发展，大学生恋爱已成为一种普遍现象并且呈现出恋爱低年级化、浪漫化等趋势。那么，H校学子们的恋爱观、婚姻观是怎样的呢？对于爱的激情与责任感之间的关系又是如何看待的呢？为了解以上问题，H校某部门专门对此进行了调查，本次调查采用无记名问卷的方式，随机发放问卷250份，收回有效问卷232份，男女生比例为1：1，一、二、三、四年级的比例为3：3：2：1。

## 结果与讨论

### 一、爱情：激情、美妙的过程

爱情，一个美丽动人的词汇，多少人为之高歌颂唱，为之写诗填词。人生没有爱情犹如文学作品没有主人公，显得苍白乏味，单调无趣。在解除了高考压力、恋爱禁令的大学校园里，爱情以其独特的魅力，轻叩着学子们的心扉，拨动着每一个年轻的心弦。那么，H校学子们面对这一人类永恒的主题，其基本看法和态度又是怎样的呢？

调查显示，68.5%的学生认为恋爱是婚姻的前奏，是在寻找一生的伴侣；4.3%认为恋爱是为了解决空虚无聊的生活；5.6%认为恋爱是为了满足好奇心；6.0%认为恋爱是人生完美的体验；15.6%对恋爱没有概念。可见，H校学子们的恋爱观还是比较积极的。

随着社会竞争压力加大，人们变得越来越浮躁，对社会抱有一种玩世不恭的态度，那么深处象牙塔中的莘莘学子对待爱情的态度又是如何呢？调查显示，20%的学生认为应该坚持到底、忠贞不渝；74.1%觉得顺其自然；3.8%认为有了合适的就要更换；2.1%有其他看法。对爱情的不同态度左右着学子们对恋爱方式的不同期望，62%的学生希望自己的恋爱方式是日久生情；15%希望是一见钟情；23%认为无所谓，感觉对了就行。

爱情是幸福生活不可缺少的一部分，没有爱情的人生是不完美的人生。那学子们究竟是为何而恋爱的呢？据调查，同学们恋爱的目的有以下几种：找一个情投意合的爱侣（占67.5%）；着眼于将来成家过日子，抚育儿女（占16.4%）；满足感官需要（占1.8%）；觉得新鲜有趣（占1.3%）；没有明确的想法（占11.1%）；为了完善自己的人生（占1.9%）。可见，H校学子对待恋爱还是比较理智的，一定程度上是学校良好校风的体现。

俄罗斯有句谚语："爱情是面包上的黄油。"也就是说失去了爱情，生活就像没有黄油的面包,尽管有点难吃,但还不至于饿肚子。可见,爱情固然重要,但它不是大学生生活的全部,因为学生的主要任务还是学习。那么,学子们认为恋爱和学业之间有何关系呢?调查显示,9.8%的学生认为恋爱肯定会影响学习;50.9%觉得男女朋友之间可以相互监督,促进学习;32.6%认为没有必然联系;还有6.7%不清楚有无联系。可见,还是有一部分学生认为恋爱会影响学习。

爱情是大学校园里的一道亮丽风景线,我们在享受幸福的同时也要懂得为以后的幸福而努力学习。

二、婚姻:责任、美满的结果

如果说爱情是"琴瑟友之,钟鼓乐之"时的欢乐与激情,那么婚姻就是"执子之手,与子偕老"的承诺与责任。有人说爱情是走向婚姻殿堂的基础,也有人说婚姻是爱情的坟墓。而H校学子中,73.8%的学生认为婚姻是爱情的升华,是相爱人心灵的结合;4.9%认为结婚是为了下一代,是一种责任;15.1%没有考虑过;6.3%认为婚姻是一种继承传统、约束伴侣背叛的形式。对于爱情与婚姻的关系主要有以下观点:婚姻是爱情最神圣的表征,不可被破坏(占59.3%);婚姻能维持就维持,没有爱情就分手(占17.6%);婚姻是爱情的坟墓(占4.1%);不相信婚姻对爱情的约束力(占19.0%)。可见,婚姻在同学们心目中还是比较神圣的。

大学里的恋情像温室里的花朵,美丽动人,但一旦放到现实中就显得那么的脆弱,不堪一击。在婚姻是否应该从一而终的问题上,39.5%的学生坚定地回答"是";52.9%表示"要以具体情况而定";7.6%回答"否"。婚姻是对伴侣一生的承诺,一旦这个承诺无法坚持下去,大部分学生还是能够理性对待的。

婚姻是爱情的美满结果,也是我们人生幸福生活的新起点,只有具有正确的婚姻观,人生才会更加精彩。

三、用责任双翅,护激情之心

爱情不是孩童时玩的"过家家"游戏,想玩就玩,不想玩就散。在相爱的过程中,双方要保持理智、清醒的头脑,如果只是为了一时的激情而相爱,爱情是很难长久的。因此,我们要树立一种正确的爱情观,学会如何去爱，学会奉献，还要有一种健康的婚姻观，对恋人负责，对社会负责，创造幸福美满的婚姻生活。教育家苏霍姆林斯基曾这样教导儿子："要记住，爱情首先意味着对你的爱侣的命运、前途承担责任，爱首先意味着奉献，把自己的精神力量献给爱侣，为她缔造幸福。"正是责任和承诺，奉献和给予，才使爱情高尚纯洁，使婚姻成为人类崇高的理想和精神追求。

爱情是一种责任，一种奉献，而不只是美酒般带给人们的如痴如醉。只有在责任心护理下的婚姻，情感才能更浓烈，双方的感情基础才会更稳固。

## 结 语

大学生精力充沛、充满朝气，青春岁月只有经过爱情的点缀，才会更加精彩。从调查来看，大学生恋爱的主流是健康、积极向上的，但爱情具有社会属性，要求人们在追求幸福的同时明白，真正的爱不是忘乎所以，而是深思熟虑，奉献真情。激情燃烧的岁月里，我们大学生只有用理智的责任心去守护爱情这朵火花，才能更加幸福。

（资料来源：华南师范大学心理咨询研究中心心理健康刊物《怡心园》，有删改）

### （二）大学生性心理发展特点

从年龄上来看，绝大多数大学生处于两性恋爱期，其性心理发展特征主要表现为以下几点。

1. 性心理的本能性和朦胧性

相当一部分大学生，尤其是低年级大学生，其性心理尚缺乏深刻的社会内容，主要还是生理发育成熟带来的本能作用，好像情不自禁地对异性产生兴趣、好感和爱慕。加上不少学生不了解性的基本知识，性对他们而言有较浓厚的神秘感，使得这种萌动又罩上了一种朦胧的色彩。

2. 性意识的强烈性与表现上的文饰性

大学生对性的关心程度明显强于中学生。他们十分重视自己在异性心目中的形象，看重来自异性的评价，并常按照异性的要求和希望来进行自我评价和形象塑造。同时，尽管大学生心理上对异性和性问题很关注、很敏感，但在行为上却表现得拘谨、羞涩和冷漠，具有明显的文饰性。

3. 性心理的压抑性和动荡性

青春期是人一生中性欲最旺盛的时期。但不少大学生心理不够成熟，尚未形成稳固的道德感和恋爱观，自控和自制的能力有限，他们的性心理极易受外界各种因素的影响而显得动荡不安，容易导致过分的焦虑和压抑，少数人还可能以扭曲的、不良的，甚至是变态的方式表现出来。

4. 性心理的性别差异性

大学生的性心理存在着明显的性别差异性。在对异性感情的流露上，男生显得较为外显和热烈，女生往往表现得含蓄而温柔；在内心体验上，男生更多的是新奇、神秘和喜悦，女生则常是羞涩、敏感和不知所措；在表达方式上，男生比较主动和直接，女生更喜欢采取暗示的方式；男生的性冲动易被性视觉刺激唤起，而女生则易在听觉、触觉刺激下引起性兴奋。不过，有研究指出，这些差异近年来有缩小的趋势。

## 七、大学生挫折心理和心理危机的特点

### （一）挫折的含义

挫折是指个体在从事有目标的活动时受到难以克服的阻碍或干扰，致使其需要不能得到满足、动机不能实现时产生的情绪状态，挫折情绪并非单一的情绪状态，而是包括了痛苦、失望或焦虑等多种情绪状态。如"5·12"汶川大地震发生后，很多学校在顷刻之间变成废墟，对于那些幸免于难的学生而言，经历了死里逃生的瞬间，经受过身体的疼痛、心灵的折磨，从而会产生恐惧、焦虑、悲伤等各种情绪反应，久久不能平静。

从挫折的定义可以看出，挫折包含三方面内容：

一是挫折原因，是指个体在从事有目的的活动时，受到阻碍或干扰的具体对象或情境。这种对象或情境可能是物，也可能是人，总之，是一切能够引起人们产生痛苦、失望或焦虑等多种情绪状态的刺激性生活事件。

二是挫折认知，是指人们对挫折的感觉、认识和评价。

三是挫折反应，专指个体在从事有目的的活动时，因受到阻碍，会产

生一系列消极情绪的心理状态。挫折认知是挫折的核心因素，它决定着人们的挫折反应和承受力，因而，当面对同样的挫折时，挫折反应是因人而异的。（关于大学生挫折心理问题的具体内容将在下一节详细展开。）

**（二）心理危机的含义**

心理危机主要指个体运用常规的应付方式不能处理目前所遇到的内外部应激时所发生的一种反应。它是由心理冲突引起的一种内部心理状态或生理反应，是指当事人遭遇超过其承受能力的紧张刺激而陷于极度焦虑、抑郁、失去控制、不能自拔的状态。

大学生心理危机的情况主要有：①大学生面临或认为自己面临重大生活事件。②大学生出现一些生理心理反应，但不符合任何精神病的诊断标准。③大学生自己感到对情况无法应付、难以控制。

随着社会经济、文化的快速发展，激烈的竞争给人们的生活、学习、工作带来诸多压力，心理危机已成了非常严重的社会性问题，大学校园同样不可避免地受到影响。

**（三）大学生心理危机的特点**

当今社会经历着急剧变化，大学生也面临着前所未有的严峻挑战。由于大学生的文化水平较高，心理发展水平正处在埃里克森所谓的"自我同一性对角色混乱"的时期，他们遇到的心理危机既有普遍性，也有特殊性。一般来说，大学生心理危机的特点主要表现在以下几个方面。

1. 易察性

大学生生活空间多为教室、宿舍、食堂、运动场等公众场所，接触对象主要是同学、教师。如有异常现象，较容易被同学、教师发现。

2. 突发性

危机总是来得突然，常常是出人意料，具有不可控制性。

3. 无助性

心理危机降临时，如先前的应对经验无法应对危机，常常使人觉得无所适从，再加上社会支持系统不完善，常常使大学生感到无助、绝望。

4. 危险性

当危机出现时，人们原有的身心平衡状态受到破坏，人就会处在危机状态，出现思维不清、意志失控、情感紊乱等情况。大学生因情绪的失控，会出现一些过激行为，诸如自杀、杀人等极端危机表现形式。

5. 潜在性

心理危机并非以直接爆发的方式体现，而是潜藏于个体内心，当遭遇特定应激事件时，容易引发心理危机。例如马加爵杀人事件，由于马加爵的不良情绪长期没有得到宣泄和疏导，最终因为和同学打牌发生争执这件小事成为导火索，导致了心理危机的爆发。

## 第二节 大学生的常见心理问题及影响因素

大学生中有一定比例的人存在着各种不同程度、不同类型的心理异常现象，给大学生的学习、生活和健康发展带来了严重的影响，必须引起我们的高度重视。面对现代社会的激烈竞争，当代在校大学生常见的心理问题主要表现在以下几个方面。

### 一、自我意识问题

在大学生的自我意识发展中，既存在着自我认识、评价与实际情况之间的差距，同时又存在着理想自我与现实自我的差距。这不仅反映了大学生对理想自我的追求和对自尊、自强的渴望，同时也预示了他们将经历很多的困难和挫折。心理学研究结果表明，理想自我与现实自我之间的过分失调往往是产生心理问题的重要原因。

#### （一）自我认识与体验缺陷

1. 极端的自信——自负

自负是个体自以为是、自命不凡的一种情感体验和情绪表现。人不能客观地认识自己，对自己评价过高，就会表现出自负。伴随着社会文化的变革，传统的中庸之道和谦逊淡泊等处世原则逐渐从人们的价值体系中淡出，自信、个性张扬成为当代许多大学生的一大特色，他们有独立思考的精神，对未来踌躇满志、信心十足。但有些大学生自信过了头，自我感觉太好，听不进师长的教诲，听不了同龄人的意见，一意孤行，就成为不受欢迎的自负者。

2. 消极的自觉——自卑

自卑是个体由于自我认知偏差形成的自我轻视和自我否定的情绪体验。大学生自我认知偏差具体表现有四个方面。一是消极的自我暗示，喜欢拿自己的短处与人家的长处比，凡事喜欢从消极悲观的角度考虑，总觉得"他们比我厉害多了""我应该做不了的"，导致自信心逐渐消磨。二是过低的自我期望，不相信自己的能力，对自己缺乏激励，一旦失败，又不停拿失败的经验去验证此前过低的自我认识和期望，进一步强化了自卑。三是过强的自尊，自尊心过强，通常会出现自尊得不到满足，产生心理上的失望感，并逐渐失去自信。四是挫折经历和不恰当的归因。如多次受到别人的嘲笑、讽刺和打击的挫折经历，有可能让大学生出现归因偏差，对自己的能力产生怀疑，导致过低的自我评价，继而逐渐走向自卑。

3. 扭曲的自尊——虚荣

虚荣心是一种追求虚假荣誉，以期获得尊重的心理行为，是自尊心的过分表现。社会生活中，人人都有被尊重的需要，都希望得到认可。但虚荣者不是通过实实在在的努力，而是利用吹牛、撒谎、作假、投机等非正常手段去沽名钓誉。所谓"空袋不能直立"，追求虚假的荣誉只是自欺欺人，不仅会使个体失去诚实、失去他人的尊重和友谊，而且会使之失去实在的追求，留下空虚的人生。

**（二）自我调控缺陷**

1. 退缩的自主——从众

从众是指在群体舆论的压力下，放弃个人意见而与大多数人一致的自我保护行为。从众心理人人都有，但从众心理过强的学生，没有独立思考，缺乏主见，丧失自我，有碍于心理发展。造成从众心理过强的原因是多方面的。一是害怕孤立，为求得小团体的认同，避免被孤立，从而放弃了主见、随大流、凑热闹，以求"合群"。二是缺乏自信，因对自己的能力缺乏自信而不敢自己下判断、做决定，只好随大流。三是过分强调"听话""服从"的家庭和学校教育，让一些学生形成了极富惰性的人格特质，独立思考精神被遏制，习惯于从众。

2. 变态的自立——逆反

逆反是指为维护自尊，而对对方的要求采取相反的态度和言行。大学生智力发展虽然达到高峰，但阅历有限，经验不足，易于感情用事，主观片面，脱离实际，容易形成偏见。当这种偏见在现实生活中碰壁时，在青年期特有的强烈独立意识和批判精神驱使下，他们很容易出现逆反心理，如对师长的教育或班干部的工作表现出抵触，以"顶牛""对着干"来显示自己的"高明""非凡"；对正面的教育和宣传表现出一种怀疑、不认同的态度；对社会、人生和个人前途显出玩世不恭的态度。（逆反心理的出现是大学生批判精神、独立意识增强的标志，这是值得肯定的，但是，如不加以正确引导，消极作用很大，有助长个人自由主义倾向、使人际关系僵化、不利于个人的社会化、使不健康的思维模式和行为方式及情感反应固执化等危害。）

3. 放纵的自我——任性

当代大学生大多从小集家庭的宠爱和社会的关爱于一身，在顺境中长大，缺乏挫折的磨炼。一部分学生因此出现了任性孤傲的毛病，如很少自我克制，一味要求他人对自己忍让，习惯让别人服从自己、迁就自己；待人接物单从个人好恶出发，只凭一时意气用事，容易被本能的欲望和偶然的动机以及不良的情绪所左右。而社会上片面主张个性自由张扬的思潮，也使他们对自己的弱点不以为然，进而发展到以自我为中心、唯我独尊的境地。

## 二、学习心理问题

学习是大学生的主要任务，也是大学生活中的主要内容。圆满完成大学期间的学习任务，扎实掌握系统的专业知识和专业技能，是每一个大学生都希望实现的愿望。但在现实生活中，几乎所有的大学生都或多或少会出现这样那样的学习心理问题。

### （一）学习动机缺乏

大学生学习动机缺乏指的是学习没有内在的驱动力量，没有明确的学习方向，无知识欲求，厌倦学习。

1. 大学生学习动机缺乏的表现

大学生学习动机缺乏的表现有：懒惰行为，表现为不愿意上课，不愿意动脑筋，不完成作业，学习上拖拉、散漫、怕苦怕累，并经常为自己的懒惰行为找借口；容易分心，动机不足的学生注意力差，不能专心听课，不能集中思考，兴趣容易转移，行动忽冷忽热，情绪忽高忽低；厌倦情绪，动机缺乏的学生对学习冷漠、畏缩，常感到厌倦，对学校与班级生活感到无聊；缺乏方法，动机不足的学生把学习看成是奉命的、被迫的苦差事，因此不愿积极寻求一些适合自己的学习方法，满足于死记硬背，应付考试，由于缺乏正确的、灵活的学习策略和方法，所以往往不能适应新的学习情景；独立性差，动机缺乏的学生，在学习上没有明确的目标，学习行为往往表现出从众与依附性，随大流，极少有独立性和创造性。

2. 大学生学习动机缺乏的原因

大学生学习动机缺乏有以下几个方面的原因。一是个人原因，比如，高考的挫折引起的沮丧和痛苦，对所学专业的不感兴趣，毅力不够、不想努力，身体健康状况不好等都容易使大学生失去学习动机。二是家庭原因，家庭环境对学生的学习动机产生影响，如父母的高期望，管教太严，只会适得其反，产生逆反心理或畏难心理，反而降低学习动机。三是学校原因，如大学的名声、校园环境、专业的课程设置、教师的教学水平等都会对大学生的学习动机产生影响。四是社会原因，社会价值观念如当前的"读书无用论"，以及社会的就业形势都会对大学生的学习动机产生影响。

**（二）学习疲劳**

学习疲劳是指学习者由于学习过度或学习方法不当而产生学习效率逐渐降低，并伴有渴望停止学习活动的生理和心理现象。在极度的疲劳状态下，可能陷入完全不能学习的状态，即所谓的学习疲怠或学习疲劳症。学习疲劳可分为心理的和生理的两种。学习心理研究表明，凡是需要集中注意力、积极思考和加强记忆的学习活动，都容易产生学习疲劳。

1. 大学生学习疲劳的心理原因

大学生学习疲劳的心理原因有以下几种：

（1）大学生是通过激烈的竞争考试而被选拔入学的，高考的胜利，加之青年时期世界观并未完全定型，对事物往往具有过激的评价，因而不能正确对待现实和理想的差距，造成学习基础性动力的缺乏。

（2）相对简单的人际关系，在有利于大学生专注于学业的同时，也给心理的全面发展造成障碍。学生无法设想学业和现实社会的丰富关系，因而求知欲大大减弱。

（3）以实用主义的眼光看待学习，感觉所学课程没有或少有现实意义，但又缺乏理想中的选择，因而表现出急躁情绪，影响学习积极性的持久发挥。

（4）这个时代的大学生，独生子女开始占大多数，已有的生活经历并没有使其完全形成独立自主的坚强人格，学习上也就表现出较大的依赖性。

（5）封闭式的办学方式，远不适应大学生急剧形成中的人生观、世界观发展的需要。多数学生也看不到他们相互之间竞争的深层的社会意义，因而也就缺乏内在竞争动力，造成学习成绩好的学生比成绩差的学生心理负担更重的局面。

2. 大学生学习疲劳的生理原因

大学生学习疲劳的生理原因与学生体质的强弱、同一动作持续时间的长短和这一动作是否有累积的经验基础有关。比如，不习惯做笔记的大学生，在教师要求下做了大段的笔记之后会感到手指酸痛，有时眼睛也有不适的感觉；不端正的坐姿，既是学习积极性较差的标志，又是积极性不能很好发挥的原因，容易使人疲劳；教室通风情况、照明情况、温度情况，甚至座位的方向等，也是引起学生身体疲劳的重要因素；很多学生长时间挤在封闭的空间，会使空气中的含氧量减少，有害菌数目增加；晚上缺乏很好的睡眠，对第二天整天的学习都会有影响；外界刺激的单调，比如教师讲课时没有节奏感、语言平铺直叙，也都易于引起学生的疲劳。

总体上讲，大学生的学习疲劳是心理上和生理上的双重状态，是内因和外因双重作用的结果。外部环境条件通过内部深层的心理原因发挥作用，造成疲劳的不断累积。

（三）考试焦虑

考试焦虑是一种比较复杂的消极情绪现象。一般来说，考试焦虑是在一定应试情境的刺激下，受个体认知评价能力、人格倾向以及其他身心因素所制约，以担忧为基本特征，以防御和逃避为行为方式，通过不同程度的情绪性反应所表现出来的一种心理状态。

1. 大学生考试焦虑的主要表现

一是心理层面的忧虑、紧张、恐惧、思维紊乱、注意力稳定性差、记忆力减退、学习效率下降、情绪抑郁、易怒烦躁、缺乏自信心、夸大失败、依赖性强和独立性差等；二是行为层面的坐立不安，采用躲避方式进行防卫，或者胡乱作答、过早离场，或东张西望、无心作答等；三是生理层面的肌肉紧张、呼吸急促、心跳加快、头昏、多汗、恶心、大小便频率增加、睡眠不良、食欲减退和肠胃不适等。

2. 大学生考试焦虑形成的原因

（1）知识储备能力。学生知识经验储备不足，记忆提取困难，难以应付考试，就会焦躁万分；应试中如有不会做的题时就会十分紧张，焦虑水平逐渐升高。

（2）认知评价能力。如果一个人把某次考试与自己终身前途联系在一起，其焦虑水平必然会升高。

（3）应试技能。一个缺乏应试技能的人，在考场上极易产生慌乱现象，不能有效地分配时间，抓不住重点，从而增加考试焦虑。

（4）身体状况。身患疾病、体质虚弱、疲劳过度、经常失眠的人，容易有较强的情绪波动，产生过度考试焦虑。

（5）个性气质。那些敏感、易焦虑、过于内向、缺乏安全感和自信心、做事追求完美的学生在考试中容易出现考试焦虑。

此外，家庭、学校的期待和社会环境的压力也是造成学生考试焦虑水平过高的外在因素。

## 三、情绪困扰问题

现代社会竞争激烈，压力巨大，大学也不再是想象中的象牙塔，大学生活是很紧张的。社会期望高、心理压力大、学习负担重、竞争很激烈，使大学生的情绪易处于紧张状态。一般认为，适度的负面情绪是正常的，甚至有一定的积极作用，但如果大学生不能很好地处理生活和学习中的各种问题，就容易产生过多的负面情绪，从而影响大学生的身心发展和健康。

### （一）焦虑

焦虑是预感到某种不好的事情或不良的后果将要发生而又无能为力时所产生的一种模糊的、紧张的情绪体验。焦虑作为一种情绪感受，一般通过身体特征表现出来，如肌肉紧张、心跳加快、坐立不安、呼吸急促等症状。

1. 大学生焦虑的表现

焦虑是大学生常见的情绪困扰，主要表现为以下几个方面：

（1）学习不适应而焦虑。比如由于习惯了中学阶段被动的学习方式，进入大学后，对于大学强调自主学习、全方位学习以及独立甚至批判性学习等学习方式无所适从。

（2）考试焦虑。在备考过程中尤其是考试前出现的焦虑，其实质是因担心考试受挫折而引起的一种心理障碍（具体内容已在前文讲述）。

（3）对自己的过分关注而焦虑。如对自己的形象、自己的身体健康状况及他人对自己的评价过分关注，而这种不理性的过度关注带来的心理暗示常常会加重焦虑。

2. 大学生产生焦虑的原因

（1）恐怖化。例如，在一个非常害怕乘坐飞机的人心中，会将坐飞机的旅程描绘得非常恐怖，各种空难、劫机等意外事件好像注定会发生在自己身上。而实际上，这些事件发生的概率极低，他只不过是在用极小可能发生的恐怖结果让自己陷入十分痛苦的心理挣扎。

（2）完美主义。容易紧张的人很多都是被完美主义所累，完美是永远无法达到的境界，我们可以向它努力，但要接受自己永远无法做到绝对完美的事实。如果将完美状态作为必须要达到的目标，那无论付出多少努力，都会体验到失败和挫折。

（3）过分追求别人的赞扬。当一个人想通过别人的评价来判断自己时，常常会很在乎别人对他的看法，即使是并不熟悉的人一句不经意的话语都会让他对自己产生怀疑。

（4）对控制感的追求。对周围环境和未来事件的控制感是每个人都想拥有的，但面对现实，这种美好的愿望只停留在假设中。我们需要留下一定的空间，允许事情按照出乎我们意料的方式发展，试图控制生活中的每件事情只会是徒增苦恼。

### （二）抑郁

抑郁是一种在持续的精神刺激因素的作用下产生的以情绪低沉为特点的情绪体验，常伴有压抑、沮丧、焦虑、自责自罪、失眠和食欲不振等症状。

1. 大学生抑郁的表现

处在抑郁状态中的大学生，其主要表现有：对生活的兴趣减退或丧失，郁郁寡欢，闷闷不乐；对前途悲观失望，凡事容易往坏处想；自我评价偏向负面，对生活失去信心，对未来消极悲观，甚至产生自杀的念头和行为。

2. 大学生产生抑郁的原因

大学生产生抑郁的原因是多方面的，如学习紧张枯燥、成绩下降、人际关系不良、竞争激烈、空虚寂寞等。当然，抑郁质的气质类型的学生也容易产生抑郁的状态，因为他们的大脑中充满了诸如以下的思维方式："任何事情都没有指望；情况永远不会好转；我不可能自己解决问题；我是个可怜虫；一切都是我的错；我不如别人；人生毫无意义；我处处碰壁；我一无所有；我注定要失败；我对每个人都是一种负担；我再也没法干任何工作。"对大多数学生来说，抑郁只是偶尔出现，持续时间很短暂，很快会消失，但也有部分同学长期受到抑郁状态的困扰，甚至演变成为抑郁症，使学习和生活受到影响。

### （三）愤怒

愤怒是由于客观事物与人的需要、愿望和观点相违背，或当人的需要、愿望、观点无法满足或实现时，人们内心产生的一种激烈的情绪反应。

1. 大学生愤怒的表现

愤怒是大学生中常见的一种消极情绪，精力充沛、血气方刚的青年大学生，往往容易激动、容易动怒。如有的大学生因一句刺耳的话语或一件不顺心的小事而暴跳如雷；有的因为人际协调受阻而怒不可遏、恶语相向；

有的因别人的观点或意见与自己相左而恼羞成怒；有的把一时的挫折或失败归结于人为的干扰与阻碍而愤怒。这种情绪对大学生身心健康是极其有害的，因而有人说："愤怒是以愚蠢开始，以后悔结束。"

2. 大学生产生愤怒的原因

（1）压力。压力是最常见的引发愤怒的原因。你也许曾经体会过，工作和生活压力越大，愤怒情绪越不容易控制。这是由于压力降低了你承受愤怒的阈限，让你更容易地被愤怒情绪控制。

（2）继发性愤怒。有时候愤怒不是由某件具体的事情引发的，而是由一系列看似不起眼的小事积聚而成的。如果你不善于管理愤怒情绪，只是一味地压制愤怒，时间长了，生活中的某件小事就会变成"压死骆驼的最后一根稻草"，这种继发性的愤怒会造成很多不必要的误解，让你陷入孤立无援的境地。

（3）转移的愤怒。如果你的长辈或领导让你觉得愤怒，通常你会碍于情面和礼貌强压怒火，但这些怒气可能转移到其他人身上。在这种情况下，引发愤怒的人往往是地位和能力都比自己高的人，而愤怒发泄的对象却通常是低于自己或处于弱势地位的人，所以，这种愤怒给他人造成的伤害更大、更难以挽回。

## 四、人际关系问题

### （一）自卑心理

自卑是由于对自己缺乏正确的认知，认为自己不如别人而产生的一种自我体验。表现为过低评价自己的能力和品质，总觉得自己不足的地方太多，优势太少，担心失去他人尊重的心理状态。通俗地说，就是自己看不起自己，又以为也被别人看不起的一种心理状态。自卑是影响大学生人际交往的严重心理障碍。

一般来说，大学生自卑心理的产生跟下列几个因素有关：

1. 缺乏正确的自我认识

自卑的人往往看不到自己的优势和长处，低估自己，夸大自己的不足。习惯用自己的短处去比别人的长处，其结果是越比越泄气，越比越自卑。

2. 消极的自我暗示

有自卑心理的大学生，常对自己进行"我不行""我很难成功"的消极自我暗示，这样往往使他们不相信自己的力量，难以正常发挥能力，造成受挫或失败。而受挫或失败似乎又证明了他们早先过低的自我评价与期望，从而强化了片面的自我认识，增加了他们的自卑感。

3. 经历过一些挫折和失败

在学习和交往等方面受过失败或接连受挫的大学生不能积极应对生活、学习及交往中的挫折，容易在心理上出现自卑情绪。

4. 生理条件和经济状况相对不足

生理条件和经济状况不好引发大学生的自卑感也是常见的。如有的学生口吃、身材矮小、容貌不佳，有的自认为穿着寒酸，总觉得不好意思，觉得别人难以接纳自己，怀有自卑心理，不敢和其他同学主动交往，与其他人交往缺乏信心。

（二）多疑心理

多疑心理是一种由主观臆测而产生的不信任的复杂情感体验，具有这种心理的人整天疑神疑鬼，对别人的言行表现出敏感、猜疑和不信任。多疑是大学生之间进行正常交往的障碍，它不仅使大学生之间关系松散，产生裂痕，甚至会发展到对立的地步。多疑的人使身边的人离自己而去，会使自己陷入自我封闭和自卑的境地，对自己的身心健康发展很不利。

大学生多疑心理产生的原因有要有以下几点：

1. 思想封闭

多疑一般从某一假想目标开始，最后又回到假想目标，就像一个圆圈一样，越画越圆。

2. 缺乏信任

对环境、他人和自己缺乏信任。对别人的疑心更多的是由于自信的不足，表现为总认为别人在议论自己，看不起自己，甚至算计自己。

3. 挫折导致的防卫心理

由于轻信别人，在交往中曾经上当受骗，遭受了挫折，"一朝被蛇咬，十年怕井绳"，不再信任别人。

### (三) 嫉妒心理

嫉妒是对他人的成就、名望、品德、优越地位及既得利益的一种不友好的敌视和憎恨的不健康情感。就大学生人际交往来说，有这种心理的大学生在交往中会表现出强烈的排他性，对他人的成绩和进步心怀不满，不服气，总希望别人比自己差，甚至会产生诸如中伤、怨恨、诋毁等嫉妒行为；对别人的失败和不幸则表现为幸灾乐祸，不给对方同情和安慰。嫉妒心理不仅会严重影响大学生良好人际关系的建立，而且对嫉妒者本身也会带来痛苦，严重者会影响自己的身心健康。

大学生嫉妒心理产生的原因主要有以下几个方面：

1. 匮乏感

现在的中学教育仍然偏重于应试教育，学生过分关注分数和成绩排名，社会实践少，综合素质不足。进入大学后，学生对接触到的更现实化、社会化、复杂化的人和事自感知识面窄，产生自卑、恐惧等情绪，同时又有较强的自尊心，极易产生嫉妒心理。

2. 失落感

学生进入大学前，把大学想象得过于美好、理想，而进入大学后，心理落差大，产生某种程度的失落感，也会产生嫉妒等消极情绪。

3. 委屈感

大学里的竞争无处不在，难免会出现难分上下又不得不排名的时候，这种情况下，排名低的一方会有委屈不公之感，进而对另一方产生嫉妒。

## 五、恋爱与性心理问题

### (一) 单相思

单相思又称单恋，是指一方对另一方的以一厢情愿的倾慕与热爱为特点的畸形爱情。单相思实质上也是"恋爱错觉"的产物，具体有两种情况：一种是毫无理由的"单相思"，对方毫无表示，甚至对方还不认识自己，而自己执着地爱对方，追求对方，这种恋爱，是纯粹的"单向"；另一种是自认为有"理由"的单相思，错认为对方对自己有情，于是"落花无意"变成"落花有意"，这是假"双向"，真"单向"。

单相思较多地出现在性格内向、敏感、富于幻想、自卑感强的人身上。首先是自己爱上了对方，于是也希望得到对方的爱，在这种具有弥散性的心理的作用下，就会把对方的亲切和蔼、热情大方当作是爱的表示并坚信不疑，从而陷入单恋的深渊不能自拔。单恋者固然能体验到一种深刻的快乐，但更多体验到的是情感的压抑，他们无法正常地向自己所钟爱的异性倾诉柔情，更不能感受到对方的爱意。

### （二）失恋

所谓失恋是指恋爱受挫失败。高校心理咨询统计情况表明，失恋是大学生在校期间最严重的挫折之一，能使心灵受到惨痛的打击。随着时间的推移和当事人的自我调整，大部分失恋的同学可以慢慢开始新的生活，但也有一些失恋者不能及时排解这种强烈的负性情绪，导致心理失衡、性格反常。失恋会引起一系列异常心理反应及行为，如难堪、悲伤、绝望、自杀甚至报复对方，最主要的情绪反应是痛苦和烦恼。种种不良的失恋心态会严重影响大学生身心健康，甚至会导致一系列社会问题。

### （三）性的困扰

性是一把"双刃剑"，既能给人带来幸福的美好感觉，又能让人感到痛苦、悲伤。对于婚前性行为，恋爱双方都应慎重。大学生要明白，亲密关系并不等于性关系。亲密关系是恋爱双方在互相信任和承诺的基础上产生的，情感上的亲密要比生理上的亲密更有力量，更可靠。事实上，要想通过性关系获得亲密感是不现实的，因为婚前性关系会破坏双方的信任感，彼此亲密感不但不会加深，反而会随之消失。有调查表明，只有部分发生婚前性行为的人最终走向婚姻的殿堂，很多人在婚前性行为发生之后就结束了他们的关系，这给双方在心理和情感上带来痛苦。

## 六、挫折心理问题

人在遭受挫折时会做出各种各样的反应，或表现为强烈的内心情绪体验，或表现为特定的行为。

### （一）大学生的挫折反应

#### 1. 焦虑

心理焦虑是指由心理冲突或个人遭受挫折以及可能要遭受挫折而产生

的一种紧张、恐惧的情绪状态。就像挫折难以避免一样，焦虑也是我们生活的一部分。

2. 冷漠

冷漠是个体在受到挫折后出现对挫折情境漠不关心或无动于衷的态度和行为。冷漠并非不包含愤怒的情绪，只是个体把愤怒暂时压抑，内心深处则往往隐藏着巨大的痛苦，是一种压抑极深的反应，它对个体的心理损伤最大。

3. 消极心理防御机制

心理防御机制是指个人在陷入挫折与冲突的情绪时，在其内部心理活动中具有的自觉或不自觉的解脱烦恼、减轻内心不安以恢复情绪平衡与稳定的一种适应性倾向，如退行、幻想、投射、否认等。消极心理防御机制虽然有助于挫折情绪的缓冲，暂时缓解痛苦与不安，但从根本上说，现实存在的问题并没有真正解决，只不过是一种"自我欺骗"。过度使用消极心理防御机制，会使人格发展受到影响，最后形成病态心理。

4. 攻击

个体遭受挫折后，常常引起愤怒的情绪，为了将愤怒情绪发泄出来，便可能出现攻击性的行为。攻击是一种破坏性行为，会引发很多的问题，对攻击者和被攻击者都会造成很大的损害。

（二）大学生挫折心理形成的原因

大学生正处于自我意识逐渐成熟的过程中，因理想自我的引导，会对自己、对未来有许许多多的设想、规划，为将其变成现实，实现自我价值，他们会付出种种努力。诸如很多同学为在学业上得以进一步深造，认真刻苦学习，然而，不是所有努力都能让自我达到预期的目标，可能努力之后，依然是失败。这种失败即是我们常说的挫折。如挫折障碍持续时间过长，范围影响过广，使人产生失望、压抑、沮丧、忧郁等紧张心理状态和情绪反应，我们就将其称之为挫折感或挫折心理。

大学时代，大学生常常会因遇到学业的困扰、爱情的困惑、社交的烦恼而体验到挫折心理。此外，大学生正处于人生发展的青年期，身心都处于逐步完善发展的过程中，因此，大学生的挫折感会更加明显，究其原因是多方面的，我们认为主要有以下两个方面。

1. 挫折产生的外部因素

（1）自然原因。

自然原因包括非人力所造成的时间、空间的限制，或者无法预料的天灾人祸等因素，诸如地震、洪水、车祸、水灾、亲人亡故等，在某种程度上，极大地限制了人们的活动空间和生存方式，限制了个体发展，致使个体的需要得不到满足而受挫。此外，在我们的生活中，人力所不可及的情况也经常发生。例如，某高校一名大二的学生王某自入学以来，学习非常刻苦，成绩优秀，可就在二年级开学不久，突然感到身体不适，经医院诊断，结果是骨癌晚期。这对于对未来充满期待和向往的大学生而言，无疑是一个重大的打击。

（2）社会原因。

随着时代的变迁、经济的全球化发展、我国改革开放的深入进行，带来了整个社会的转型。西方各种社会思潮与多元价值理念的不断涌入，使青少年在进行价值取舍时有了更多的参照，给他们带来了观念震荡和价值冲突。此外，越来越多的大学生在走向工作岗位时，面临"毕业即失业"的尴尬境地，再加上，社会中存在的就业不公正待遇，贫困等一系列问题强烈地冲击着大学生对未来美好生活的向往，在强烈反差的困惑中，大学生易产生强烈的挫折感。

（3）家庭因素。

家庭是人成长的第一所也是最重要的一所学校，家庭对每个人的影响是巨大的，无论每个人将来离开家走多远，每个人的思维和处世方式都有家庭深深的烙印。在大学生中，有相当一部分人的心理卫生问题与家庭环境有关。家庭发展所需的经济基础不足，父母对子女的错误态度和不恰当的教养方式，也会是造成大学生伤害和痛苦的根源，从而成为产生挫折心理的另一个重要因素。

第一，经济贫困。我国是一个发展中国家，经过40余年的改革发展后，经济、社会取得了长足的进步。在看到改革取得成就的同时，我们也清楚地看到我国是人口大国，经济基础薄弱，区域经济发展不平衡，城乡、城镇居民收入差距较大,导致贫困家庭较多。在当今校园中,存在明显的"贫富两极分化"现象,很容易引起一些同学的心理失衡,使其产生严重的心理创伤。

第二,教育方式不当。现代大学生都是"95后""00后",大多数是独生子女,父母往往是不惜一切代价满足孩子的要求,有些家庭将他们像"小公主""小皇帝"般对待,导致其缺乏生活的磨炼,因此心理脆弱,一旦遇到了困难就灰心丧气,萎靡不振,耐挫折能力差。此外,随着社会经济发展以及开放社会中多元文化的冲击,使得解体家庭逐年增多,社会上出现了相当数量的单亲家庭,其成为剧烈社会变动中一个脆弱的、不稳定的社会群体。单亲家庭结构的不完整性,使家庭中亲情变得淡漠,限制了家庭教育功能的发挥,以至于很多孩子得不到家庭的温暖、父母的关爱,从而容易对孩子的成长产生影响,使其容易产生挫折心理。

(4)学校因素。

学校是教育个体接受社会文化的主要渠道,是造就人才的重要途径。

第一,学习生活环境差。一些学校学习环境较差,如图书馆里图书陈旧,数量少,更新太慢;实验室设备陈旧,实验器材少;教学楼少且空间狭小。一些学校的生活环境恶劣,如食堂伙食差,卫生条件不达标;住宿环境差,洗浴不方便等。这些都会使大学生产生不适应心理,进而导致挫折心理的产生。

第二,教育理念滞后。教育界近年来虽然一直倡导要将应试教育转向素质教育,然而,当面临升学的指挥棒时,素质教育总是变得黯淡失色。因此,学校教育围绕着提高学生的智育成绩而忽略了对学生进行人生观、价值观的教育以及对抗挫折能力的培养,从而使学生在面临挫折时变得不知所措。另外,虽然我国学校心理健康教育得到了长足的发展,但从全国各校实行的实际情况来看还是不容乐观,很多中小学校以及高校还没有设立专门的心理健康教育机构和配备专业人员,或者即使设立了机构也没有开展相关的工作,更谈不上什么心理咨询了。因此,青少年学生遇到了挫折也无处寻求及时的心理援助。

2. 挫折产生的内部因素

（1）生理因素。

在现实生活中，一些生理因素诸如个体的身高、容貌以及某些生理缺陷、疾病给学生的学习和生活带来限制，导致学生需要不能满足或动机不能实现。比如女大学生就业面临着某些用人单位的挑剔，同等条件下，因为性别原因而被拒之门外。此外，色盲、口吃、近视等缺陷往往也使某些大学生失去与他人平等竞争的机会，产生自卑感，甚至悲观厌世等消极情绪。

（2）心理因素。

①认知因素。所谓认知是指人们看待事物的方式，包括一个人的思想观点、阐述事物的思维模式、评价是非的标准、对人对事的基本信念等。很多心理问题和心理障碍都有其认知的根源，正所谓所知决定所感，所感决定所行。感觉和行为往往是外显的，人们容易捕捉到，但是认知却是内隐的，它决定人们的行为，人们却往往没有察觉。大学生群体虽然受高等教育，但是人生经历少、生活单一等限制，都会使大学生缺乏客观的认知，从而产生挫折心理，其表现形式有以下两种。

一是对事物不正确的认知，用以偏概全的不合理思维方式来认识世界。"95后""00后"的大学生大多数是独生子女，无论是家庭还是学校都会有意识地为学生的成长提供一条铺满鲜花的阳光大道，从而使得他们在遇到困难、遇到挫折时，会否定一切，认为这一事物或这个世界一无可取，用以偏概全的不合理思维方式来认识周围，从此一蹶不振，长期沉浸在消极状态中不能自拔。

二是大学生在对自己进行认知时，常常从唯我的心理出发，以自己的意愿为出发点，对某一事物怀有其必定会发生或必定不会发生这样的信念。部分大学生不能客观地了解自己的兴趣、能力、特长、观念，过于自信，过高估计自己的能力，以至于对自己提出不切实际的要求，制定根本无法达到的目标。当通过自己的努力还不能达到目标后，就会体验到挫折，之后又会走向过分概括化的错误思维，从而全面否定自己，认为自己什么都不行，从此不再相信通过努力能够获得成功，体验到巨大的挫折感。

②自我意识。矛盾性是大学生自我意识发展的最为突出的一个特点。从心理上看，主要源于大学生正处于从不成熟向成熟的心理发展过程中，因此心理发展显现出不平衡性、两面性和两极性等特点，很容易造成心理上的不平衡状态。从社会上看，源于大学生初涉人世，缺乏社会经验、人生历练，对挫折没有足够的精神准备，思维仍简单的他们带着高昂的热情走向复杂的生活，而在现实中碰到不顺时又手足无措。具体主要表现在现实自我和理想自我有差异，独立性和依赖性盘根错节，自信与自卑搭伴，追求成功与避免失败等一系列的矛盾心理。

③动机冲突。丰富多彩的大学生活以及纷繁复杂的社会背景为大学生的全面发展提供了有利的条件和广阔的天地，但是也给大学生带来了选择的冲突，这种冲突的实质是不同需要无法同时满足的结果。当若干个动机同时存在而难以取舍时，就会形成动机冲突，其基本形式有以下四种。

一是双趋冲突，又称正正冲突，即当人们同时遇到两个或两个以上都想达到的目标而又不能都达到时所产生的动机斗争。往往是鱼与熊掌不可兼得，就出现了难以取舍的冲突。比如，有的大学生在大学时代，既想静下心来好好学习，又想到外面去参加社会实践活动；毕业时既想报考研究生继续深造，又想抓住就业求职的招聘机会。

二是双避冲突，又称负负冲突，是一种左右为难的心理困境，即人们在同时面临两种或两种以上的不愉快或不称心的目标时所发生的动机斗争。如既不想用功学习，觉得读书太苦了，又怕考试不及格被退学而丢面子。

三是趋避冲突，又称正负冲突，是指人们同时面临两种截然相反的目标和结果时，所产生的动机冲突。如既想多参加社会活动，又怕占时太多，影响学习；想独立又怕失去依靠。

四是双趋避冲突，即人们同时面临两个目标时，两个目标又各有所长，各有所短，所产生的动机冲突。比如，大学生毕业求职时，面临着两种不同的就业机会，这两个就业机会各有优劣，从而产生矛盾心理。此外，随着社会的发展，人们的选择冲突也会增加。

④个性因素。个人的性格特征、个人兴趣、世界观都对挫折承受力有重要作用。性格开朗、乐观、坚强、自信的人，挫折承受力强；性格孤僻、

懦弱、内向、心胸狭窄的人，挫折承受力低。另外，一个人的适应程度、心理准备、生活态度、人生观、价值观（如理想、信念、信仰）、气质类型和态度特征等与挫折感的产生也有直接关系。

**知识链接：**

### 广东省某高校2014年度学生心理咨询问题统计

2014年度本中心所接待的来访者的心理咨询问题涉及学习、情感、人际关系、择业就业、情绪和个性发展等方面。从表6-1及图6-1中可以看出，个性发展问题所占比例最大，情绪问题、情感问题、人际关系和学习问题次之。

表6-1 2014年三校区来访者心理咨询问题类型统计表

| 咨询问题类型 | 数量/个 |
| --- | --- |
| 学习 | 149 |
| 情感 | 274 |
| 人际关系 | 263 |
| 择业就业 | 103 |
| 情绪 | 356 |
| 精神 | 143 |
| 个性发展 | 381 |
| 家庭 | 85 |
| 应激事件 | 12 |
| 其他 | 143 |
| 合计 | 1 909 |

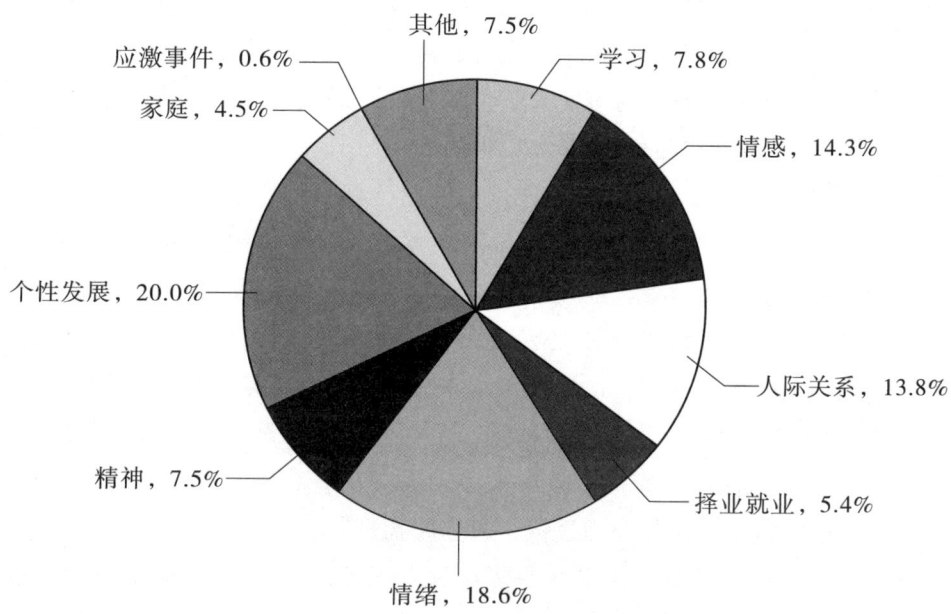

图 6-1　2014 年三校区来访者心理咨询问题类型统计图

（资料来源：华南师范大学心理咨询研究中心心理健康刊物《怡心园》，有删改）

## 第三节　大学生心理健康素养提升与心理自我调适

改革开放 40 余年来，科技、教育、人才的竞争趋向白热化，而面对趋激烈的竞争和日益严峻的挑战，现在的青年必须主动适应社会发展的要求，促进自己的全面发展，尤其要完善自己的人格。这也是现今的教育改革为什么要变应试教育为素质教育的原因。这里的素质一般认为包括身体素质、文化素质和心理素质，其中心理素质主要是指一个人的创新能力、自信心、合作精神和完整统一的人格。现代社会是合作的社会，任何一个人都不能离开其他社会支持而独立地发展。因此，个体在与他人交往时，他的思维方式、行为举止、情绪反应以及自我意识都必须为社会所认可，这样才能使他与现实环境保持良好的接触,而这些特质都属于人格的范畴。由此可见,在心理学范式下对当代大学生进行人格塑造是很有必要的。

从心理学角度来看,为了使大学生能胜任今后的工作,提高生活质量,我们必须从以下几个方面来塑造大学生的人格:

(1) 悦纳。判断一个人的心理是否健康,其中的一条标准是看这个人能否悦纳别人,同时也悦纳自己。对别人宽容,对环境感恩的人,是值得我们尊敬的;对自己满意,能悦纳自我的人,更是我们所推崇的。吹毛求疵的人总是痛苦的。很多事物是客观存在的,不管我们是否喜欢,这就是现实。我们只有接受现实、正视现实,才有可能适应现实、改变现实。

(2) 独立。社会的分工逐渐精细,生存的压力逐渐加大,各种竞争也日趋激烈。独立能力是每一个成年人必须具备的。我们需要独立思考,独立工作,独立负责。依赖心理过强,只会阻碍我们的发展。竞争需要独立,合作也需要独立。当今的合作不是昔日的大锅饭,只有其中的任一个体均是独立的,才能实现真正的合作。

(3) 乐观。乐观不仅是我们每个人所应有的生活态度,也是我们每个人人格健康的前提。乐观的人常常能看到生活的光明面,对前途充满希望和信心,从来不会被眼前的困境所吓倒。一个有着乐观向上生活态度的人内心总是充满阳光,也总是能给别人以微笑。

(4) 理性。作为一个成熟的人,应该是理性的。一个理性的人,能成就事业,完美生活,更能实现自我。一个真正的理性之人,应该是与赌博、酗酒、毒品无染的。在一个快节奏的社会里,理性更显其重要性。冲动带给我们的只有后悔,理性积淀的却是永恒的收获。

诚然,我们所处的社会是充满竞争的。学习上、工作上和生活上,竞争无所不在。然而,我们能不能以此为理由,为了获取竞争中的优势地位而不择手段?我们能不能以此为借口,为了追求自身利益最大化而不顾他人集体利益?答案不言自明。时代要求每一个人不仅要能合作,也要能在合作的基础上展开竞争;不仅要能在观念上接受竞争,更要知道竞争是为了更好地合作,而不是恶性竞争。因此,个体在通过竞争追求自身发展时,他的思想观念、方法手段以及处世方式都应该是符合法律法规,遵循伦理道德规范的。说到底，他的人格应该是高尚的。为了维护自身发展和社会的秩序，在思想品德教育范畴中对大学生进行人格塑造同样是必要的。

从思想品德教育的角度来看，我们培养出来的大学生，就其社会身份来说，应该算是典型的知识分子，这是一个相对特殊的群体。我们应该从以下方面对他们进行人格塑造：

（1）立志与勤奋。有志向才能有目标，有目标才有奋斗的动力。高尔基曾说过："一个人追求的目标越高，他的才智就发展得越快，对社会就越有益。"当然，仅仅有志还不行，还必须要有实现志向的意志。任何一个人都不要幻想一步登天，必须从小事做起，在一点一滴的行动中磨炼意志、健全人格。要有勤奋踏实的精神，不要好高骛远。一个真正的大学生，不仅要在年轻时勤于学习，而且应终生持之以恒地勤于研究。

（2）为人良善。一个人怎样对待别人，决定了别人如何对待他。在这个急功近利的年代，良善似乎很难得，而正是这种难得的东西，却足以让一个人受益不尽。友善地对待别人，我们会发现有意外的收获，靠坑蒙拐骗是不可能永立于不败之地的。

（3）诚信有理。虽然人与人之间的竞争加剧了，但我们不能把这种竞争变成恶性竞争，变成尔虞我诈。只有人人讲诚信，我们才可能获得诚信给我们带来的安全感。一次不讲诚信，似乎捞了一些便宜，殊不知，这种违反游戏规则的行为最终会损害到自身的利益。

（4）忧国忧民，服务社会。作为一个新时代的大学生，不仅要着眼于自身的发展，更要关注国家的发展，密切注意社会的动态。"天下兴亡，匹夫有责。"顾炎武所说的"匹夫"，在今天看来，也包括大学生，而且大学生应该对社会负有较多的职责。

我们可以看出，新时代的大学生要想维护自己的心理健康、增强自身的心理素质，必须从心理学的角度让自己的人格更健全，从德育的角度使自己的人格更高尚，做到内在协调和外在适应的统一，真正提升自身的心理健康素养。杰何达（Jahoda）在对文献进行研究的基础上，提出了六条心理健康的标准：①对自身的态度；②成长、发展或自我实现的方式及程度；③主要心理机能的整合程度；④自主性或对于各种社会影响的独立性；

⑤对现实知觉的适应性;⑥对环境的控制能力。① 这些标准既包含了个人内在心理、人格的和谐,也涉及了一个人如何处理与别人和周围环境的关系,提示了心理健康素养的实质。新时代大学生只有增强自己的心理保健意识,提高自身的心理调适能力,才能提升自己的心理健康素养,开拓属于自己的美好人生。

## 一、大学生自我意识的心理调适

### (一) 正确认识自我

德国著名作家约翰·保罗曾说:"一个人真正伟大之处,就在于他能够认识自己。"正确地认识自己就是要全面地了解自己、评价自己,其中最重要的是要了解自己的长处和短处,把握自己与他人的关系、自己与群体的关系,以及自己在社会生活中所处的位置,对自我做出恰如其分的评价。正确认识自我是建立健全自我意识的基础,有利于调适现在的我和构建未来的我。正确地认识自我,主要方法有三种:①比较法。从自己与他人的关系中认识自己。②分析法。从自己做的事及经历的活动等方面去认识自己。③内省法。通过反省与分析,在我与我的关系中认识自己。

### (二) 悦纳自我

悦纳自我是无条件地接受自己的一切,包括好的、坏的、优势、劣势等各方面。喜欢并接受自己,具有较高的自我价值感,是增进健康的自我意识的关键和核心。当我们承认自己不完美,也接纳自己的不完美时,我们也就能够更加坦然地面对和发展自己,同时也会对他人的多样性有更多的包容和欣赏,我们的生活也会因此更加自如。

### (三) 有效调控自我

自我调控是人主动定向地改变自己的心理品质、特征以及行为的心理过程。有效的自我调控是大学生健全自我意识、完善自我的根本途径。调控自我主要包括自己监督、自我克制、自强自律等。研究和经验都告诉我们,我们能借着改变实际行动来改变我们的心态,从简单易行的行动开始

---

① 张梅英. 大学生心理健康问题及调适探究 [M]. 北京: 中国商务出版社, 2016: 6.

就可以培养自己的自我调控能力。正所谓：小事养成习惯，习惯形成个性，个性决定命运。

## 二、大学生学习心理的自我调适

在当前的社会环境下，大学生面临的学习压力不小，容易出现各种学习方面的问题，这需要当代大学生提高自身对学业方面存在的心理问题的调适和应对能力。

### （一）学习动机缺乏的自我调适

1. 制订适合自己的学习标准

心理学研究及教学实践证明，学习标准定得过高或过低都不利于提高学习的积极性。一般来说，学习标准以一个学生在其原有学习成就的基础上增加20%为佳，实现该标准的时间以一学期为宜。

2. 掌握适合自己的学习方法

好的学习方法并无固定的模式，每个人应该结合大学学习的规律和自己的特点，制订学习策略，采取切实可行的改进措施，使自己真正学会"如何学习"。

3. 提高对学习目的和意义的认识

明确学习目的和意义是培养和激发学习动机的重要条件之一，当我们认识到自己学习的价值时，学习就有了责任心和使命感，只有当兴趣与其奋斗目标及人生理想结合起来的时候，个体的学习兴趣才会由有趣、乐趣发展到志趣，这样的志趣才具有更大的自觉性和方向性，有更大的推动力量。在学习的内部动机不足的情况下，可以注重对学习外部动机的培养。

4. 培养与保持对所学专业的学习兴趣

首先要明确这一学科的社会意义和专业意义，认识此学科对于自己的专业学习、品行修养等方面所产生的影响。其次要带着问题去学习，抓住本学科中一些没有定论的、有争议的问题，广泛搜集资料。通过独立思考，激发学习动机。

### （二）学习疲劳的自我调适

1. 善于科学用脑

大脑有左右两半球，大脑左半球主要同抽象的智力活动（如数学计算、语言分析等逻辑思维活动）有关；大脑右半球则主要同音乐、色彩、图形、空间想象等形象化的思维活动有关。为了克服疲劳，就要使大脑左右两半球交替使用，把数学、哲学等需要高度抽象思维的活动同音乐、绘画、文娱体育活动交替进行，以克服疲劳，提高学习效率。此外，大脑活动还有一种"优势现象"，即当大脑某一功能区的活动占优势时，可使其他功能区的活动相对地处于休息状态，所以把读书—计算、读书—思考、写字—听音乐等活动穿插进行，能防止疲劳，起到事半功倍的效果。

2. 注意劳逸结合

学习一定时间后，就应该休息片刻，放松一下。在学习之余，可参加一些文体活动，注意劳逸结合，使身心得到放松和调节，有利于消除疲劳，提高学习效率。另外，每天还应保证充分的睡眠时间，一般认为，对大学生来说，每天的睡眠时间应保证7~8小时，当然，这有很大的个体差异，每人都应视自己的实际情况而定。

3. 遵循人体生物活动的规律

按照人体生物活动的规律，上午7—10时，机体的生物机能处于上升的状态，10时左右精力最充沛，是学习与工作的最佳状态，此后逐渐下降，至下午5时后又再度上升，到晚上9时达到最佳状态。因此，学习时间的安排应顺应人体生物钟的规律变化，但这一变化规律会因地因人而有所不同，所以大学生最好能查明自己的"黄金时间"，以合理安排作息时间。

4. 养成良好的生活习惯

大学生要在大脑中建立起一个合理的"动力定势"，使脑神经的兴奋与抑制保持平衡。这时，大脑的兴奋和抑制就会有规律地进行，减少脑力和体力的消耗，从而有效地学习和工作。因此，养成良好的生活和学习习惯，不仅是大学生遵守学校规章制度的要求，而且是防止学习疲劳，有效地进行学习活动的需要。

5. 选择良好的学习情境

良好的学习环境可使大学生在学习活动中身心舒畅，提高学习效果；而在嘈杂、脏乱的学习环境中，可能引起心烦意乱，焦躁不安。在过暗或过亮的地方学习，可能头晕目眩，出现视觉疲劳，影响学习效果。这些情况大学生在学习时都应注意和避免。所以我们首选去图书馆或教室学习，而不要在宿舍学习。

### （三）考试焦虑的自我调适

1. 改变对考试的不合理认知

意识到自我认识和评价是造成考试焦虑的关键，明确考试只是衡量学习好坏的手段之一，考试成绩不能全面反映一个人的学习能力和知识水平，更不能决定一个人的前途和命运，不要把考试成绩看得太重。

2. 调整抱负水平

学会恰当地估计自己的能力，既要相信自己的能力水平，又能实事求是，确定合适的期望值。降低过高的学习目标，保持恰当的学习压力，重视学习的过程而不是考试的结果。进行正确的比较与评价，更加注意与自己的纵向比较。

3. 认真学习和复习

平时学习做到刻苦勤奋，考试时就会"艺高胆大"，充满信心；考前全面复习，尽量熟悉考试题型、时间、地点、要求等，做到心中有数，胸有成竹。

4. 劳逸结合，科学用脑，讲究方法

注意营养，劳逸结合，睡眠充足，维护神经系统的正常机能，保证充沛的精力、清醒的头脑和良好的身心状态，是防止考试焦虑的有效途径。

## 三、大学生情绪困扰的自我调适

情绪是人在一生中都要面对的问题。一方面，情绪对个人的职业与生活影响巨大，情绪问题处理的好坏，直接影响着人的工作满意度与生活幸福感。另一方面，因为情绪是在认知的基础上产生的，这也使对情绪进行自我调适成为可能。

### （一）焦虑的应对

1. 认知的调整

（1）弄清楚焦虑的对象和原因。人在面对未知的东西时往往最为恐惧，因此，我们首先要搞清楚是什么让我们如此焦虑。

（2）预测如果所担忧的事情发生了或最坏的结果出现了，其是否真如想象中的难以承受或可怕？很多人都容易将事情的发展轨迹想象为灾难化的过程，这个灾难化的结果在没经过深思熟虑时，看起来那么逼真，好像马上就要发生似的；想起来那么可怕，好像世界末日要来临了一样。但只要仔细思考一下，就会发现，我们预期的灾难化结果90%都不会发生。而即使结果不会非常好，也不会如你预期的那么糟糕。此外，他人遇到类似的事情的处理方法是什么？自己可以借鉴哪些东西？这些经验可以帮助我们减少焦虑。

（3）在可以承受事情最糟糕的结果的基础上，着手解决当前面临的问题。首先问自己现在需要解决的问题及导致问题的原因和解决问题的方法有哪些，然后通过自己理智思考决定可用的方法有哪些。调整认知是应对焦虑的第一步。

2. 行为的调节

（1）直接面对问题。直接面对问题进而积极主动地想办法解决问题，是缓解焦虑情绪最直接有效的方法。此方法适用于因为焦虑而总想逃避的人。

（2）通过积极想象调节情绪。对于焦虑的人或事或情景，我们往往不敢想象，但如果我们反其道而行之，尽量想象出一些好的结果和影响，提升自己的内在力量，就会发现紧张焦虑之感减轻了。通过这种方法缓解焦虑需要注意，不要将积极想象变成完美主义的想象，要切合实际，想象的最终目的不是给你设置一个完美的目标，而是让你充满信心地去战胜困难、解决问题。

**（二）抑郁的应对**

1. 思维的改变

（1）识别容易导致抑郁情绪的思维方式。前文已述及，有很多的观念容易导致抑郁情绪。如果心中只有那些观念，那么生活中发生的消极事件甚至是中性事件就会成为导火索，它让你不停确认"我不如别人""我处处碰壁""我对生活中的难题无能为力"，你会不自觉地忽视生活的积极方面，情不自禁地陷入自我贬低的状态中。

（2）驳斥惯性的消极思维方式。要准确描述情绪的强度，去除夸张的部分，将情绪的严重性限定在正常范围内；合理地归纳失败的原因，不承担过多的责任；明确原因与结果之间的逻辑联系，不要人为地建立非理性的关系；通过事实而不是空洞教条的准则来辩驳消极观念；多角度地看问题，不执着于一种观点。

2. 行为的调整

（1）保持活跃。保持正常的作息时间，主动参加各种活动。只要是抑郁情绪阻碍你做的事，你都要尽量去尝试。即使心理状态不好，也要保持活跃，通过各种活动看到自己的意义和价值。

（2）安排一些带来积极情绪的事。选用能促进身体健康，又不会增加负疚感的方式宣泄情绪，包括适度的锻炼、远足、读书、写日记、钓鱼、游泳、做一些义务助人的工作、跳舞、唱歌、绘画、听音乐等。当你在活动中获得成就感、价值感和对生活的控制感后，抑郁情绪会很快消退。

（3）坚持对每日活动进行规划。列出"每日活动安排表"，监控一天的活动过程。列表不是单纯为了督促自己按既定计划执行，而是为了增强你对生活的控制感和自我管理的成就感，当你看到一天时间基本按计划执行时，会感到十分充实愉快。

**（三）愤怒的应对**

1. 思维审视

（1）审视绝对化的思维方式。当我们持有"应该""必须"等绝对化的思维时，现实情况常常会与"应该""必须"等信条相冲突，造成心理落差，从而引发愤怒情绪。此外，藏在愤怒之后的信条还包括："社会应该是公平的""我应该永远受到公平的对待""别人的行为不该给我造成不便""人们如果做错了事，就该受到折磨和惩罚"。这些信条如果变成僵化、永远不变的教条，将给我们的生活带来很大困扰。

（2）审视固执。俗话说："进一步山穷水尽，退一步海阔天空。"换个角度看问题有时能很有效地改善情绪状态，当你觉得自己陷入固执的角落时，请理智地想一想，如果是那个你心目中乐观积极的人，在这种情况下，他会怎么想、怎么看呢？

2. 行为干预

（1）话语暗示。有一些话语，可以让愤怒终止，你可以通过这些话语暗示自己，让心情平静下来。例如：没有理由要求她/他按我的想法去做；他/她说的话没有那么严重；如果这已经不受我的控制，那么我放手；保持冷静，我能控制自己；人非圣贤，世上很少有绝对的好人或者坏人，每个人都根据自己那套理论做事；公正要看谁来评判；指责别人很容易，理解别人却很难；我想换个方式，选择困难的事情来做；等等。

（2）打断技术。通过一些打断技术，让自己迅速脱离情绪的爆发，进入理性思考的阶段。例如：心里默默从一数到十；暂时离开导致愤怒的刺激源，愤怒的源头就会被斩断，你也更容易恢复平静；当你的回忆和想象变成愤怒的来源时，你需要转移注意力，并主动运用意识调节，让思维不再沿着消极的方向发展下去。

## 四、大学生人际交往的自我调适

美国心理学家戴尔·卡耐基曾经说过，一个人事业上的成功，只有15%来自他们的学识和专业技术，而85%是来自良好心理素质和人际关系技巧。可见对人际交往的调适对于个人的人生发展至关重要。

### （一）自卑心理的调适

严重的自卑心理影响了大学生正常的人际交往，给学习和生活带来了精神负担，大学生应努力克服自卑心理。

1. 要正确认识自己，客观评价自己

自卑的大学生要善于发现自己的长处，肯定自己的成绩。要学会同别人比较，正确看待别人，在看待别人优点和长处的同时，发现周围一些同学不如自己的方面，以提高自己的自尊心，提高自我期望。

2. 进行积极的自我暗示

在参加一些活动时，不能消极地暗示自己，而要多分析自己的有利方面，进行积极的心理暗示，如"我行""我能成功""我能超过他人"等，增加自信心。

3. 正确对待挫折和失败

俗话说"胜败乃兵家常事"。一个人在成长和前进的道路上，不可能一帆风顺，总会遇到曲折和困难，因此，对学习、生活中遇到的一些挫折和失败，要正确对待，要及时从挫折和失败的阴影中解脱出来。

4. 树立自信心

因自卑而妨碍交往的大学生，在交往中应养成自信行为，如锻炼自己能径直向对方走去；讲话时敢于盯住对方的眼睛；讲话时声音洪亮，不吞吞吐吐；当对方声音超过自己时，要故意将声音放低，让对方听自己的，以掌握主动权。

（二）多疑心理的调适

1. 要学会宽容、理解和依赖他人

宽容是理解的前提。人各有别，人各有志，故交往时不能过分苛求别人。宽容别人并非是懦弱的表现，而是自己良好修养的体现，还能在相当程度上感化对方。

2. 真诚接触、友好相处

相信人性本善，大部分人还是善良的。不要默认所有人都是坏人，都会害人。如果真的怀疑有人对你不友善，也要主动与你所怀疑的对象多接触、多交流，弄清情况，消除疑虑。

3. 从实际出发，用事实说话

在实际生活中，大学生的思维较为活跃，遇到事情容易急躁，主观意识较强。因此，大学生应加强自身修养，保持心灵的宁静，以客观事实代替主观臆想，以冷静分析代替盲目臆断，切忌以自己主观说话想象作为衡量别人的标准。主观意识太强，经常会造成交往的错误与误会。

（三）嫉妒心理的调适

1. 纠正自己的认识偏差

别人的成就来自于他的努力，应该实事求是地予以承认，不应把别人的成功等同于自己的失败和对自己的威胁，不要把别人的成功与自己的成功对立起来，而要向别人学习，努力赶上别人。

2. 进行恰当的对比

遏制嫉妒心理的产生，不仅要看到别人的优点和自己的缺点，而且也要看到自己在有些方面优于对方，进行综合的比较，使原先失衡的心理获得新的平衡。

3. 保持良好的心态，努力使思想积极升华

在看到别人比自己强时，应当把不服气的心理引导到积极的方面上去，进行情感的升华。要认识到在任何一个群体中，总会有人走在前头，比较优秀，也总有人相对落后一点。自己可以去努力追赶，实在赶不上，也不必强求，要化嫉妒为上进的力量。

### 五、大学生恋爱与性心理的自我调适

爱情是人类永恒的主题，对个体的职业发展和生活幸福影响巨大。处理得好，它会成为生活中的调味品，能让自己的人生绚丽多彩。然而，大学生由于年龄、阅历及整体心理成熟水平的局限性，要处理好这方面的问题并不容易。

#### （一）单相思的应对

首先是要学会避免"单相思"的出现，要学会准确地观察和分析。例如，对方常常热心地帮助你，可能有点"意思"，但是如果只是一两次，而且对谁都是热心肠，那就不足为凭了。一旦单相思已经发生，要鼓足勇气，克服羞怯的心理，大胆地表达自己的感情，如果被接纳，爱的快乐就取代了等待的痛苦；如果是"落花有意，流水无情"，则应该面对现实，勇敢地抛弃幻想，用理智主宰感情进行转移，通过思想感情的转换和升华来获取心理平衡。当向对方表白遭到拒绝时，要用理智克制自己的情感，因为爱情一定是两情相悦的，强扭的瓜不甜，用这种理性、客观、冷静的态度对待感情也是自身未来幸福快乐的源泉。

#### （二）失恋的应对

失恋是大学生活中很常见的现象，但对于失恋当事人来说又是非常难以接受的。因为失恋而痛苦缠身者必须学会自我调整、自我拯救，主要方法有以下几点。

1. 倾诉

失恋者精神遭受打击，被悔恨、遗憾、愤怒、惆怅、失望、孤独等不良情绪困扰，应主动找朋友、家人倾诉烦恼，也可以写日记或书信把自己

的苦闷记录下来减轻心理负荷，或给朋友看，寻得心理安慰和寄托。

2. 自省

总结恋爱关系的经验，反省自身的行为，对恢复健康的心理更有帮助。也可以进行反向思维，多想对方的不足点，分析自己的优势，增强自信。失恋固然是失去了一次机会，然而失恋者经历了磨炼，收获了成长。

3. 立志

失恋者积极的态度会使"自我"得到更新和升华，全身心地投入学习和工作中去，许多失恋者因此而创造出了辉煌的成就。像歌德、贝多芬、罗曼·罗兰、诺贝尔、居里夫人等历史名人都曾饱受失恋的痛苦。他们是用奋斗的办法更新"自我"，积极转移失恋痛苦的楷模。

4. 求助

如果失恋者觉得不能独自承受失恋的痛苦，目前高校大都有心理咨询机构，免费为大学生提供咨询服务，寻求专业人士的帮助，不失为明智之举。

（三）性冲动的应对

1. 适度的压抑

这是较常用的方式，况且适度健康的压抑是社会的需要，也是一个人性心理健康的反映。但过度的性压抑会导致焦虑不安，形成压抑情绪，致使心理异常，还可能出现生理上的病变，这比较多见于男生。

2. 本我欲望升华

即用一种积极的、富有建设性的、能为社会所接受的方式来取代性欲、转移性欲，比如用绘画、音乐、体育活动、娱乐等使性能量得以转移，使性情感得以平衡。

3. 合理地宣泄

即以某种性的方式获得性冲动的满足。对大学生来讲，性自慰是较常用的方式。此外，观看有关性的书刊、录像，体验性梦、性幻想等宣泄方式也较为多见。大学生应懂得，性宣泄不只是一个生理行为，其方式应符合社会规范，有益于身心健康。

**知识链接：**

## 大学生心理的禁果
### ——大学生恋爱心理和性心理调查

**一、引言**

恋爱心理和性心理一直是大学生所关注的问题，我们心理咨询研究中心编辑部针对以上问题进行了调查研究。

两份调查从四个方面探讨大学生恋爱心理和性心理，包括大学生对恋爱问题的态度；大学生谈恋爱的目的；在发生婚前性行为的女性中几种典型的心理；大学生对性的态度。

**二、调查结果及讨论**

（一）大学生对恋爱问题的态度

在生理上，在校大学生的年龄平均在20岁左右，已处于性生理成熟的阶段，这为大学生恋爱提供了生理基础；心理上，大学生处于择偶尝试期，从心里渴望用各种方式接近异性，引起特定异性的注意和好感。从高中到大学两种完全不同的客观环境的变化，也直接影响着大学生的恋爱进入"活跃期"。

《怡心园》编辑部在学校的一项调查结果显示，在大学生应不应该谈恋爱这个问题上，有43%的同学认为无所谓，而56%的同学表示明确的意见是"赞成"。在大学校园中，男女生交往的环境较为宽松，关系也比较密切，所以大学阶段自然而然成为爱情发展中的"活跃期"，随时随地都能看到成双成对的恋人。

（二）大学生谈恋爱的目的

对大学生谈恋爱的目的的调查结果如图6-2所示，高达65%的被调查者认为，谈恋爱是为了"找到情投意合的爱侣"；有17%的同学则主要是为了满足自己的生理和心理的需要而谈恋爱；还有10%的同学觉得新鲜，他们认为谈恋爱是为了丰富生活。这是大学生恋爱心理一个比较明显的特征：恋爱目的多样化。

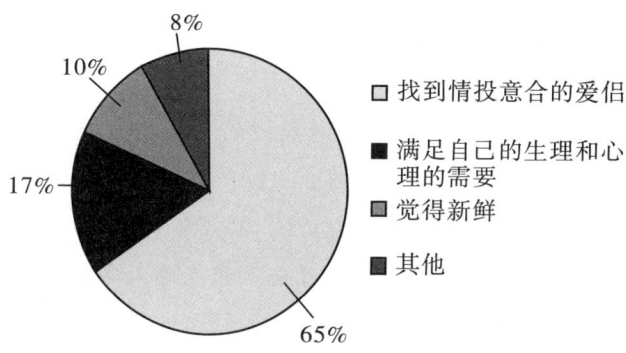

图 6-2 大学生谈恋爱的目的统计

（三）在发生婚前性行为的女性中几种典型的心理

在失去道德约束和心理防范的氛围中，婚前性行为成为不少人的选择。现在的大学生多数对婚前性行为持宽容态度。

曾有一项调查发现，在发生婚前性行为的女性中，存在以下几种典型的心理：

（1）证明心理。在热恋期，恋人们的感情如胶似漆，为了证明自己的海誓山盟，有些女性应允对方的性要求，甚至还认为这是对男友的一种无私奉献。

（2）迎合心理。认为男友各方面条件都比自己好，为博得对方的欢心，处处迎合。当男友提出性要求时，因怕失去对方，便默然应允，迎合对方。

（3）占有心理。这类女性认为男友不错，同时别的女性与她又有一定的竞争性，为了不使自己在竞争中失利，便发生性行为，造成既成事实，达到占有目的。

（4）软弱心理。有些女性常常是在迫不得已的情况下与男友发生性行为的。当男友提出性要求时，从她们内心来讲并不想这样做，但又抵挡不住而被迫为之。

（5）好奇心理。身体发育成熟的女性，随着体内性激素水平的增高，在身体发生一系列变化的同时，对性也产生了好奇心理。这些女性是抱着好奇的尝试心理而发生性行为的。

(6) 逆反心理。这些女性常常因恋爱受到家庭、亲友的反对而产生逆反心理，两人的关系更加密切，容易发生性行为。

（四）大学生对性的态度

针对以上问题，我们从广州10所高校的大学生中抽样调查进行了一次研究，结果显示：

(1) 当代的大学生对性持开放态度，45.8%的同学赞成大学生可以发生性行为，52%赞成未婚可以同居。可见半数左右大学生普遍对婚前性行为持宽容态度。而对于性行为与结婚的关系，45%的同学都不同意发生过性行为就一定要结婚。

(2) 大学生现有的性知识主要来源为书籍、报纸杂志、网络与电视，其次是生理卫生课和朋友间的告知，很少来源于家庭教育。

(3) 大学生会在性行为上持有双重的标准态度，一方面对自己以及他人的婚前性行为持放任、宽容的态度，保持贞操的传统观念受到动摇；另一方面又要求自己的配偶保持贞洁。这种双重的标准态度男生表现更为严重。研究表明61%的同学认为，如果有感情，男性可以有婚前性行为；而对于女性，50%的同学认为有感情可以发生性行为；还有42%的同学则趋向于如果准备结婚，可以有性行为。对男女大学生性行为持不同态度，显然受传统观念的影响。

(4) 有近90%的同学认为目前有必要在大学开设性健康和生殖健康讲座，其中45.2%的同学认为非常有必要。而且他们最希望了解的是异性交往和恋爱心理、性生理、避孕、生育，预防性病和艾滋病及性方面的伦理道德知识。

三、结语

爱情检验了人格，也促进发展了人格。莫里哀曾经说过："爱情是一位伟大的导师，教会我们重新做人。"恋爱中双方关系的调节，各种矛盾的解决都会丰富人生的经验，促进彼此心理上的成熟。从某种意义上说，经历过人生的酸甜苦辣，人生才是完整的。爱情并不是一厢情愿的，它建立在双方的选择上。有人说，初恋是艺术家，失恋是哲学家，再恋是科学家。当爱情受挫后，人会用理智驾驭感情，提高自己的心理承受能力，通过增强理智感,分析原因,总结经验教训,寻找解决问题的方法和途径。不要因失恋就否认自己的价值,应通过适当的情绪调节、宣泄和转移,来减轻痛苦。大学生在关注自己的恋爱生活的时候,同时也要关注自己的性道德,加强性保健知识的学习,自尊自爱。

(资料来源:华南师范大学心理咨询研究中心心理健康刊物《怡心园》,有删改)

## 六、大学生挫折心理的自我调适

巴尔扎克曾说:"世界上的事情永远不是绝对的,结果完全因人而异。苦难对于人才是一块垫脚石,对于能干的人是一笔财富,对于弱者则是万丈深渊。"大学生处在人生积累的开始阶段,容易遇到各种挫折。只有提高自身对挫折的应对能力,战胜困难,战胜自己,才能拥有非凡人生。

### (一)合理宣泄情绪

宣泄的心理实质就是将积蓄的情绪通过言语或行为进行代偿性的输出,是一种尽快达到心理平衡和心理净化的手段。当大学生受到委屈和心生愤怒时,不妨向自己的亲朋好友诉说心中的不平和痛苦;或是跟自己倾吐,诉诸文字,让心中的苦水顺笔端流泻出来;或是在适当场合大哭一场、大叫一番,将心中的不快之气发泄出来,通过合理宣泄缓解不良情绪。

### (二)转移注意力

把注意力从原来集中关注的某一目标上转移到自己感兴趣的事情和集体活动中,如郊游、游泳、打球、听音乐或参加各种竞赛活动,通过丰富的活动来改变内心的由挫折情境造成的心理压力、紧张、焦虑与不愉快的情绪体验。

### (三)改善自身

指个体在遭遇到挫折后审时度势、冷静分析,以积极进取的态度改善挫折情境、减轻挫折压力。如果是由于自身知识缺乏、能力不足而受挫折,那么就要继续挖掘潜力、增强实力,以更加坚定的毅力与信心致力于既定目标,以期获得成功。如果是由于个人的身高、容貌、经济状况以及某种生理缺陷产生挫折感，那么就要寻求自己的个性特点，发挥个体优势而弥补不足，扬长避短，战胜挫折。

### （四）寻求社会支持

我们每个人都是生活在这个社会当中的，并不是孤立存在的，当心灵受到创伤后，要有效地应对挫折，更需要从周围的人及相关的机构那里获得相应的信息、策略，借助别人的安慰、劝导，以及专业心理咨询的帮助，减轻精神上的痛苦。俗话说"一个好汉三个帮"，就是在说明社会支持力量在个人应对挫折、困境中所起的重要作用。我们只有在吸取了社会力量，在他人或群体、组织的大力支持和引导下，逐步调整自我行为，才能摆脱由挫折引发的烦恼。

# 第七章 新时代高校教师的心理素质提升与心理健康维护

教师是人类灵魂的工程师，是人类文明的传承者。高校教师承担着人才培养、科学研究、社会服务和文化传承的重任，其工作具有长期性、复杂性和艰巨性，需要付出艰辛的努力才能完成。要完成这些任务，履行高校教师的职责，不仅需要掌握扎实的专业知识和专业技能，而且需要具备良好的心理素质。那么，目前高校教师的心理健康状况如何？常见的心理问题有哪些？如何提升心理素质？如何维护心理健康？这些是本章要回答的问题。

## 第一节 高校教师的心理健康现状及其影响因素

高校教师总体上心理健康程度较好，但也容易出现压力过度、角色冲突、职业倦怠等问题，体验到焦虑、抑郁、不安、烦躁、害怕、愤怒等各种负面情绪，甚至出现较严重的心理疾病。这些心理问题的出现，是社会、学校、家庭、个人等多方面因素综合作用的结果。

### 一、高校教师心理健康概况

近年来有不少学者从不同角度对高校教师的心理健康状况进行了调查分析，尽管结论存有差异，但仍然可以发现高校教师心理健康状况的一些特点。总体来看，高校教师的心理健康状况是良好的，但某些群体，例如女教师、青年教师等，需要给予更多的关注。下面介绍几个有代表性的调查研究及其主要结论。

**（一）研究综述**

1. 全国范围的研究

杨睿娟采用自己编制的中国高校教师职业心理健康测评问卷，对 30 个省（区、市）的 145 所公立高校的 25 066 名高校教师进行测评，结果显示：从性别来看，女教师职业心理健康水平显著低于男教师；从年龄来看，30～49 岁的高校教师职业心理健康水平最低；从教龄来看，10～14 年教龄的高校教师职业心理健康水平最低；从学历来看，博士学位的高校教师职业心理健康水平最低，显著低于硕士学位和本科学位；从教师类型来看，专任教师职业心理健康水平明显低于心理咨询教师和辅导员；从学科来看，医学、哲学、经济学、理学学科教师职业心理健康水平显著低于其他各学科，艺术类学科极其显著地高于其他各学科；从职称来看，中级和副高的教师职业心理健康水平最低，显著低于正高和初级。①

刘春霞等对 2006—2016 年间的 41 篇关于高校教师心理健康状况的文献进行了元分析，这些文献都是采用症状自评量表（SCL-90）或以 SCL-90 为基础的自编量表，样本量共计 16 338 人。结果发现，跟全国常模相比，高校教师的心理健康水平总体上正常；跟其他教师相比，高校教师的心理健康水平和中小学教师、幼儿园教师相比没有显著差异，但高校教师的心理健康水平比中小学教师的相对较好，比幼儿园教师的相对较差；高校青年教师的心理健康水平堪忧，在躯体化、强迫、抑郁、焦虑四个维度上均高于全国常模；在性别和学历上，高校教师的心理健康水平没有显著差异，但女教师的心理健康水平相对较差，博士学位的心理健康水平相对较差。②

徐志勤对我国高校教师心理健康状况进行了研究综述，得到以下结论：

---

① 杨睿娟. 中国高校教师职业心理健康理论构建与实证研究 [D]. 西安：陕西师范大学，2018.

② 刘春霞，陈实，徐长江. 高校教师心理健康状况元分析：基于 SCL-90 的分析 [J]. 教育现代化，2018（1）：164-167.

①高校教师心理健康水平与全国常模比较,其结果差别很大。有学者认为,高校教师的心理健康水平明显低于全国常模,但有学者发现高校教师的心理健康状况要好于一般人群。②男教师的心理健康状况比女教师要好。③离退休返聘教师的心理健康状况好于在职教师。④医学院教师和高校体育教师的整体心理健康状况好于普通人群。⑤高校教师的心理健康状况比中小学教师的状况好。①

2. 广东省的研究

范存欣等对广东省19所高校的8 420名教师进行调查,结果发现:教师心理亚健康的发生率为43.9%,其中女性显著高于男性;随年龄增加心理亚健康发生率呈逐渐下降趋势;随职称升高心理亚健康发生率呈逐渐下降趋势;在心理亚健康教师中常出现的症状依次是对周围事物缺乏兴趣、多梦和休息不好、记忆力明显减退、焦虑、感到孤独、注意力难以集中、心烦意乱等。②

高云、周英运用SCL-90和主观幸福感量表调查了广东省3所高校的217名教师,将SCL-90总分和主观幸福感总分分为低、中、高三个等级,两两组合形成9种心理健康状态。研究发现47.47%属于高幸福低症状型,45.16%属于中幸福低症状型,5.53%属于中幸福中症状型,1.38%属于高幸福中症状型,0.46%属于低幸福中症状型。其他类型均为0人。结果表明高校教师心理健康状态较为理想。③ 而余民宁等针对中小学教师的同类型研究显示,中小学教师中属于高幸福低症状型的只有24.3%。④

(二) 主要结论

尽管上述研究结果存在差异,但综合大多数研究来看,可以得到如下

---

① 徐志勤. 我国高校教师心理健康状况研究综述[J]. 江苏教育学院学报(社会科学版),2007(3):42-45.
② 范存欣,王声湧,马绍斌,等. 广东省高校教师心理亚健康影响因素分析[J]. 疾病控制杂志,2004,8(6):522-524.
③ 高云,周英. 高校教师心理健康状态类型探析[J]. 中国高等医学教育,2018(1):48-49.
④ 余民宁,陈柏霖,许嘉家,等. 教师心理状态类型之初探[J]. 学校卫生,2012(60):31-59.

几个结论:

1. 高校教师总体上心理健康状况正常

高校教师的心理健康水平跟全国常模相比,没有显著差异,并且要高于中小学教师的心理健康水平。

2. 高校教师的心理健康水平存在性别差异,女教师的相对较低

女教师的心理健康水平不如男教师。这可能与女性本身的身心特点和传统文化对女性的角色定位有关,女教师在平衡工作和家庭方面要比男教师承受更多的压力,要获得跟男教师同样的成就需要付出更多的精力和努力。

3. 高校教师的心理健康水平存在年龄差异,青年教师的相对较低

高校青年教师的心理健康水平相对较低,需要引起关注。在现行的高校管理体制中,青年教师面临着更为激烈的竞争环境,对青年教师实行了更为激烈的考核措施,晋升职称越来越难,大大增加了青年教师的工作压力;同时,相对中老年教师,他们收入偏少,买房、买车、教育子女等生活压力也非常大。这些都影响了青年教师的心理健康水平。

4. 高校教师的心理健康水平存在学历差异,博士学位的相对较低

具有博士学位的高校教师心理健康水平相对较低。这可能是因为具有博士学位的教师有更高的自我要求和成就动机,在单位也承受着更多的工作任务和工作压力。

另外,高校教师的心理健康水平跟职称、学科类型等都有关系。

## 二、高校教师常见的心理问题

高校教师的心理问题并没有特异性,一般人出现的心理问题高校教师都有可能出现。但因为高校教师职业的特点,他们感受到的心理压力会比较大,承受的角色冲突会比较多,如果这种压力和冲突得不到有效调节,会引发职业倦怠和一系列的生理、心理症状。

### (一)压力过度

1. 压力的含义

压力是由紧张刺激引起的,伴有躯体机能以及心理活动改变的一种身

心紧张状态。压力既包括"紧张"也包括"应激"。"紧张"侧重于压力的内部体验;"应激"侧重于压力的内部反应,往往具有一定的生理和生化基础,伴随一定的心理和行为的反应和变化。例如,在参加一场重要的考试时,个体会感到紧张、焦虑,处于一种不安的情绪状态;同时个体机体内部也会产生自然而然的变化和反应,如心跳加快、手心出汗、血压升高等,处于一种准备应付紧张情况的"应激"状态。尽管对压力或应激的理解千差万别,但现在研究者都普遍接受压力是个体的生理、心理反应和刺激情境之间的交互作用。

拉扎洛斯(R. Lazarus)的认知交互作用模式是目前最有影响的应激观之一。他对 stress 一词的分解可以帮助我们更好地理解什么是应激(详见表 7-1)。

表 7-1 应激的成分①

| 成分 | 解释 |
| --- | --- |
| S (stressor) | 一种能够引发内心紧张的刺激性事件或对某一事件的主观认识 |
| T (transaction) | 个体同环境之间不断地调整关系 |
| R (resistance) | 在努力处理应激源时个体的持续斗争 |
| E (energy spent) | 在应对应激源时要付出生理和心理的能量 |
| S (strains) | 在应对时所产生的身心疲惫不堪 |
| S (solution or slide) | 应对的结果可能是解决应激源,但长期持续的应激可能导致能量与动机水平的逐渐降低 |

2. 压力的身心反应

当个体承受心理压力时,身心系统会随之发生一系列的变化。心理压力会影响一个人的认知、情绪、行为和生理过程,而认知、情绪、行为和生理也在影响或改变着心理压力,对心理压力有着"放大"或"缩小"的

---

① RICE P L. 健康心理学 [M]. 胡佩诚, 等译. 北京:中国轻工业出版社, 2000:14.

作用。一般来说,适度的压力能引起个体的积极反应,促进认知过程,提高行为效率,促进身心健康,对于学习、工作和生活具有重要意义;压力过度则可能引起生理上、心理上、行为上的消极反应,产生种种身心失调的现象,会带来焦虑、紧张、不安、沮丧、烦躁等消极的情绪体验,同时还会带来种种身体上的不适,如头疼、心悸、胃肠不好、肌肉酸痛、失眠等,甚至诱发癌症、心脏病、溃疡等严重的疾病。这些身心失调反过来又放大了心理压力,造成恶性循环,最后可能导致心理危机。

3. 高校教师的主要压力源

压力源是指能够引发内心紧张的刺激性事件。压力的来源是多方面的,既有生理的,也有心理的;既有社会的,也有文化的;既有自身的,也有环境的。引起压力的既包括一些重大事件,如亲人去世或遇到地震;也包括生活中的小事件、小烦恼,如钥匙丢了、家里水管漏了等。小烦恼累积起来对人的心理危害也很大,正如谚语所说:"最后一根稻草压断了骆驼的脊梁。"

高校教师的主要压力源包括教学任务重、科研要求高、职称晋升难、学生管理难、自我期望高、家庭负担重,以及经济收入相对较低等。高校教师身兼教师与学者的双重身份,其劳动具有长期性、复杂性和艰巨性,需要付出艰辛的努力才能胜任工作。除了日常的教学和科研工作之外,高校教师还要应付名目繁多的评审、检查等活动,耗费了大量的时间和精力。再加上社会和家长对高校教师越来越高的期望、学校过于量化的管理模式以及工资待遇相对较低、家庭事务繁重等因素,使不少高校教师不堪重负。

(二) 角色冲突

心理学中的角色可定义为个人在社会关系中的特定位置和与之相关联的行为模式,它反映了社会赋予个人的身份和责任。在社会生活中,一个人往往扮演着多种社会角色,随着情境的不同,角色也会变化。例如,一名女教师,在家是妻子和母亲,在商店是顾客,在学校是教师。

高校教师是从事教学、科研、社会服务工作的特定主体,同时要扮演很多角色。这些角色之间或者某个角色内部都有可能存在冲突。从职业的角度来看,高校教师承担的主要角色有教学活动的设计者、学习的指导者和促进者、教学的组织者和管理者、教学的反思者和研究者、平等中的"首席"、科学家或思想家、终身学习者、心理健康的维护者。①

高校教师的职业角色冲突主要表现在：

1. 在师生关系上，表现为"教育者"与"服务者"的冲突

在传统教育中，教师和学生是教育者和被教育者的关系，教师权威也因此产生。但随着市场经济的发展和高校收费制度的实行，教师成为教育的服务者、知识的供应者，而学生购买了学校和教师的服务。作为教育者，教师在上，学生在下；作为服务者，学生是主体，教师为其提供服务。这两种角色存在着尖锐对立。

2. 在教师与高校行政管理部门的关系上，表现为"被服务者"与"被管理者"的冲突

高校行政部门的职能是为教师服务，保证教学顺利实施，教师是行政部门的服务对象。但随着高等教育的日益"行政化"，行政部门的管理功能日趋发达，高校教师越来越多地被赋予了"被管理者"的角色。

3. 在教师与社会的关系上，体现为"引领者"与"被动适应者"之间的冲突

一方面，高校教师创造、预知、代表和引领着社会的发展方向，承担着传承社会文明的重任。另一方面，随着社会的急剧变革，随着知识更新的日新月异和价值标准的与时俱进，高校教师处在不断适应社会的过程之中，原有的知识优势和道德优势不复存在，同原来"引领者"的角色形成了尖锐的矛盾。②

除了上述职业角色冲突之外，高校教师还面临着置业与谋生的冲突、教学与科研的冲突、工作和家庭的冲突、理想与现实的冲突等多方面的心理冲突。心理冲突如果长期存在，将直接影响高校教师的心理健康状况。

（三）职业倦怠

"倦怠"（burnout）一词由美国基础临床心理学家弗鲁顿伯格（H. Freudenberger）于1974年提出。1981年，第一届国际职业倦怠研讨会在美

---

①② 张积家. 高等教育心理学［M］. 2版. 北京：高等教育出版社，2016：35 - 36.

国费城召开。① 随后，职业倦怠成为一个热点问题而受到学者们和整个社会的密切关注。

"职业倦怠"（occupation burnout）是个体不能顺利应对职业压力的一种极端反应，是个体在长期高水平的压力体验下产生的一种身体、情感和精神的枯竭状态。其典型症状是工作满意度低、工作热情和兴趣的丧失及情感的疏离和冷漠。具体表现为对工作缺乏热情，情绪上疲惫、冷漠、压抑、烦躁，对工作中的任何事情都觉得失败，对同事的支持表示负性反应。其核心是无效无用感，即感到自己所有的努力都是白费的，都是没有价值的，自己没有办法控制和改变情境。

职业倦怠的重要研究者、美国社会心理学家马斯拉奇（Maslach）从三个维度对"倦怠"进行了界定：一是情绪衰竭，指个体的情绪和情感处于极度疲劳状态，工作热情完全丧失，是倦怠的个体压力维度；二是非人性化，指个体以一种消极、否定、麻木不仁的态度来对待自己的同事和服务对象，是倦怠的人际关系维度；三是低个人成就感，指个体消极评价自己工作的意义与价值，是倦怠的自我评价维度。②

教师职业倦怠是教师不能顺利应对工作压力的一种极端反应，是教师在长期高水平的压力体验下产生的情感、态度和行为的衰竭状态。其典型症状是对教师的工作满意度低、工作热情和兴趣的丧失及情感的疏离和冷漠。具体表现为认为教师的职业没有价值、工作没有意义，丧失教学和科研的热情，对学生冷漠，对同事冷淡，对教师工作的所有方面都没有兴趣，经常体验到疲惫、倦怠、烦躁等负面情绪。

造成高校教师职业倦怠的原因是多方面的。有职业因素，如工作任务繁重、角色冲突和角色模糊、学生的个体差异性大、教师工作环境的相对封闭性、高教系统的变革等；有学校因素，如领导作风、组织气氛、工作环境等；有个体因素，如自我概念、职业价值观、个体的应对方式、人格特征等；还有社会因素，如社会对高校教师的期待、高校教师的经济社会地位等。总的来说，教师职业倦怠的产生是多种因素综合作用的结果。

---

① 卞冉，龙立荣. 工作倦怠的理论与测量 [J]. 人类工效学，2004，10（1）：29-31.
② 刘学兰. 小学教师职业倦怠的消除 [J]. 小学德育，2010（9）：45-47.

## （四）生理、心理症状

压力过度、角色冲突、职业倦怠等问题如果不及时调整，就可能出现各种情绪问题，表现出各种生理、心理症状。例如，出现抑郁、焦虑、过分担忧、精神不振、对学生冷漠、对外界漠不关心、强烈的不安感等。在抑郁和焦虑的心态中，还常常会出现失眠、腰酸背痛、呼吸困难、心悸心慌、头疼恶心等躯体化症状。躯体化症状是由心理问题导致的以躯体不适感为主的综合征，以疼痛感、凉热感、麻木感、气胀感等为主要表现，但临床检查无阳性体征，常见于焦虑症、抑郁症患者。教师的职业也容易诱发一些职业病，如颈肩腰椎病、咽喉炎、静脉曲张、神经衰弱等，这些疾病也会强化教师的一些负面感受，诱发或加重教师的心理问题。

## 三、影响高校教师心理健康状况的因素

影响心理健康状况的因素是多方面的，任何人的心理问题都不是单一因素决定的，而是多种因素综合作用的结果。因此，我们在分析高校教师心理健康状况的影响因素时，应有一种整体观，要考察社会因素、学校因素、家庭因素和个人因素的综合作用。

### （一）社会因素

1. 社会的快速变革

改革开放之后的中国，在最短的时间内以压缩的方式体验了现代社会的急速变迁和文化转型，剧烈的变化带给所有的中国人以巨大的压力体验。高校教师，作为文化的传播者和道德的示范者，要不断适应这种变化，才能满足公众的期待和学生的需求，因此，高校教师在社会变迁中有着更深层次的压力。

2. 社会对高校教师的高期望和高要求

一直以来，社会对高校教师的期待非常高，赋予了高校教师多重角色。随着社会的发展，人们对高校教师的道德、学历、学识、能力等各方面的要求都越来越高。新时代对广大教师落实立德树人根本任务提出新的更高要求。2018年9月9日，习近平总书记在北京师范大学师生代表座谈讲话中指出，每位教师都应成为"有理想信念、有道德情操、有扎实学识、有

仁爱之心"的好教师；2018年11月8日，教育部颁发了《新时代高校教师职业行为十项准则》，要求高校教师坚定政治方向、自觉爱国守法、传播优秀文化、潜心教书育人、关心爱护学生、坚持言行雅正、遵守学术规范、秉持公正诚信、坚守廉洁自律、积极奉献社会。要满足这些期望和要求，需要高校教师不断学习和持续努力。

3. 社会提供给高校教师的待遇相对不足

和社会对高校教师的高期望和高要求以及职业本身的复杂度相比，社会提供给高校教师的待遇相对不足，特别是中青年教师，会面临较大的生活压力。这种反差容易导致高校教师心理失衡，产生失落感、挫败感。近些年来，伴随着高校人事制度的改革和大力度的人才引进，高校教师之间的收入差距越来越大，在大多数教师收入不高的同时，少数引进的人才、有各种头衔的教师可能拿着很高的薪水，加剧了大多数教师的相对剥夺感和不公平感。

**（二）学校因素**

1. 学校组织氛围

学校组织氛围是指一所学校区别于另一所学校的心理特征，主要包括学校组成成员共同的价值观念、社会信念和社会标准等。哈尔平（A. Halpin）是最早将组织氛围的概念应用到学校的学者。他曾做过一个贴切的比喻：组织氛围之于组织，恰似人格之于个体。[①] 不良的组织氛围不仅容易导致工作绩效低，而且有可能导致师生员工缺乏热情和活力，彼此疏远或紧张焦虑。因此，加强学校组织氛围建设，不仅具有管理上的意义，而且具有维护心理健康上的意义。

2. 学校管理体制

近年来，在高校内部深化管理体制改革的背景下，高校对教师进行了严格的绩效量化考核，高校教师的教学工作量、科研项目、学术成果等都纳入量化考核范围，过分量化、过分功利的考核增加了教师的压力感和不安感。在量化考核、评定职称的过程中，又存在着严重的"重科研轻教学"

---

[①] 戈兆娇. 高校组织气氛与大学生心理健康关系研究［D］. 杭州：杭州师范大学，2009.

的现象，使一些以教学为主的教师产生了挫败感。同时，学校管理制度行政化程度比较严重，行政权力与学术权力无法分离，教师的主体地位和合理需求得不到应有的尊重。因为高校管理的行政化，使得教师在繁重的教学科研工作之余，还要应付各种考评、检查，提交名目繁多的材料，浪费了宝贵的时间和精力。

3. 学校客观环境

学校的校址、场地、建筑物、各种设备、活动空间等是师生工作和学习的客观环境，这些环境也跟心理健康有密切的关系。

### （三）家庭因素

1. 家庭关系

工作和家庭是人生的两大支柱，家庭关系是否和谐直接影响到心理健康水平。夫妻关系和亲子关系是最重要的家庭关系。随着社会环境的复杂化，家庭关系的建立也出现越来越多的问题。夫妻之间可能出现情感淡薄、情感背叛、沟通不畅、"三观"不同、性格不合等各种问题，亲子之间可能出现亲子冲突、过分纠缠、情感疏离、关系僵化等问题，直接影响关系的质量，甚至导致关系的破裂。除了夫妻关系和亲子关系，还有婆媳关系、兄弟姐妹关系等更为复杂的关系，可能引发更为复杂的问题。高校教师性情淡泊，注重自我，独立性强，社交圈也比较狭窄，当家庭关系出现问题时，主动修复的动力不足，也往往缺乏来自外界的支持。

2. 子女教育

在社会变革的大背景下，人才的竞争越来越激烈，子女教育也带给父母越来越深的焦虑。高校教师作为高级知识分子，对孩子的成长往往有很高的期望和明确的规划。高校教师一般自己都是学习的成功者，所以不太能接受孩子学习的失败；高校教师往往对自己的教育能力有充分的自信，所以在教育孩子的过程中容易表现出对孩子的控制欲；高校教师见识过很多优秀的学生，所以习惯以优秀学生的标准要求自己的孩子，渴望培养出一个完美小孩。当孩子的表现没有达到自己的要求，或者孩子不遵循父母的意愿时，父母往往无法接受。另外，高校教师有自己教育孩子的理念，当这种理念与学校和教师的理念不一致时，会导致心理冲突和压力。

#### 3. 生活负担

回到家庭，高校教师要扮演丈夫/妻子、儿子/女儿、父亲/母亲等各种家庭角色，并履行相应的职责，完成赡养父母、养育孩子的重任，要考虑经济状况、家务分担等各种问题，面临着较大的生活负担和生活压力，其中，中青年教师和女教师的感受会更加明显。

### （四）个人因素

面对同样的环境，从事相同的工作，有的高校教师心理健康，心态积极，而有的教师出现了心理问题，这与教师的个人因素密切相关。教师的理想信念、认知能力、个性特点、身体素质、生活方式等都会对心理健康产生影响。

## 第二节  高校教师心理素质的提升

高校教师要完成教学、科研和社会服务等各项任务，不仅需要扎实的专业知识，而且需要良好的心理素质。在本节中，我们先厘清高校教师心理健康的标准，然后分析高校教师心理素质的具体构成，最后谈谈高校教师应如何提升心理素质，始终保持积极的心态。

### 一、高校教师心理健康的标准

第三届国际心理卫生大会认为，"心理健康是指在身体上、智能上、情感上与他人的心理健康不相矛盾的范围内，将个人心境发展成最佳状态"。可见，心理健康并不仅仅是指没有心理疾病，更重要的是指一种积极的、适应良好的、能充分发展个人身心潜能的丰富状态。那么，什么样的人才算心理健康呢？国内外学者有过许多不同的论述，尚无统一的标准。从高校教师的职业要求出发，一个心理健康的高校教师，应该具备以下几个特点。

#### （一）良好的教育认知水平

这是指高校教师的认识过程，它集中表现为智力或智力活动。一个心理健康的高校教师，能够正确认识和对待周围的事物与客观环境，使个人的行为符合社会的要求，与自然环境和社会环境保持平衡，能在教育岗位上发挥自己的能力。一个心理健康的高校教师，应具备从事教育工作所必需的基本能力，如敏锐的观察力、了解学生的能力、创造性地开展教育教学活动的能力等。

**（二）悦纳教师职业**

这是指对高校教师角色的认识和接纳。一名心理健康的高校教师应该承认教师这种专业身份，并愉快地接纳这一职业；应该理解教师这一职业的价值，热爱学生，并了解自身作为教师所具有的优势和劣势。

**（三）稳定而积极的教育心境**

在教育过程中，高校教师要保持情绪稳定，情绪反应适时、适度，情绪自控力强，能承受来自学生、家长、社会等方面的压力，保持乐观和积极的心境。虽然也有悲哀、愤怒、苦闷、焦虑等消极的情绪体验，但能进行自我调节。如果教师具有乐观积极的教育心境并长期稳定下来，他们就会对教育工作充满信心，对学生充满爱意，能充分发挥自己的才能。

**（四）健全的教育意志**

培养人才是一个艰苦的过程，在这个过程中，高校教师必须有坚强的意志，具有自觉性、果断性、自制力、坚持性等良好的意志品质。

**（五）良好的教育人际关系**

人际关系是否协调，是衡量一个人心理是否健康的重要标准。高校教师的教育人际关系，主要表现在教师和学生的关系、教师与家长的关系、教师与领导的关系、教师之间的关系等方面。心理健康的教师乐于与人交往，能够正确处理各种教育人际关系，他能为学生、同事等所理解和接受，能与他人相互沟通和交往，人际关系协调和谐。

**（六）教育环境的适应与改造**

心理健康的高校教师能对教育环境做出客观的认识和评价，接受教育领域的新事物，适应发展、变革的教育环境，主动迎接各种困难与挑战。

## 二、高校教师良好心理素质的构成

高校教师要胜任教学、科研和社会服务等各项工作，需要良好的心理素质。下面从能力结构、情意品质、人格特征和心理资本几个方面予以分析。

**（一）高校教师的能力结构**

高校教师需要多方面的能力。首先，高校教师需要良好的智商（IQ），IQ反映的是人的一般性综合认知能力，包括抽象推理能力、学习能力、适应能力等。其次，高校教师还需要具备本职工作所需要的其他职业能力，如教学能力、科研能力和创新能力等。

教学是教师最主要的活动形式。教学能力是教师在工作中形成的特殊能力，它直接影响教学效果，是教师必须具备的。研究表明，教师的教学能力水平是影响学生学习成绩的最敏感的指标。

新时代对高校教师的教学能力提出了更高的要求。2018年6月，教育部在成都召开新时代全国高等学校本科教育工作会议，陈宝生部长指出"高教大计，本科为本，本科不牢，地动山摇"；提出了"四个回归"，即回归常识、回归本分、回归初心、回归梦想。同年8月，教育部又颁发了《关于狠抓新时代全国高等学校本科教育工作会议精神落实的通知》，再一次强调了本科教育在人才培养中的核心地位，在教育教学中的基础地位，在新时代教育发展中的前沿地位，强调了要淘汰"水课"，打造"金课"，全面提高课程教学质量。

高校教师的教学能力主要包括以下两个方面：

1. 一般教学能力

（1）专业知识。教师的专业知识既包括学科知识，又包括实践知识。学科知识是指教师所教的某一学科的内容。实践知识是指教师在面临实现有目的的行为中所具有的课堂情景知识以及与之相关的知识，即如何传授学科知识的知识。研究者发现，实践知识具有五个特点：①依赖内容和学生等具体情境；②经常以案例的形式记忆；③是一种跨学科的综合知识；④是一种熟练后得以自动化的知识；⑤有很多知识产生于教师个体的经验。

（2）组织教材的能力。教师组织教材的能力是指那些区分教材中本质的和最主要的内容并根据学生的理解水平对教材进行分析综合、加工改组，将教材恰当地概括化、系统化的能力。它包括：充分理解教材的知识内容，使之转化为教师自身的知识；明确教学目的要求和重点，使之成为教师教学的指导思想；根据教学目的要求，确定可行的教学方法和步骤。

（3）言语组织和表达能力。言语组织和表达能力是影响教师教学效果的重要因素。教师良好的言语能力表现在简练准确、形象生动、逻辑严密、词汇丰富、语句不长、停顿适当、符合学生理解水平和年龄特征等方面。

（4）组织教学的能力。这是指教师在课堂教学中，利用各种积极因素，控制或消除学生消极情绪和行为的能力。通过教学组织能力的运用，克服课堂信息传递过程中的种种干扰，控制学生的注意力，调节课堂气氛，调动学生积极性，以保证教学的顺利进行。

（5）信息化教学能力。在教育越来越趋于信息化的时代，在"互联网+"的大背景下，信息技术与教育教学已经深度融合，高校教师的信息化教学能力越来越重要。信息化教学能力是指教师在现代教学的理论指导下，以信息技术为支持，利用教育技术手段进行教学的能力。信息化教学能力是一种综合的能力，包括信息化教学设计能力、信息化教学资源开发能力、信息化教学交往能力等。

2. 教学监控能力

教学监控能力是教师在教学过程中，为成功实现教学目标，以教学活动为监控对象，不断对其进行主动的计划、监视、检查、评价、反馈、控制和调节的能力。在具有一定的学科知识之后，教学监控能力成为影响教学效果的关键性因素。

教学监控能力主要由以下四个因素构成：

（1）课前的计划与准备。指上课前，教师明确所教课程的内容、学生的兴趣和需要、学生的发展水平、教学目标、教学任务以及教学方法，并预测教学中可能出现的问题与可能的教学效果。这是教师进行教学监控的前提。

（2）课堂的反馈与评价。指课堂中，教师对学生的反应的敏感性和批判性，以及对发现问题的解释和分析。评价和反馈是教学监控能力的基础，教师的教学监控过程都是从对教学活动的反思、评价和反馈开始的。

（3）课堂的控制与调节。指在课堂中，教师有意识地、自觉地对自己的教学活动进行调节和修正,使之达到最佳效果,从而最大限度促进学生的发展。

(4) 课后的反省。在一堂课或一个阶段的课上完后,教学监控能力高的教师会对自己已经上过的课进行回顾和评价,仔细分析自己的课在哪些方面有所成功,在哪些方面还有待改进;而教学监控能力差的教师一般不会认真考虑这些问题。

### (二) 高校教师的情意品质

高校教师的情意品质是指情绪情感和意志方面的品质。高校教师除了需要具备良好的IQ之外,还要具备良好的情商(EQ)和逆境商(AQ)。

EQ反映的是一个人调节和控制情绪的能力,它包括:①情绪的知觉、评估和表达能力;②思维过程中的情绪促进能力;③理解与分析情绪,习得情绪知识的能力;④调节情绪,以促进情绪与智力发展的能力。高EQ的人善于表达自己的情绪和情感,善于控制自己的情绪,而且也善于调控他人的情绪,所以,他们往往拥有良好的人际关系和充分的自信,对环境能很好地适应,能充分发挥自己的能力。

AQ反映的是一个人能否战胜失败和挫折,能否在逆境中发挥自己的能力。在IQ、EQ相差不多时,AQ便对一个人的发展具有决定性的影响。AQ高的人,能迎难而上,充分发挥潜能;而AQ低的人,在困难中则会能力下降,容易沉沦于困境。

IQ、EQ、AQ代表了心理过程的认知、情绪情感、意志。"三Q"都高的人,也是知、情、意和谐统一的人。三足鼎立,奠定了高校教师发展的稳固的心理基石,构成了高校教师最基本的心理素质。

### (三) 高校教师的人格特征

在长期的教育实践中,教师会逐渐形成教师职业角色所需要的某些人格特征,这些人格特征是教师的能力、情绪、需要、动机、兴趣、态度、价值观、气质、性格等方面的有机整合及其在教学过程的表现,它对教师的教育教学效果和学生的身心发展有着直接而显著的影响。

苏联教育家乌申斯基说:"在教育工作中,一切都应该建立在教师人格的基础上。因为只有从教师人格的活的源泉中才能涌现出教育的力量。"在师生关系的建立中，教师的专业学识、教学能力固然重要，但更重要的还是教师的人格品质。一个优秀的高校教师应具备的人格品质包括：热忱关怀，真诚坦率，胸怀宽阔，作风民主，客观公正，自信自强，耐心细致，坚韧果断，热爱教育事业。在这其中，公正、负责、真诚、乐观等品质又是尤其重要的。

### （四）高校教师的心理资本

2004年，美国管理学家路桑斯（Luthans）以积极心理学和积极组织行为学的观点为基础，提出了心理资本的概念。路桑斯认为，心理资本是个体在成长和发展过程中表现出来的一种积极心理状态，是超越人力资本和社会资本的一种心理要素，是促进个人成长和绩效提升的心理资源。具体表现为：①在面对充满挑战性的工作时，有信心（自我效能）并能付出必要的努力来获得成功；②对现在与未来的成功有积极的归因（乐观）；③对目标锲而不舍，为取得成功在必要时能调整实现目标的途径（希望）；④当身处逆境和被问题困扰时，能够持之以恒，迅速复原并超越（韧性），以取得成功。自我效能、乐观、希望、韧性是心理资本的四个要素。①

近年来，教师心理资本的概念受到越来越多学者的关注。在教师心理资本的研究中，更多研究者主张采用二阶模型来构建其结构。柯江林等根据中国国情把心理资本分为事务型和人际型两类，前者包括自信勇敢、乐观希望、奋发进取、坚韧顽强四个要素，后者包括谦虚沉稳、包容宽恕、尊敬礼让、感恩奉献四个要素。②李力认为高校教师心理资本的结构由智慧、自我效能、乐观、幸福感、进取、韧性、自制、感恩、合作、宽恕、爱与信任十一个一阶因子构成，可概括为认知资本、情感资本、意志资本、人际资本四个二阶因子。③关于教师心理资本的已有研究表明，心理资本是一种值得重视、具有广泛应用价值的心理因素，能提高工作绩效和工作投

---

① LUTHANS F, YOUSSEF C M, AVOLIO B J. 心理资本 [M]. 李超平, 译. 北京：中国轻工业出版社, 2008: 1.

② 柯江林, 孙健敏, 李永瑞. 心理资本：本土量表的开发及中西比较 [J]. 心理学报, 2009, 41 (9): 875-888.

③ 李力. 高校教师职业心理资本的差异性研究 [J]. 教育学术月刊, 2013 (11): 60-66.

入，提升工作满意度和幸福感，减少抑郁等消极情绪和职业倦怠。

### 三、高校教师心理素质的提升策略

心理素质是个范围非常广的概念，如果离开高校教师这一职业角色来谈心理素质的提升，那就过于宽泛了。高校教师心理素质的提升是与其职业认同、职业目标的实现密不可分的。因此，高校教师要以增强职业认同感、确定合理的职业目标为出发点，在这个过程中不断认识并发挥自己的优势能力，不断学习和提高，最终达到获得真正安全感的目标。一个拥有真正安全感的人，是一个内心强大的人。

**（一）增强职业的认同感**

职业认同是指一个人对所从事的职业在内心认为它有价值、有意义，并能够从中找到乐趣。职业认同对教师工作的满意度和职业倦怠感水平有直接的影响。有的高校教师虽然工作非常辛苦，却乐在其中，其原因就在于他喜欢高校教师这个职业，有着强烈的职业兴趣和很高的职业认同。有的高校教师选择职业是被动的或不得已的，那么，他就很难有职业认同感，教师职业带给他的往往是倦怠而不是快乐。

如何增强职业认同呢？从高校教师个体而言，主要是要理解高校教师职业的意义，看到职业的价值，体会职业的快乐，把教育工作作为事业而不仅仅是职业来做。有学者把职业状态分为两种，一种是"用生命回应职业的需要"，另一种是"用职业实现生命的价值"。第一种状态，职业作为一种谋生的手段，工作和忙碌只是源于外在的职业要求；第二种状态，是通过职业体现生命的价值，完成自我实现。能达到第二种状态的教师，会始终保持对教师职业的兴趣和热情，较少产生职业倦怠。

**（二）确定合理的职业目标**

如果在工作中没有目标和方向，则不容易看到自己工作的意义。这个目标可以是培养学生和科学研究的成果，也可以是自己学识和能力上的提升；可以是职称的晋升或职位的升迁，也可以是经历的丰富和经验的积累，还可以是经济上的获益。总之，有目标指引的时候，一些琐碎的工作也会变得富有价值和意义。那种确定目标，然后坚定地朝着目标前进的人，会在工作中具有持久的热情。

确定职业目标时，要准确定位，合理规划。虽然说伟大的目标产生伟大的行动，但如果目标太高而脱离自身实际的话，目标就总是无法实现，就会不断影响自己对职业的看法，否定职业的价值。恰当的目标容易带来成功，而成功又能激发新的成功，让自己在工作中不断体验成功是提升心理素质的良好途径。因此，高校教师要根据自身特点，明确自己的优势和劣势，确定合理的职业目标，避免因为定位偏差而造成较大的工作压力和心理困扰。同时，根据职业目标和外界环境制定合理的职业规划，根据职业规划安排自己的工作进度，保持平和的工作心态，避免因为盲目攀比而乱了自己的节奏。

### （三）认识并发挥自己的优势能力

在对智能的理解上，美国心理学家加德纳的多元智能理论或许更具解释力。加德纳认为，人类至少有九种智能，分别是语言智能、逻辑数学智能、视觉空间智能、身体运动智能、音乐智能、人际交往智能、自我认识智能、认识自然的智能和存在智能。① 每个人都拥有相对独立的九种智能，这九种智能以不同方式和不同程度进行组合，从而使每个人的智能各具特色。人的智能结构是多元的，所以人才也是形态各异的。人才就是能充分认识和发挥自己优势能力的人。

大家熟知的"木桶效应"，即木桶的盛水量被短板所限制，要想使盛水量增加，需要将短板加长，这是一种"短板理论"。现在的人才观则应该是"长板理论"，即"核心竞争力理论"，当你把木桶倾斜，木桶的盛水量是由长板决定，而不是短板。因此，高校教师在确定职业目标和职业规划时，要择优发展。当然，高校教师对于自己的短板要有清醒的认识，能够弥补的要尽力弥补，所谓"扬长补短"，让自己的心理素质更加优化；实在不能弥补的可以"扬长避短"，聚焦和发展自己的优势能力，取得成功。

### （四）不断学习和提高

有些高校教师随着岁月的流逝，逐渐丧失了对新知识的热情、对学习

---

① 韩芬. 浅议多元智能理论［J］. 读与写（教育教学刊），2017，14（1）：215.

的兴趣，这使他们无法适应社会和学校的变革。其实，对环境最好的适应，就是不断学习。高校教师作为文化的传播者，更应该不断更新知识，不断提高自己的科研水平和教学能力。教师的专业水平提高了，就能更好地胜任工作，从而不断获得新的成就感；而获得了新的成就感，就会进一步激发对教师职业的热爱。

### （五）追求真正的安全感

著名心理学家弗洛姆曾提出，逃避不安全感是人的一种本能，但获得安全感有不同的方式，由此形成了不同的倾向性。有四种是非生产性倾向性，包括：①接纳倾向性，表现为期待外界的援助；②剥削倾向性，表现为对他人巧取豪夺，信奉强权即真理；③贮藏倾向性，表现为设法贮藏和占有财富，根据财富的多少来评价自己的安全性；④市场倾向性，把价值看成是依赖个人在市场上竞争的成功，其本人也成为出售的商品。这四种倾向性会形成不健康的人格，也无法获得真正的安全感，因为他们都是依赖外界的力量。一旦外界的力量不存在了，他们就会更加惶恐不安。例如，一个具有市场倾向性的人，如果在竞争上岗中失败了，他马上就会全面否定自己的价值，陷入极大的恐慌和不知所措之中，甚至导致心理崩溃。他的安全感完全靠外部的力量来维系，因此是十分脆弱的。和非生产性倾向性相对的是生产性倾向性，是一种健康的人格倾向，其表现为一种自发性或创造性，而不是强迫性，它依赖自我内部的力量而不是外界。①

社会的变革和环境的变化会使人们的不安感和危机感加重，人们也会通过各种方式去寻求安全。那么，究竟怎样才能获得真正的安全感呢？拥有金钱、房子、稳定的工作、社会地位，这无疑会使人感到安全，但这种安全是外界赋予的，是一种外部安全感，它随时可能会失去。高校教师更应该追求一种内心的安全感。这是一种真正的安全感，是相信自己能够处理各种事情、能够适应各种变化的安全感。这种安全感，除了自己能给予自己之外，别人，以及身外的事物，都不能给予。真正的安全感来自于内部，来自于对自我的发现和认识，来自于能不断地自我成长，并开拓自己

---

① 刘学兰. 高校教师面临改革的心理压力与心理调适 [J]. 华南师范大学学报（社会科学版），2001（1）：116 – 121.

的领域。一个拥有真正安全感的人，喜欢探索新的事物，喜欢创新；而一个缺乏安全感的人，就会惧怕未知世界。

## 第三节　高校教师心理健康的维护

随着社会的发展和文化的变迁，随着高等教育改革的深入，随着学生问题呈现的复杂性和多样性，高校教师所面临的心理压力越来越大，出现的心理问题越来越多。如果不重视教师心理健康的维护，那么不仅严重影响高校教师自己的学习、工作和生活，而且必然影响到大学生的心理健康水平。因此，作为高校教师，需要了解心理健康的相关知识，掌握维护自身心理健康的常用策略。

### 一、高校教师的情绪调节

情绪调节是个体管理和改变自己或他人情绪的过程。在这个过程中，通过一定的策略和机制，使情绪在生理活动、主观体验、表情行为等方面达到良好的、适应的、可管理的状态，从而提高活动效率。所谓机制是不需要个体努力和有意识控制的自动化的过程，策略是个体为了调节情绪有意识、有计划地努力。策略的长期使用可能成为新的机制。下面介绍一些高校教师常用的情绪调节策略。

#### （一）认知转换法

改变认知是一种非常重要的调节策略，认知评估是情境与情绪之间重要的中介变量。任何事情都有两面，积极的认知就是在看到事物不利方面的同时，更能看到有利的方面，这种看待问题的方式，容易使人增强信心、情绪饱满。而有的人在看问题时容易"想不开"，使情绪也陷入低落。其实，变换一种看问题的角度，会使自己有完全不同的感受。

认知和情绪有什么关系？如何通过转换认知来调节情绪？在此我们简要介绍一种重要的心理治疗理论——艾利斯（A. Ellis）于20世纪50年代创立的理性情绪行为疗法（REBT）。艾利斯认为，认知、情绪、行为三者有明显的交互作用及因果关系；人们之所以有各种各样的情绪和行为问题，根源在于非理性的信念或认知。①

1. 情绪 ABC 理论

ABC 理论是理性情绪行为疗法的核心理论。在此理论中，A 代表诱发事件（activating events）；B 代表个体对这一事件的看法、解释及评价，即信念（beliefs）；C 代表继这一事件后，个体的情绪反应和行为结果（consequences）。通常人们认为，人的情绪是直接由诱发事件 A 引起的，ABC 理论则认为，诱发事件 A 只是引起情绪和行为反应的间接原因，而人们对诱发事件所持的信念、看法和解释即 B 才是引起情绪和行为反应的更直接的原因。

因此，对于同一个诱发事件，不同的信念可以导致不同的结果。如果 B 是合理的、现实的，那么，由此产生的 C 即情绪与行为也就是适应的；如果 B 是非理性的、不现实的，那么就会带来情绪困扰和不适应的行为。理性情绪行为疗法假设每个人都有进行理性思维的潜能，但又容易不加分辨地接受非理性信念。这些非理性信念是各种情绪和行为问题的真正元凶。

2. 非理性信念的三个特征

艾利斯曾总结出日常生活中常见的 11 类非理性信念。在此基础上，心理学家韦斯勒归纳概括出非理性信念的三个特征：绝对化的要求、过分概括化和糟糕至极。②

第一个特征是绝对化的要求。这是指个体从自己的意愿出发，认为某一事情必定要发生或不会发生的信念。该信念与"必须""应该"这类词联系在一起。比如："我对学生这么好，他们每个人都要尊重我。"怀有这种信念的人极易陷入情绪困扰。因为客观事物的发展有其自身的规律，不可能以个人的意志为转移。所以，当某件事物的发生与其对事物的绝对化要求相悖时，他们就会感到难以接受和适应，从而陷入情绪困扰之中。如何克服这种不合理的信念呢？可以经常进行自我表扬，学会制定现实可行的目标并为取得的部分成功表扬自己，如"大部分学生都尊重我"。

第二个特征是过分概括化。过分概括化是一种以偏概全的不合理的思

---

①② 刘学兰. 中学生心理健康教育［M］. 广州：暨南大学出版社，2012：116.

维方式，其表现是个体对自己或别人不合理的评价，以某一件或某几件事来评价自身或他人的整体价值。例如，"这次课我上砸了，我真无能""职称评审没有过，我很失败"，这种片面的自我否定会导致自责、自卑等心理，产生焦虑、抑郁等情绪。如果将这种评价转向他人，就会导致一味责备别人，并产生愤怒、敌意的情绪。如何消除这种不合理的信念呢？妥当的做法是以评价一个人的具体行为和表现来代替对整个人的评价。换句话说就是"评价一个人的行为而不去评价一个人"。

第三个特征是糟糕至极。这是一种认为如果一件不好的事发生将是非常可怕、非常糟糕，甚至是一场灾难的想法。例如，"我离婚了，我是天底下最痛苦的人""怎么天底下最倒霉的事都让我摊上了"，这些想法之所以是不合理的，是因为对任何一件事情来说，都有比之更坏的情况发生。因此没有一件事情可以被定义为百分之百的糟糕透顶。当一个人认定自己遇到了糟糕透顶的情况时，就会陷入极端不良的负性情绪体验之中。正确的做法是，面对不好的事情，应该努力接受现实，在可能的情况下去改变这种状态，而在不能改变时，就应当去学会如何在这种状态下生活下去。

3. 理性情绪行为疗法的治疗模式

理性情绪行为疗法认为人们的情绪障碍是由于人们的非理性信念造成的。这一疗法的基本目标是帮助来访者摒弃非理性信念，而代之以理性信念，最大限度地减少非理性信念给他们的情绪带来的不良影响。

理性情绪行为疗法的治疗过程可以用 ABCDE 模式来说明。ABC 如前所述，A 代表诱发性事件，B 代表信念，C 代表情绪反应和行为结果。D（disputing irrational beliefs）则代表与非理性信念的辩论，E（effect）代表治疗后所产生的良好感觉和行为效果。这里的关键是 D，即与非理性信念的辩论。与非理性信念的辩论是一种主动性和指导性都很强的认知改变技术，是通过治疗者积极主动地、不断地提问来向来访者的非理性信念进行挑战和质疑，促使来访者积极主动地思考，以动摇他们的非理性信念，并代之以理性的信念。①

---

① 方方. 教师心理健康研究［M］. 北京：人民教育出版社，2003：146.

高校教师在情绪的自我调节中可以运用理性情绪行为疗法的辩论技术，通过自我质疑来发现自己信念中的不现实、不合逻辑之处。例如，下面这些问题都是质疑式提问："我的想法是来自事实还是假设？有什么证据证明我的想法是真实的呢？""那一件事情真的那么可怕吗？我真的不能忍受吗？""是否别人都应该按照我想的那样去做？""为什么那件事情必须如此呢？我一定要得到我想要的吗？"提问的同时，要在实际生活中找出证据，以驳斥非理性的想法。然后，学会用理性的自我陈述来代替非理性的自我陈述，常用的理性陈述句式包括"虽然我不喜欢……，但是我仍然……""虽然到目前为止……，但是我仍然……""虽然我碰到很多困难……，但是还不至于……"等。

### （二）合理宣泄法

合理宣泄法是指人处在不良的情绪状态时，要有意识地采取合理的途径直接或间接地把情绪表达出来。高校教师往往习惯于理性思考，容易忽略宣泄的作用。其实，宣泄法是情绪调节最基本也是最重要的方法之一。对于痛苦、愤怒等不良情绪，不要压抑，不要"默默忍受"，而要采取合理的途径宣泄。所谓合理是指在宣泄时不要伤害自己，不要危害他人，也不要违背社会规范，不要因为自己的宣泄而使他人感到痛苦。宣泄的方法有很多，常用的方法有哭、笑、说、写、听、动。

1. 哭

很多人认为哭是软弱的表现，认同"男儿有泪不轻弹"的说法。其实，当人们情绪不良时，身体内会产生某些毒素，而眼泪能带走这些毒素；同时，哭是一种释放，能让心情变得轻松。哭对于身体健康和心理健康都是有益的。

2. 笑

和哭一样，笑也是一种释放，笑本身就是心情轻松的表现。因此，心情不好时，要尽量让自己笑起来，在笑声中，烦恼和痛苦会得到减轻。看喜剧、漫画、笑话，和幽默的朋友聊聊天，回忆愉快的往事等，都是很好的调节方式。

3. 说

许多人有过这样的体验：情绪不好时，找一个朋友倒倒苦水，倾诉一番，心情会变得好起来，所谓"一吐为快"。那些朋友多、性格外向的人，往往能及时倾诉，因而也就能及时排遣烦恼。而那些"闷葫芦"、一言不发的人，往往长久地陷入情绪的困境而不能自拔。有的人不太愿意倾诉，是因为他们觉得说了"没有用"，对方也不能解决自己的任何现实问题。这个观念是错误的。哪怕对方不能解决自己的任何现实问题，但说的过程本身是有用的，能让一些负面情绪得到宣泄。

4. 写

写也是一种释放的方式。有些话不好对别人说，或者说了还不管用，那就写下来，写信、写日记、写纸条……只要能表达自己的情绪都可以。写出的东西，可以给别人看，也可以只给自己看，或者根本不看。关键不在于写的结果，而在于写的过程。

5. 听

听音乐是一种放松的方式。许多研究表明，音乐具有明显的调节情绪的功能。节奏明快的音乐使人振奋，旋律悠扬的音乐使人宁静。当情绪紧张时，可选择优美、柔和的乐曲；当感到忧郁时，可选择雄壮有力的乐曲。

6. 动

适当的体育运动或体力劳动，能起到宣泄情绪的作用。跑步、踢球、健身、摔打东西，都是缓解不良情绪的方法。如果能在活动中大汗淋漓，则效果更好。"发汗"不仅有助于治疗身体的感冒，而且有助于治疗心理的"感冒"。

（三）自我暗示法

自我暗示是指自己有意识地将某种观念不断强化来影响自我的情绪和行为。常用的自我暗示法包括利用语言的自我暗示、利用环境的自我暗示、利用动作的自我暗示、利用心理图像的自我暗示等。心理学研究表明，正确、积极的自我暗示不仅可以增强个体的自信心，提高个体的动机水平和活动效率，而且可以有效地调节个体的情绪。在情绪不好的时候，可以设计一些积极的语言来暗示自己，让自己的情绪发生转变。例如，情绪容易低落的人，经常对自己说"今天心情不错""我今天感觉很好"；容易愤怒的人，可以暗示自己"我要冷静些，发怒是解决不了问题的"。另外，也可以通过改变一些行为来暗示自己，以调节情绪。例如，改变面部表情，对自己微笑；改变行走姿势，抬头挺胸，昂首阔步。经常运用自我暗示的方法，能增强自我对情绪的调控能力。久而久之，它们就会成为个体的反应机制。

（四）活动转移法

这是指在情绪高度紧张或被负面情绪所困扰时，通过从事一些自己感兴趣的，并且较为轻松和有趣的活动，把注意力从引起不良情绪的事件或事物中转移开来，从而缓解不良情绪。转移注意力的活动应是自己感兴趣的活动，从事该类活动，可以感受到愉悦。例如，失恋了心里难过，为了缓解失恋后的痛苦，可以去旅游，去参加朋友聚会，去看看电影，去下下棋、打打球。

（五）身体放松法

当情绪紧张、身心疲惫、焦虑不安时，可以采用放松技术进行自我调节。常用的身体放松技术有以下几种。

1. 深呼吸放松法

在安静的环境中，自然站立，双肩自然下垂，两眼微闭，然后做缓慢的深呼吸，深深地吸气，慢慢地呼气。一般持续几分钟即可达到放松的目的。

2. 想象放松法

选择安静的环境，舒服地坐在沙发上，闭上眼睛，全身放松，想象一些美好的景象、幸福的经历，例如想象自己在大海边，仰卧在柔软的沙滩上，感受着温暖的阳光，听着海浪拍岸的声音。海风轻轻吹来，又悄然离去，感到身子好像悬浮在蔚蓝而宁静的大海上，全身感到温暖而沉重……试着感受这种安详和平静，想象自己的身体和头脑正在恢复活力。5~10分钟后，慢慢睁开眼睛，伸展全身。

3. 肌肉放松法

这是通过循序交替收缩和放松自己的骨骼肌群，细心体会个人肌肉的松紧程度，最终达到缓解个体紧张和焦虑状态的一种自我训练方式。放松动作要领是，先使该部位肌肉紧张，保持紧张状态10秒钟，然后慢慢放松，并注意体验放松时的感觉，如发热、沉重等。放松时伴随想象，例如想象一股暖流从头顶慢慢流向全身。

需要指出的是，情绪调节的目标并不是让自己永远没有负面情绪。身处复杂的环境之中，负面情绪的出现是必然的，没有可能也没有必要完全消除负面情绪。情绪调节的目标是当负面情绪产生的时候，能尽快接受它、认识它、化解它，并且能把负面情绪转化为积极的力量。

## 二、高校教师的压力管理

压力管理是指对压力的主动调节和有效应对，使之保持适度的水平，压力太小时需要增加，压力太大时需要减轻。但高校教师更容易感受到的是过度的压力，所以，压力管理策略也主要是从如何应对过度压力的角度来谈。

### （一）觉察压力的预警信号

要有效地管理压力，首先要觉察到压力的存在。严重的压力反应往往存在着预警信号，觉察这些信号，能帮助我们及早发现压力，辨别压力是否过度，从而及时调整工作和生活模式。压力的预警信号主要包括以下几种。

1. 生理信号

头疼的频率和程度不断增加；肌肉紧张，尤其是头部、颈部、肩部和背部的肌肉紧张；皮肤对压力特别敏感，皮肤干燥、有斑点和刺痛都是典型的压力反应征兆；消化系统问题，如胃痛、消化不良或溃疡扩散；心悸和胸部疼痛等。

2. 情绪信号

容易烦躁，喜怒无常；焦虑、消沉和经常性的忧愁；出现疑病的心理倾向；性格发生变化，如爱整洁的人变得邋遢，细心的人变得粗心，个人原有的一些不良性格会进一步趋于严重；丧失信心，自暴自弃；情感的自控力下降，极端性情绪的发生频率增加，经常烦躁不安，歇斯底里；自我评价降低；感觉精力枯竭且缺乏积极性；对人或事产生疏远感。

3. 精神信号

注意力不集中，经常有视而不见、听而不闻的现象；经常有思维中断的现象，经常遗忘正在谈论和思索的事情；优柔寡断；记忆力减退；判断力差；思维紊乱，分析能力下降；持续地对自己及周围环境持消极态度。

### （二）采取积极主动的压力应对方式

应对是指人们为了防止压力对自己的伤害而做出的努力。面临压力，不同的人会采取不同的应对方式，有的应对方式是健康、积极的，而有的是不适当的。例如，面临高校人事制度改革，有的教师等待观望，有的怨天尤人，有的找领导哭闹，这都是对压力的不适当应付。如果能转变观念，主动参与竞争，不断提高自己，则是一种更为积极的方式。又如，面临工作任务繁重，有的教师敷衍应付，有的牺牲所有的休息时间拼命加班加点，这也都是对压力的不适当应对。如果能分析一下工作任务，分清轻重缓急，合理分配时间，或主动寻求帮助，都是一种更为积极的方式。

按照个体的积极性来分，可以把应对分为主动认知应对模式、主动行为应对模式和回避型应对模式三种。主动认知应对模式表现为：从有利方面看待压力；回忆和吸取过去的经验；考虑多种变通方法等。主动行为应对模式表现为：向专家求教；不等待而采取积极行动；找出应激情境中更多的信息，做有益于事态发展的事情等。回避型应对模式表现为：封闭情感，自我忍受；多用吸烟、喝酒来消除紧张等。研究表明，主动认知应对模式和主动行为应对模式更有利于身心健康。

按照应对的指向性来分，可以把应对分为情绪指向的应对和问题指向的应对。情绪指向的应对是指个体试图控制和减弱压力源带来的负性情绪，如愤怒、受挫感和恐惧等，但不去改变压力源本身；问题指向的应对是指通过直接的行动来改变压力源，处理引起压力的事件本身，分析问题，思考解决问题的办法，最后动手解决。情绪指向应对模式对于应付那些不可控的压力源更为有效，而问题指向应对模式对于应付那些可控的压力源更为有效。例如，"亲人去世"这一压力源本身是没有办法改变的，但可以通过情绪指向的应对来减轻负性情绪；而"很多工作没有完成"这一压力源是可以解决的，就可以通过问题指向的应对来消除它。

### （三）寻找和化解压力源

当感到有压力时，首先要找到压力源，分析哪些事件或情境给自己带来压力，它们为什么给自己带来压力，哪些压力源是可以控制和化解的，哪些是无法化解的。如果压力源是可以改变和控制的，就应该采取主动行为应对模式和问题指向的应对模式,直接针对压力源去解决问题。

一般而言,化解压力源的过程包括以下步骤:①认清压力事件的性质;②理性思考及分析问题事件的来龙去脉;③确认个人对问题的处理能力;④积极寻求能帮助解决问题的信息,包括如何动用家庭及社会支持系统;⑤运用问题解决技巧,拟订解决计划;⑥积极处理问题。如果自己已经尽力,问题仍然不能在短时间内解决,则表示问题本身处理的难度过高,有可能需要长期奋战,或长期承受。这时,可以动用其他策略,如改变认知或缓解压力下的各种情绪。

### (四) 合理管理时间

如果有太多的压力源需要解决,还要学会运用有效的时间管理策略,提高工作效率,克服拖延习惯。斯蒂芬·科维(Setphen Covey)在其代表作《高效能人士的七个习惯》和《要事第一》中,提出了有效时间管理的理论方法。他把压力事件按照重要性和紧急性两个维度分为四个象限或四个类型(如图7-1所示),强调要围绕事情的轻重缓急来安排自己的时间和精力。紧急的事情不一定要优先,要围绕重要的事情来做。①

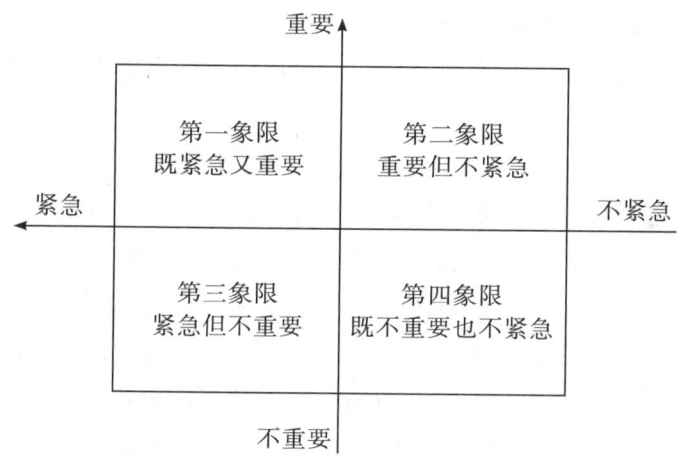

图7-1 压力事件的两个维度四个象限模型

---

① 崔继红,李梦哲. 教师的职业生涯与规划 [M]. 吉林:吉林文史出版社,2013:195.

第一象限是既紧急又重要的工作，通常是一些需要立刻完成的任务或需要处理的危机，这种工作会大大提高自身的压力水平，如赶写一个报告、参加一个重要会议等。如果每天忙于处理这类工作，是谈不上有效管理时间的。第二象限是重要但不紧急的工作，如半年之后要参加一次重要考试。第三象限是紧急但不重要的工作，如接不太重要的电话。第四象限是既不重要也不紧急的工作，如整理一下自己的办公桌。有效管理时间的关键在于要将更多的时间用在第二象限的工作上，即要处理好那些重要但不紧急的工作，这类事情我们很容易拖延而把它变成重要且紧急的工作。只有通过去做第二象限的工作，才能消除第一象限内的工作的压力，并且可以防止危机和问题的出现，从而降低压力水平。同时，要尽量缩短消耗在第三和第四象限内工作的时间，这些不重要的事情可以授权给其他人去做。

高校教师要确定工作的优先顺序，分清事情的轻重缓急，围绕事情的轻重缓急来安排自己的时间和精力。有效管理时间的关键是将更多的时间用于重要但不紧急的工作上。只有这一部分工作做好了，才能有效地缓解压力，避免危机情况出现。

**（五）改变对压力和压力事件的认知**

改变认知是应对压力的重要方式，尤其是当压力源无法化解时，改变认知可以减轻压力感。

首先，要改变对压力的看法。不要把压力看成是完全负面的东西，要认识到压力的积极意义。要对压力有明确的认识和接受的态度，认识到压力及其反应不是个性的弱点和能力的不足，而是人人都会体验到的正常心理现象，是不可避免的。当个体试图逃避压力的时候，压力就有可能带给个体更大的危害。有的高校教师在压力大的时候，总是幻想着如何逃避，例如幻想着换一个轻松的没有压力的工作。其实在现代社会，不管从事什么职业，压力都是不可避免的，只要还在工作，就无处可逃。认识到这一点，才会有应对压力的积极态度。

其次，要改变对自己抗压能力的看法。事实上，大多数人能够承受的压力都超出自己的想象。认识到这一点，会增强应对压力的信心和勇气。美国麻省大学阿默斯特学院曾进行过一项很有意思的实验，实验人员用很多铁圈将一个小南瓜整个箍住,以观察南瓜逐渐长大时,对这个铁圈的压力有多大。最初,他们估计南瓜最多能够承受大约 500 磅①的压力。在实验的第一个月,南瓜承受了 500 磅的压力;第二个月,南瓜承受了 1 500 磅的压力;当南瓜承受了 2 000 磅的压力时,研究人员必须对铁圈进行加固,以免南瓜将铁圈撑开。最后整个南瓜承受了超过 5 000 磅的压力后瓜皮才破裂。研究人员打开南瓜后发现,它已经无法食用,因为它的中间充满了坚韧牢固的纤维,试图突破包围它的铁圈。为了吸收充足的养分以突破限制它成长的铁圈,它的根部甚至延展超过八万英尺②,最后这个南瓜独自控制了整个花园的土壤和资源。③ 人类同样如此,可以在压力中生存,但当个体长期处于高压状态,他的行为方式可能发生改变,就像南瓜的畸形改变一样。所以,高校教师一方面要对自己承受压力的能力有信心,另一方面又要寻找一条不危害身心健康的抗压之路。

最后,要改变对压力事件的看法。同样的事件,从不同的角度去看,会有完全不同的感受。面对半杯水,有的人说"太好了,还有半杯水",而有的人却说"真倒霉,只剩半杯水了"。前一种人是善于驾驭压力的人,因为他经常从积极的角度来看待问题;而后一种人是自寻烦恼的人,因为他看问题的角度是消极悲观的。如果能对压力事件赋予积极的意义,个体的压力感就会减轻。

### (六)主动寻求社会支持

社会支持是指一个人通过社会联系从他人那里所能获得的精神支持。社会支持是一种特定的人际关系,是他人提供的一种资源,有了它,也就意味着知道有可以信赖的人在尊重、照顾和爱护自己。父母、夫妻、朋友、教师、同事、同学、专业人士等,都是重要的社会支持力量。研究表明,社会支持水平会直接影响个体的心理健康水平,社会支持水平越高,心理健康水平越高,主观幸福度越高,心理症状越少。

---

① 1 磅≈0.453 6 千克。
② 1 英尺≈0.304 8 米。
③ 伍新春,张军. 教师职业倦怠预防 [M]. 北京:中国轻工业出版社,2008:111.

主动寻求社会支持是高校教师应对压力和调节情绪的有效手段。高校教师的工作无论是教学还是科研，都是以个体化劳动为主，跟学校、学院和同事的联系也相对松散，容易产生孤独感。因此，高校教师更要重视和亲朋好友的交往，多和同事交流，乐于合群。寻求社会支持一般包括两方面的内容：一是寻求情感上的支持，如向别人倾诉、获得他人的安慰和鼓励等；二是寻求工具性的支持，如征求他人的意见、多方信息咨询、与能够提供具体帮助的人商讨等。

### （七）养成健康的生活方式

健康的生活方式有助于人们更好地应对压力。高校教师要学会劳逸结合，合理安排自己的生活，特别要注意以下几点：第一，作息规律，不要熬夜。高校教师的工作性质决定了工作和生活的界限不清晰，没有固定的上下班时间和休息时间。这使得不少教师生活作息无规律，常常为了备课、写论文等加班加点，甚至通宵达旦，这很容易导致一些心理问题和生理问题。所以，高校教师一定要合理管理时间，坚持有规律的作息。第二，给自己留出休闲和放松的时间。有的教师总在想，等忙完了这一段时间就轻松一下，但事情源源不断，永远没有忙完的一天，也就永远没有休息的时候。于是，许多教师都慨叹"没有自己的时间"。其实归根到底，时间还是掌握在自己手上的，只要合理安排，总可以给自己留出一些休闲时间，如晚餐后散步半小时，每周和朋友打一次球等。第三，加强体育锻炼。适度、适量的体育锻炼可以帮助教师减轻压力，一方面，在体育锻炼中，人的注意力得到转移，身心得到松弛；另一方面，锻炼能增强体质，使人精力充沛，从而提高人的心理承受能力。高校教师在认识上都非常肯定体育锻炼的积极作用，但参加体育锻炼的实际情形却不容乐观，因此要养成锻炼的习惯，坚持锻炼。

## 三、高校教师的挫折调适

所谓挫折心理是指人们在追求某种目标的活动过程中，受到阻碍或干扰，致使目标不能实现时所产生的紧张、焦虑、抑郁、愤怒等消极的情绪体验。人生不如意十之八九，每个人都会遭受许多挫折，申请项目失败、晋升职称不顺、家庭失和、被领导批评、被学生投诉等，都是高校教师经常遇到的挫折情境，都有可能产生挫折感。挫折感是一种消极的情绪体验，处理得不好，可能导致各种心理和行为问题，影响正常的生活和工作。那么，作为高校教师，如何对挫折心理进行自我调适呢？

### （一）消除动机冲突

高校教师在日常生活中，经常同时产生两个或两个以上的动机。假如这些并存的动机无法同时获得满足，就会产生难以抉择的心理状态，即产生动机冲突。例如，既想继续攻读学位，又担心时间和精力不允许。动机冲突与挫折的产生有密切联系，长久的动机冲突导致目标不能确定，或对目标实现造成严重干扰，这些都是挫折感的重要来源。因此，高校教师要掌握消除动机冲突的方法。针对不同情况，可采取下列方法去解决动机冲突。

1. 理智分析，做出选择

面对动机冲突，要结合动机的性质、自己的目标、现实的条件等多方面的因素进行理智分析，从而做出理性选择。

首先，选择时要以正确的世界观为导向。在面对原则性的动机冲突时，当个人的需要违背国家或集体的利益或社会道德准则时，正确的世界观可以抑制不恰当的需要和愿望，从而做出正确选择。

其次，选择时要考虑自己的理想和高层次的需要。如果是非原则性的动机冲突，要以自己的理想和目标为出发点，选择那些有利于实现自己理想和目标的动机。动机是在需要的基础上产生的，有的动机是为满足生理需要，而有的动机是为了满足爱的需要或自尊的需要，有的动机是为了满足自我实现的需要。教师要选择那些建立在较高需要层次上的动机。当然，在选择时，还要结合现实的条件，使自己的选择在当前的现实条件下具有可行性。例如，有的高校教师既想努力工作，取得好的业绩，又想找点兼职，改善经济状况，从而陷入冲突。对此，要认识到高校教师的主要任务是教学和科研，其他工作应在不影响这一主要任务的前提下进行。如果兼职已经影响了正常工作，就应该放弃或调整。

2. 折中处理，两面兼顾

如果两种动机都没有办法放弃，也可以接受这种并存状态，但需要适当降低两种动机的强度,折中处理,两面兼顾。例如,一个女教师,一方面想照顾家庭,做一个好妻子和好母亲;另一方面又想干好事业,做一个优秀教师。但时间和精力有限,无法两方面都尽善尽美。如果全身心照顾家庭,在事业上就难有发展;如果全身心投入事业,则家庭又无人照料。家庭和事业都没有办法放弃,在此情境下,只有采取折中的办法,在有限的时间和精力之内,兼顾事业和家庭。

3. 以退为进,迂回而取

有些目标在实现的过程中,会受到现实条件的阻碍,而这种现实条件又非个人能力所能克服。这时如果不顾客观事实的限制鲁莽从事,只会导致失败。此时可以采取以退为进、迂回而取的办法,暂时放弃某一目标,等到条件具备或矛盾解决后再重新行动。例如,某个教师很喜欢一所学校,想调到这所学校,但必须从事一个与所学专业无关的工作。是做还是不做?这时,可以以退为进,先接受这份工作,边干边寻找专业工作的机会。

4. 果断选择,不要犹豫

优柔寡断、犹豫不决只会增加心理压力,只有做出选择才能最终解决心理冲突。在大多数情况下,做出选择之所以困难,往往是不愿承担这种选择所带来的后果。没有什么选择是十全十美的,任何选择都可能伴随着失去。因此,做出选择的过程是需要自己付出一些代价的。我们所能做的就是在各种各样可能的选择之间,寻找一种既能最大限度符合自己理想和需要,同时又付出最小代价的选择。如果不想付出任何代价,也就无法做出任何选择。14世纪时,法国哲学家布利丹写过这样一个故事:一头饥饿的驴子来到两个草堆之间,左顾右盼,无法选择,不知道该吃哪一堆草,最后竟然饿死在草堆旁。勇敢、果断地选择,并对自己的选择负责,是一个人心理成熟的表现。千万不要成为布利丹的驴子,因为优柔寡断而失去了一切机会。

**(二)全面认识挫折**

首先,高校教师要认识到挫折的不可避免性。在人生的道路上,谁都不可能一帆风顺,每个人都会遇到各种挑战和可能处于逆境,受到不同程度的挫折。因此,要有承受挫折的思想准备,这样在遭受挫折时就会有克服困难的勇气，而不致怨天尤人。

其次，高校教师要认识到挫折的积极意义。挫折对心理的影响当然有消极的一面，例如产生紧张、愤怒、焦虑等消极情绪，减弱认知能力，影响个体实现目标的积极性，并且减弱自我控制能力，导致行为偏差。但挫折也具有积极的一面，这种积极性表现在这样几个方面：①提高认识水平。"吃一堑，长一智"，挫折是一所学校，逆境是达到真理的一条通路，个体能从挫折中学到很多东西。②增强个体情绪反应的力量，激发斗志，所谓愈挫愈奋、屡败屡战。③增强个体的挫折承受力。没有受过挫折的人往往脆弱，历尽挫折的人往往坚韧。提高挫折承受力的最佳办法就是实实在在地经受一些挫折。正如孟子所说："故天将降大任于斯人也，必先苦其心志，劳其筋骨，饿其体肤，空乏其身，行拂乱其所为，所以动心忍性，曾益其所不能。"可见，挫折是一把"双刃剑"，既可以发挥消极作用，又可以发挥积极作用，问题的关键在于教师如何去对待。

（三）理智分析挫折

面对挫折，要客观、全面地分析目标是否恰当、方法是否可行、阻力来自何方、今后如何行动，要善于从失败中总结经验教训，对自身的某些不足进行纠正，并积极开始新的行动，变失败为成功。在对挫折的分析中，要特别注意分析是否有合理的目标、恰当的策略和足够的努力。

调整不现实的目标是理智分析挫折的重要组成部分。挫折是由于不能实现目标而产生的，因此目标一定要恰当，要适合自己的实际情况。如果目标总是不能实现，不仅会使人经常产生挫折感，而且还会不断影响或伤害自己对自己的看法，丧失自信。高校教师要懂得根据现实环境确定和调整自己的目标。有的时候这一目标实现不了，可以暂时放弃，以另一方面的成功来补偿，这样可以减轻目标受阻而产生的压力。在确定目标时，教师要记住：特定的目标比模糊的目标好，现实的目标比不现实的目标好。

如果目标合理但又不能实现，就要分析策略是否恰当。在某些情境中，个体的目标受挫是因为采用了错误的方式，因而要认真对策略进行分析，尝试使用不同的方法。如果目标合理，策略也恰当，但仍然失败，就要考虑是否足够努力，要激励自己加倍努力以达到目标。

### （四）有效应对挫折

在理智分析挫折的基础上，要采取各种方法有效应对挫折。

1. 合理化作用

合理化作用是指给自己的失败或挫折一种"合理化"的解释。虽然这些理由是不全面、不客观甚至不合逻辑的，但个体却可以以这些理由来安慰自己，以减少挫折感。所谓"酸葡萄效应"就是一种合理化的解释。合理化作用能缓解挫折所带来的消极情绪，从这点来说，它具有积极的意义。

2. 理喻作用

合理化作用着重于消除不良情绪和维持内心平衡，并没有真正地解决问题。理喻作用是在理智分析挫折的基础之上，找到达到目标的办法，并积极地付诸行动。理喻作用重点关注以下几个方面：第一，问问挫折"是什么"，即对自己正在经受的挫折有明确的意识；第二，想想挫折"为什么"，即寻找导致挫折的原因；第三，面对挫折"怎么办"，即如何采取合理有效的应对策略，是调整目标，还是增强努力，或是改变策略；第四，看看消除挫折"怎么样"，即监督、巩固心理调适的成效，看看应对挫折的策略有没有发挥作用。

3. 补偿作用

当个体因为自身的缺陷或社会环境的客观原因而不能达到目标时，可以放弃原有目标，以另一方面的成功来加以补偿。例如，一位教师多次竞聘领导岗位失败，遂放弃这一目标，专心教学和研究，取得了优秀的教学业绩和丰富的研究成果，职务未能升迁的挫折得到了补偿。

4. 升华作用

个体受挫之后，将敌对、愤怒、绝望、自责等消极情绪，都做一种积极的处理，转化为一种高尚的表达，所谓化悲痛为力量、化失败为动力即属此类。升华既转移了原有的情绪情感，达到了内心平衡，又创造了积极的价值。歌德因为失恋写出了《少年维特之烦恼》，司马迁受刑而作《史记》，都是一种升华。失恋之后很痛苦怎么办？不妨升华自己的情感，把失恋后的痛苦转化为积极向上的力量，强化自己教书育人的责任感和使命感，努力工作，充实自己的生活。

另外，挫折感会伴随着各种消极的情绪体验，要主动加以调节。高校教师可以通过宣泄、放松、转移注意力等各种方法缓解或消除这些消极情绪。

### 四、维护高校教师心理健康的组织策略

要维护高校教师的心理健康，单让他们进行自我调适是不够的，从某种意义上来说，也是不负责任的。作为学校，应从改进管理入手，帮助教师更好地适应工作环境，减少心理问题的发生。

#### （一）维持教师适度的工作压力

过低或过高的工作压力是造成职业倦怠的直接原因，因此，学校管理者要通过各种方法让教师的工作压力维持在适度的水平。

首先，工作任务安排合理。当教师的工作任务比较具体而富有挑战性，并能及时得到反馈时，他们的工作动机和工作绩效就会提高，其压力也会得到减轻。

其次，可以增强教师对工作计划、执行和评估的控制程度。例如，给教师布置任务要强调任务的完整性（尽量让教师从头至尾做一件工作，做整个工作，而不是零敲碎打）、任务的意义、工作的自主权（让教师有权制订工作进度，做出决策和确定完成工作的手段）、工作的反馈（让教师能清楚而直接地了解工作的结果和完成情况）。当教师能对工作的整个过程有效控制的时候，他的压力也会减轻。

再次，高校要尽量减少不必要的评估、检查和竞赛等，简化过于烦琐和僵化的量化评价体制，减少一些非教学、非科研的任务，让高校教师能安心从事教学和科研工作。

#### （二）促进教师的职业发展

职业发展受限或不顺利是高校教师产生心理困扰的重要原因。例如，评不上职称、拿不到课题、发不了文章、站不稳讲台等，都会带给教师消极感受。因此，学校应该根据高校教师的职业特点，采取有效措施，构建积极的支持系统，满足教师的职业发展需要。规章制度的制定要遵循教师的发展规律，为教师的成长提供保障和支持。例如，对青年教师，学校为

其提供必要的协助、培训、辅导是非常重要的,要对他们给予教学和科研上的指导,通过教学团队、科研团队的建设引领青年教师成长。

### (三) 营造和谐的组织氛围

学校组织氛围是指一所学校区别于另一所学校的心理特征,主要包括学校成员共同的价值观念、社会信念、文化氛围等。不良的组织氛围不仅导致工作绩效低,而且也容易导致教师的职业倦怠。有研究表明,学校组织气氛与教师职业倦怠有显著相关。规章制度是学校组织氛围的重要体现,加强学校组织氛围建设的一项重要措施就是要合理制定和不断完善各项规章制度。在制定规章制度时,要注意多从"心理"这一层面加以考虑,使其符合教师的心理特点。

为了促进教师的心理健康,高校在营造组织氛围时,要特别注意以下几点:第一,实行民主管理,赋予教师更多的自主权;第二,肯定教师的成绩,建立赏罚分明的激励机制;第三,倡导教师间的交流和沟通,加强教师间的合作。

### (四) 为教师制订身心健康计划

学校要主动为教师提供各种活动以提高其心理素质,促进其身心健康。可以有组织、有计划地进行一些心理测验与调查,开展心理咨询和心理辅导,举行心理讲座或座谈会,开展拓展训练,增加教师心理宣泄的途径等。同时,学校要定期为教师举行各种文体活动,使教师放松身心。

### (五) 依托专业机构实施 EAP

有条件的高校可以和专门机构合作,在学校实施"员工援助计划"(employee assistance program,简称 EAP)。员工援助计划是由组织为其员工设置的一项长期的、系统的服务项目,具体措施是通过专业人员对组织进行调研和诊断后,为员工及其直系亲属提供专业的指导、培训和咨询,帮助解决员工及其亲属的心理和行为问题,以维护员工的心理健康,进而提高工作绩效。同时,专业人员在帮助员工解决个人问题的时候,可发现组织在管理上所存在的问题,为改进和完善其管理体制提供建议,从而帮助组织提高管理效能。

EAP 涵盖人际关系、职业规划、恋爱婚姻、亲子关系、组织管理、团队建设和情绪辅导等领域，主要内容包括：第一，压力与情绪处理。将对工作影响最大的个人情绪作为重点，帮助员工管理压力，调节情绪，激发活力，走出心理低谷，促进心理健康。第二，生活与家庭问题。帮助员工解决恋爱、婚姻、家庭、子女教育等方面的问题，大幅度减少影响工作的因素，提升员工的工作绩效。第三，人际关系。解决沟通障碍，为上下级在工作中产生的隔阂与障碍进行有方向的疏导，将部门间的矛盾予以影响最小化的处理。第四，职业生涯规划。为员工找到自己的合理定位，克服职业倦怠，扬长避短、用己所长来体现工作与生活的价值。

在高校实施EAP，无疑为高校教师心理健康的维护提供了系统而专业的途径。王玉倩研究了广东省高校教师职业倦怠、组织支持与EAP需求和使用，调查了广东省60多所高校的1 109名教师，结果显示，广东高校部分教师存在职业倦怠问题，但感受到的组织支持较少。调查还发现，广东高校教师对EAP的主观需求相对较强，但对EAP的实际使用相对较少，其中被动使用多于主动求助。① 因此，需要对高校教师进行心理健康方面的宣传教育，鼓励他们在心理有困扰的时候主动寻求外界的支持和帮助。高校可以依托校外的专业机构，或者依托本校的工会、党支部、女工委、心理咨询中心等机构开展EAP服务。

---

① 王玉倩. 广东省高校教师职业倦怠、组织支持与EAP需求和使用的调查研究[D]. 广州：华南理工大学，2017.

# 第八章
## 广东高校心理育人工作的实践与特色

改革开放以来,广东高校紧密围绕培养社会主义建设者和接班人的核心任务,立足于社会主义发展不同阶段出现的新情况、新问题,不断探索、勇于实践,逐渐形成了具有特色的高校心理育人的内容体系和工作机制。例如,通过设置心理健康教育与咨询区域中心来推动各高校规范化、标准化建设心理健康教育与咨询工作;通过构建"学校—院系—年级—宿舍—医院"五级心理危机防范工作体系,充分调动各方积极力量来实现学生心理危机的全方位预防、预警和干预;通过开展心理情景剧、心理健康活动月等心理健康教育活动,多形式、多途径地开展心理健康知识普及工作,提升学生心理素质。经过20多年的实践与探索,广东高校涌现出以华南师范大学全天候心理咨询专业服务、南方心理在线心理网站及"华南师大心理咨询研究中心"微信平台,广东工业大学心烛团队,广东外语外贸大学心理危机援助队,华南农业大学二级心理辅导站等为代表的特色做法或品牌项目。

## 第一节　广东高校心理育人工作的实践

### 一、健全心理育人教学课程体系，实现心理健康教育全覆盖

高校心理健康教育课程是高校开展大学生心理健康教育的重要媒介。广东高校在优化课程体系、覆盖全体学生方面，近年来进行了一些探索。

#### （一）面向全体学生开设心理健康教育选修和辅修课程

中共教育部党组在2018年7月印发的《高等学校学生心理健康教育指导纲要》明确提出：健全心理健康教育课程体系，结合实际，把心理健康教育课程纳入学校整体教学计划，规范课程设置，对新生开设心理健康教育公共必修课，大力倡导面向全体学生开设心理健康教育选修和辅修课程，实现大学生心理健康教育全覆盖。公共必修课程原则上应设置2个学分、32~36个学时。

广东作为改革开放的前沿阵地，早在2000年初就在心理健康教育课程建设方面进行了一些有益探索。目前广东省大部分高校已将大学生心理健康教育列为必修课程。例如，广东工业大学、广州中医药大学、广州大学、暨南大学等院校都面向大一学生开设了必修课"大学生心理健康教育"，设置1~2个学分，师资队伍由本校心理学院、心理咨询中心专业教师及有心理学背景或有国家二级心理咨询师资质的院系辅导员组成。华南农业大学、广东药学院等部分院校则开设了"大学生心理健康"等多门限制性选修课程，设置1~2个学分。部分高校开设课程情况详见表8-1。

表8-1　广东省部分高校心理健康课程开设情况表

| 院校 | 广东工业大学 | 广州中医药大学 | 广州大学 | 广东外语外贸大学 | 暨南大学 | 华南农业大学 | 广东药学院 |
| --- | --- | --- | --- | --- | --- | --- | --- |
| 课程名称 | 大学生心理健康教育 | 大学生心理健康教育 | 大学生心理健康教育 | 大学生心理与训练 | 大学生心理健康教育 | 大学生心理健康 | 大学生心理健康 |

续上表

| 院校 | 广东工业大学 | 广州中医药大学 | 广州大学 | 广东外语外贸大学 | 暨南大学 | 华南农业大学 | 广东药学院 |
|---|---|---|---|---|---|---|---|
| 形式 | 必修课 | 必修课 | 必修课 | 限选课 | 必修课 | 限选课 | 限选课 |
| 学分 | 1.5 | 2 | 1 | 2 | 2 | 2 | 1 |
| 学时 | 24学时授课12学时，实践12学时 | 34学时 | 16学时理论8学时，实践8学时 | 心理30学时，生理6学时 | 32学时 | 34学时 | 18学时 |
| 对象 | 大一 | 大一 | 大一 | 大一 | 大一 | 大一至大三 | 大一 |
| 师资 | 心理中心专业教师、有心理学背景或国家二级心理咨询师资质的辅导员 | 经管学院心理系专业教师、心理中心专业教师、有心理学背景或国家二级心理咨询师资质的辅导员 | 心理中心专业教师、有心理学背景或国家二级心理咨询师资质的辅导员 | 心理中心专业教师、有心理学背景或国家二级心理咨询师资质的辅导员 | 心理中心专业教师、辅导员及有资质的兼职心理咨询师 | 心理中心专业教师、院系辅导员 | 精神卫生与医学系专业教师、心理中心专业教师 |

### （二）完善心理健康教育课程体系内容

综合广东省各高校开设课程的内容来看，主要围绕以下内容开展：①心理健康概述。通过概述，使学生基本掌握心理及心理健康的基本理论知识，例如，什么是心理健康、心理健康的标准、大学生常见的心理问题成因及解决办法等。②适应性教育。新生刚刚进入大学，不仅需要面对新的自然环境和人际环境，还要面对学习方式方法的改变，自然会产生一定不适应症状。适应性教育能够帮助大学生学会通过自我调节来解决适应性问题。③学习心理与考试焦虑。学习是大学生活的重要组成部分，学习压力也是大学生心理问题产生的一个主要因素。因此，必须针对大学生的学习心理进行指导，帮助大学生掌握学习方法，提高学习效率，树立良好的学习心态。④情绪情感教育。大学生处于青春期的后期，情绪还不是很稳定，情感体验比较敏感，还不能自行有效地自我调节。特别是一些大学生面临着谈恋爱带来的一些困惑并由此引发一定的心理问题。情绪以及情感教育能够帮助大学生了解自身情绪变化的特点，学会合理地、恰当地表达自己的情绪，体察别人的情绪和情感，形成适当的情绪反应能力，避免情绪较大的波动，学会科学地调控自己的情绪，培养积极的情绪，疏导消极情绪。⑤自我意识和人格教育。培养大学生具有健全的人格是大学生心理健康教育的重要内容。培养大学生健全的人格，就是要使大学生了解健全人格的特点和自我的个性特点，有意识地培养科学的世界观、人生观和价值观，培养自我教育、自我提升的能力，形成健全的人格。⑥挫折与意志力教育。意志力是衡量心理素质的重要标准。现在一些大学生意志力薄弱，阻碍了自身的发展。加强大学生的意志教育，使大学生充分认识意志在其成长过程中的重要作用，帮助大学生提高自我调节、克服困难的能力，增强心理承受能力，培养果断、自制、坚持的意志品质。⑦人际交往教育。大学生每个人都要面对大学全新的人际关系，处理人际关系是大学生不可避免的问题。因此，只有掌握好人际关系处理的规律，才能使大学生在日常的学习生活中充分地发挥自己的才干，实现自我的提升，充分展现自我能力。反之，则会带来因人际关系而引发的心理问题。因此，加强大学生的人际交往教育，对帮助大学生掌握交际交往的基本规范和技巧具有重要意义。⑧恋爱与性心理健康教育。大学生处于后青春期阶段，有关性的话题是广大大学生普遍关心的敏感隐私话题。大学生心理健康教育课应帮助大学生正确对待恋爱和性心理问题，理智处理好爱情与性的问题，使大学生形成正确的恋爱和性心理观念。⑨生命教育。⑩职业生涯教育。

可见，广东高校大学生心理健康教育课程体系充分考虑大学生的心理发展规律和特点，科学规范教学内容，切实优化教育教学方法，教学内容设计注重理论联系实际，力求贴近学生，通过案例教学、体验活动、行为训练等多种形式提高课堂教学效果，通过教学研究和改革不断提升教学质量。例如,广州大学开设的《大学生心理健康教育》(理论课)必修课包含大学生心理健康概述、大学生自我意识、大学生情绪情感、大学生挫折应对与意志力培养、大学生人际关系心理、大学生学习心理与考试焦虑、大学生恋爱心理与性心理、生命教育与心理危机干预等八项内容。其教学大纲详细内容如下:

## 《大学生心理健康教育》教学大纲

表8-2 理论课教学大纲

| 课程名称 | 大学生心理健康教育(Undergraduate Psychological Health Education) | | |
|---|---|---|---|
| 课程编码 | | 课程类型 | 公共必修课 |
| 课程性质 | 公共基础课 | 适用范围 | 大学本科一至四(五)年级学生 |
| 学分数 | 1 | 先修课程 | 无 |
| 学时数 | 26 | 实验/实践学时 | 18 |
| 课外学时 | 0 | 考核方式 | 考查 |
| 制订单位 | "大学生心理健康教育"课教研室 | 制订日期 | 2015年12月 |
| 执笔者 | 仇妙芹 | 审核者 | 陶剑飞 |

一、教学大纲说明

(一)课程的地位、作用和任务

大学生心理健康教育是高等学校公共必修课,在提高大学生的综合素质中占有重要地位,其任务是根据大学生的心理特点,有针对性地讲授心理科学与心理健康的基本知识和维护心理健康的基本技能和技巧,梳理大学生的心理健康意识,使其认识与识别心理异常现象,学会调整自己的心理状态与情绪,正确地面对大学生活中的人际关系、恋爱问题、学习与成才、人格发展、未来的择业与就业,以提高大学生的心理素质,促进他们的心理健康发展与人格的健全,以全面推进素质教育。

## （二）课程的教学目标与要求

本课程目标旨在让大学生提高心理健康意识，增强心理素质，学习心理调适、应对挫折和环境压力的能力。

通过本课程的学习，使学生具备下列能力：

1. 知识方面：获得大学生心理健康的相关知识以及了解一般心理问题的调控方法，并将这些知识应用在日常生活中。

2. 能力方面：发展情绪调控能力，提高自我意识，能够运用学到的心理健康知识评价和解决某些实际问题。

3. 素质方面：通过学习心理健康知识，学会尊重生命、关爱他人，培养良好的心理素质，促进人格和谐发展，增强社会适应能力。

## （三）课程的教学方法与手段

心理健康教育课程的教学形式和方法应该符合大学生身心发育的规律和特点，遵循心理健康教育的基本原则，做到形式多样有趣，使讲授与讨论、观看影视资料和各种行为训练、角色扮演、游戏活动、社会实践活动结合起来，将知识学习与学生操行考核结合起来。因此，本课程采用课堂讲授、案例分析、模拟训练、小组讨论、小组辅导、互动游戏、主题演讲、视频分享、社会调查、素质拓展等多元化开放式教学方法，使学生在活泼生动的教学环境中获得知识、掌握方法、提升能力。

## （四）课程与其他课程的联系

本课程设置根据大学生的心理特点，有针对性地讲授心理健康知识，开展辅导或咨询活动，帮助大学生树立心理健康意识，优化心理品质，增强心理调适能力和社会生活的适应能力，预防和缓解心理问题。本课程与教育学、心理学、社会学、管理学、思想道德修养等学科和课程均有密切联系，是各专业顺利开展其他课程的先行课。

## （五）教材与教学参考书

使用教材：课程使用陶剑飞等主编的《大学生心理健康教育与拓展训练（微课版）》，人民邮电出版社2017年版。

参考书目：①张松. 大学生心理健康教育［M］. 武汉：武汉大学出版社，2012.

②何敏，古晶. 大学生心理健康教育［M］. 成都：西南交通大学出版社，2014.

③于冬娟，李天源. 新编大学生心理健康教育［M］. 成都：西南交通大学出版社，2014.

## 二、课程目标与毕业要求的对应关系

表8－3　课程目标与毕业要求的对应关系

| 毕业要求 | 指标点 | 课程目标 |
| --- | --- | --- |
| 1. 尊重生命 | 获得大学生心理健康的相关知识以及了解一般心理问题的调控方法，并把这些知识应用在日常生活中。 | 教学目标1 |
| | 通过知识的学习，发展趋向调控能力，提高自我认识，能够把知识内化为自己的行为指南。 | 教学目标2 |
| | 学会尊重个体生命，培养良好的心理素质，促进人格发展，增强社会适应能力 | 教学目标3 |
| 2. 关爱他人 | 通过知识的学习，发展情绪调控能力，提高助人能力。 | 教学目标2 |
| | 学会尊重个体生命、关爱他人，培养良好的心理素质，促进人格发展，增强社会适应能力 | 教学目标3 |

## 三、教学内容、重点和难点

（一）大学生心理健康概述（支撑课程目标1）

1. 教学重点、难点：

教学重点：大学生心理健康的标准。

教学难点：大学生常见心理问题与障碍。

2. 教学内容和基本要求：

（1）了解大学生心理健康的意义。

（2）理解大学生心理健康的标准，了解大学生常见心理问题与障碍。

3. 考核的主要知识技能：

大学生心理健康的标准；大学生常见心理问题与障碍类型表现。

（二）大学生自我意识（支撑课程目标1、2）

1．教学重点、难点：

教学重点：大学生如何建立正确的自我意识。

教学难点：大学生自我意识的误区。

2．教学内容和基本要求：

（1）了解大学生自我意识的特点。

（2）理解大学生自我意识的误区。

（3）掌握大学生如何建立正确的自我意识的策略。

3．考核的主要知识技能：

建立正确的自我意识；自我意识特点。

（三）大学生情绪情感（支撑课程目标1、2）

1．教学重点、难点：

教学重点：保持良好的情绪状态的方法。

教学难点：大学生常见情绪障碍与自我调节。

2．教学内容和基本要求：

（1）了解大学生情绪情感特点。

（2）掌握大学生常见情绪障碍与自我调节的方法。

3．考核的主要知识技能：

保持良好的情绪状态的方法；大学生常见情绪障碍与自我调节。

（四）大学生挫折应对与意志力培养（支撑课程目标1、2、3）

1．教学重点、难点：

教学重点：挫折应对策略。

教学难点：提升挫折承受力，更好地应对挫折。

2．教学内容和基本要求：

（1）了解挫折、挫折承受力。

（2）理解和掌握挫折应对策略。

（3）提升挫折承受力，更好地应对挫折。

3．考核的主要知识技能：

挫折的应对方式；挫折承受力的培养。

（五）大学生人际关系心理（支撑课程目标1、2、3）

1. 教学重点、难点：

教学重点：建立良好人际关系的基本方法。

教学难点：人际关系的心理调适。

2. 教学内容和基本要求：

（1）了解人际关系的类型及影响因素以及大学生人际关系发展的特征。

（2）掌握人际关系的心理调适及建立良好人际关系的基本方法。

3. 考核的主要知识技能：

人际关系的几大效应；人际关系的类型；人际关系的影响因素。

（六）大学生学习心理与考试焦虑（支撑课程目标1、2、3）

1. 教学重点、难点：

教学重点：大学生常见学习心理问题类型及应对策略。

教学难点：缓解考试焦虑的方法。

2. 教学内容和基本要求：

（1）了解大学生学习特点。

（2）理解大学生常见学习心理问题类型及应对策略。

（3）掌握缓解考试焦虑的方法及科学用脑方法。

3. 考核的主要知识技能：

考试焦虑表现；考试焦虑调节；科学用脑注意事项。

（七）大学生恋爱心理与性心理（支撑课程目标1、2、3）

1. 教学重点、难点：

教学重点：培养健康的恋爱心理。

教学难点：大学生性心理困扰。

2. 教学内容和基本要求：

（1）了解大学生恋爱心理困惑及大学生的性心理特点。

（2）理解健康的恋爱心理特点。

（3）掌握解决大学生性心理困扰的方法，培养健康的恋爱心理。

3. 考核的主要知识技能：

爱情类型；健康恋爱观。

（八）生命教育与心理危机干预（支撑课程目标1、2、3）

1. 教学重点、难点：

教学重点：生命教育与心理危机干预。

教学难点：生命教育与心理危机干预。

2. 教学内容和基本要求：

（1）了解生命的意义和心理危机的概念。

（2）掌握危机干预的方法。

3. 考核的主要知识技能：

危机类型；危机干预的方法。

四、考核方式与成绩评定

1. 考核方式：考查。

2. 成绩评定方法：

学业成绩＝期末成绩70%＋平时成绩（出勤、课堂表现、实践考核等）。

五、建议学时分配

表8-4　建议学时分配

| 内容 | 课时 | 习题 | 小计 | 采用何种多媒体教学手段 |
| --- | --- | --- | --- | --- |
| （一）大学生心理健康概述 | 0.5 | 课外 | 0.5 | 课堂PPT |
| （二）大学生自我意识 | 0.5 | 课外 | 0.5 | 课堂PPT |
| （三）大学生情绪情感 | 1.5 | 课外 | 1.5 | 课堂PPT |
| （四）大学生挫折应对与意志力培养 | 1 | 课外 | 1 | 课堂PPT |
| （五）大学生人际关系心理 | 1.5 | 课外 | 1.5 | 课堂PPT |
| （六）大学生学习心理与考试焦虑 | 1 | 课外 | 1 | 课堂PPT |
| （七）大学生恋爱心理与性心理 | 1 | 课外 | 1 | 课堂PPT |
| （八）生命教育与心理危机干预 | 1 | 课外 | 1 | 课堂PPT |

### （三）采取多种授课方式

大学生心理健康教育可针对不同的学生特点及不同的教学内容采取灵活多样的多种授课方式，包括开展理论课、学生团体训练、活动课、网络教学、专题讲座等。例如，华南师范大学心理咨询研究中心要求每一专职教师都要面向全校学生开设一到两门体验式的心理健康教育选修课，比如已开设的"大学生心理健康活动课""大学生心理素质训练""人际关系心理学""青年自我修养""朋辈心理辅导"等。这些课程纳入学校教务处的教学计划，每周一次，每次两到三个课时，计两个学分，全程采用讲授、讨论、测试、团体训练、角色扮演和案例分析相结合的多种教学法，把传授心理健康知识和进行心理素质训练紧密结合起来，注重学生的自我体验和自我教育，因此受到了众多学生的普遍欢迎。

## 二、构建心理育人实践活动体系，增强心理健康教育宣传感染力

### （一）办好一个特色活动——"心理健康活动月"

广东高校每年通过举办心理健康活动月、"5·25"大学生心理健康节等形式多样的主题教育活动，组织开展各种有益于大学生身心健康的文体娱乐活动和心理素质拓展活动，不断增强心理健康教育吸引力和感染力。例如，广州中医药大学每年在"5·25"大学生心理健康日组织全校学生进行心理宣誓活动，此项活动至今已连续开展十多年，已成为该校大学生心理健康教育月的品牌活动。通过心理宣誓活动，可以让学生树立心理健康意识，从而形成人人关注心理健康的积极校园心理氛围。

华南师范大学心理咨询研究中心自2002年以来，每年都定期在心理问题高发的4—6月举办心理活动月系列活动来加强心理健康知识的宣传普及。心理健康活动月的内容包括以下几种。

1. 大型开放日及现场专家心理咨询活动

大型开放日活动现场分为专家心理咨询区、心理测试区、展览区和心理游戏区，丰富多样的活动形式，每年都吸引大批同学参与，较好地宣传了心理健康知识，介绍了心理咨询研究中心的服务，一定程度上消除了同学们对心理咨询的误解。

2. 大型心理情景剧

华南师范大学2005年正式成立了专门的心理剧团，每年在心理健康活动月期间都排演了一部有影响力的心理情景剧，由学生自导自演，将同学们生活中的心理困扰、成长的烦恼以舞台剧的形式表现出来，提高了学生对心理健康的认识和关注度。例如《你瞒我瞒》《我是谁》《那时花开》《如果生命可以重来》等（如图8-1所示），让学生走近心理世界，体验角色内心的酸甜苦辣，帮助学生提高自我解决现实问题的能力，建立良好的人际关系。

心理情景剧《你瞒我瞒》剧照

心理情景剧《我是谁》剧照

心理情景剧《那时花开》剧照

心理情景剧《如果生命可以重来》剧照

图8-1 华南师范大学心理剧团演出剧照

3. 各类征集大赛

举办各种心理故事征文及心理宣传画大赛，如"'我的心灵絮语'有奖征文比赛""心理宣传画设计大赛""老照片征集大赛""心理情景剧剧本征集大赛""心理漫画征集大赛""微笑征集大赛"等。这些比赛充分调动了广大学生的参与热情，在同学中间产生了较为广泛的影响。

4. 心理电影评析

通过播放带有心理学题材的电影，如《美丽心灵》《催眠大师》等，每场电影结束后，邀请心理学专家对电影进行点评，引发学生对心理问题的思考和辩论。这种形式既满足了同学们的趣味性，调动了同学们参与的积极性，又对学生心理的成长与进步起到了很好的牵引作用。

5. 心理健康讲座

邀请省内外高校心理学专家、博士生导师、教授，专业心理医生，心理刊物主编等开设心理健康讲座，普及心理健康知识，培养学生积极健康的情绪。

6. 其他活动

除了以上常规活动外，心理健康活动月期间，华南师范大学还多次组织学生参观特殊学校和心理咨询机构，举办心理沙龙和心理知识竞赛等活动，丰富心理健康活动月的活动形式，争取更大范围、更深层次地帮助学生构建健康的心理世界。

**（二）建设好一个学生社团——心理协会**

广东高校注重充分发挥学生主体作用，支持学生成立心理健康教育社团，依靠心理协会组织开展各类心理健康教育活动，积极进行心理健康自助互助。例如，华南师范大学在2002年5月就成立了专门的心理社团"心理健康与个人发展协会"（见图8-2），它是由心理咨询研究中心直接指导的、专业性比较强的、全校性的学生社团组织。该协会在协助心理咨询研究中心开展心理健康教育和宣传、建立新生心理档案、开展"青春同伴"教育、组织心理健康教育活动月等工作中做了许多有益的工作，成为学校开展心理健康教育工作依靠的一支重要力量。近年来，广东工业大学、华南农业大学、华南师范大学等高校在各二级学院也相继成立了学生心理社团，充分调动学生的积极性，开展各类心理健康教育活动。

图8-2 华南师范大学心理健康与个人发展协会学生团队

### (三) 打造一批心理健康宣传平台——网络、微信、报刊

广东省各高校不断创新宣传方式,主动占领网络心理健康教育新阵地,建设好融思想性、知识性、趣味性、服务性于一体的心理健康教育网站、网页和新媒体平台,广泛运用门户网站、微信、微博、手机客户端等媒介,宣传心理健康知识,倡导健康生活方式,提高心理保健能力。

例如,华南师范大学多年来一直十分重视心理健康教育宣传平台的建设,其南方心理在线网站(见图8-3)和微信公众号"华南师大心理咨询研究中心"是广东高校开展心理健康宣传的品牌。南方心理在线定位为"普及心理健康意识,为心理学人提供学习交流的空间",具备普及、专业交流两大功能。该网站旨在宣传普及心理健康知识;提供心理测评,介绍增进心理健康的方法和途径,帮助大学生培养良好的心理品质;解析心理现象,帮助学生了解常见心理问题产生的主要原因及其表现,以科学的态度对待心理问题;提供网络咨询,传授心理调适方法,帮助学生消除心理困惑,增强克服困难、承受挫折的能力,珍爱生命、关心集体、悦纳自己、善待他人。自2001年11月创立以来,网站设有中心简介、心理诊所、专业探讨、心理万象、心理资源库、心理测试、每月专题、心理论坛等栏目和《怡心园》的网络版,同时在网上开设了网上调查、网上预约、在线测评、在线咨询等功能。2010年的网站总访问量就达3 486 260人次,心理论坛总访问人数达19 101 124人次,日均访问量已超过1 000人次。2010年6月,南方心理在线网站在全省高校优秀宣传思想工作网站评选中荣获专题网站类二等奖。2010年10月，南方心理在线被教育部思政司和"中国大学生在线"评为"全国高校百佳网站"和"最佳心理健康教育奖"。

图8-3 南方心理在线首页

近年来，鉴于大学生越来越多地使用手机上网和微信等新媒体的现状，广东高校陆续成立了基于微信的心理健康教育宣传平台，努力探索更适合大学生心理特点的心理健康教育宣传新途径，主动占领网络心理健康教育新阵地。

例如，华南师范大学心理咨询研究中心在2014年7月初就开设了微信公众号"华南师大心理咨询研究中心"。2016年整合了《怡心园》、南方心理在线、宣传部等学生团队组建了新媒体部，由学校心理咨询研究中心教师直接负责与指导公众号运营。新媒体部由部长（心理学院研究生担任）、文案组、美编组构成，主要负责公众号日常的内容编辑、信息推送、技术保障，公众号团队职能分工明确，内容编辑、排版设计、后台技术等工作模块分别由不同组别负责，从制度上保证了公众号运营团队的专业性和协作性，充分发挥微信公众平台的育人作用，成为学生自我服务、自我管理和自我教育的重要平台。学生通过该微信平台，可了解更多心理健康知识，了解学校心理咨询服务时间、内容等安排，实现在线心理测评、预约心理咨询等功能。该校的实践表明微信公众平台是新时期高校开展心理健康教育工作的重要平台。

截至 2018 年底，微信公众号"华南师大心理咨询研究中心"关注总人数为 27 797 人（占该校在校学生人数一半以上）。据新榜网站-微信数据采集分析，该微信公众号 2018 年度的阅读量达 31 万人次，共推送心理健康文章 619 篇，总字数 66.2 万字，原创推文 167 篇，在全国 71 万个公众号中排名前 85.76%。在广东省 11 所高校的心理健康教育公众号中，"华南师大心理咨询研究中心"的传播力指数（8.74）和内容呈现指标分数（4.20）均居榜首（详见表 8-5）。该微信公众号致力于传播专业科普知识，推文内容质量较高，主题涵盖了大学生常见的人际关系、情绪情感、学习压力、职业规划、自我认识、个人成长等方面的问题；结合本校实际，不断打造特色栏目及内容，设计了"晚安加油站""周五解忧铺子""中心 FM""数说心理""周三秒懂心理""心理实验室"等多个具有原创性的专题栏目，内容丰富，对学生有较强的吸引力，逐渐成为华南师范大学心理育人工作的特色品牌。

表 8-5　广东高校主要心理健康教育微信公众号的传播力指数①

| 学校 | 心理健康教育公众号名称 | 传播力指数 | 内容呈现指数 |
| --- | --- | --- | --- |
| 华南师范大学 | 华南师大心理咨询研究中心 | 8.74 | 4.20 |
| 广东工业大学 | 广工心理健康教育与咨询中心 | 6.37 | 3.63 |
| 华南农业大学 | 阳光团队 | 5.84 | 3.32 |
| 广东金融学院 | 心蕴广金 | 5.57 | 3.21 |
| 中山大学 | 守望中大 | 5.55 | 3.43 |

---

① 王文龙，唐凯晴，莫映桃，等. 自媒体时代广州高校思政教育工作载体创新研究：以心理健康教育微信公众平台为例［J］. 科教导刊（上旬刊），2019（6）：79-84.

续上表

| 学校 | 心理健康教育公众号名称 | 传播力指数 | 内容呈现指数 |
|---|---|---|---|
| 广东财经大学 | 广财大心理发展互助会 | 5.50 | 3.15 |
| 广东外语外贸大学 | 广外心理健康教育与咨询中心 | 5.17 | 3.10 |
| 广州中医药大学 | 广中医学生心理卫生辅导中心 | 5.08 | 3.18 |
| 广州大学 | 广州大学心理健康与咨询中心 | 5.03 | 3.29 |
| 广州医科大学 | 心灵驿站 | 4.87 | 2.95 |
| 广东药科大学 | 广药朋辈心理健康服务队 | 4.48 | 2.67 |

此外，广东各高校充分利用印制各类心理健康报刊和宣传小册子等传统方式开展心理健康教育宣传。例如，广东工业大学以品牌活动为纽带，以学生宿舍为阵地，以报纸杂志和网络为载体，构建了全方位、立体化、广覆盖的心理健康教育普及宣传教育体系。心理咨询中心每月印制一份心理健康报纸《心路》发至每个宿舍，在每个宿舍门后张贴心理咨询宣传贴纸，在每个校区每月推出一期"心携尔行"宣传海报，并不定期悬挂心理宣传横幅，发放心理知识小传单、书签等，尤其是报纸与宿舍贴纸，让绝大部分同学了解到心理知识以及求助途径。派发宣传资料尤其是报纸，一般由学院心理协会领回再由心理联络员派发到每个宿舍，报纸、宿舍、海报栏等是心理宣传的固定阵地，学校制作了多个宣传架摆放在教学区、宿舍区，张贴心理知识海报，公布求助热线联系方式以及宣传标语等。

## 三、完善心理咨询服务体系，增强专业性、针对性

广东省各高校不断优化心理咨询服务平台，加强硬件设施建设，设立心理发展辅导室、心理测评室、积极心理体验中心、团体活动室、综合素质训练室等，积极构建教育与指导、咨询与自助、自助与他助紧密结合的心理健康教育与咨询服务体系。完善体制机制，健全心理健康教育与咨询的值班、预约、转介、重点反馈等制度，通过个体咨询、团体辅导、电话咨询、网络咨询等多种形式，向学生提供经常、及时、有效的心理健康指导与咨询服务。

例如，华南师范大学一直坚持向全校学生提供全天候的心理咨询服务，其不仅每个工作日全天都向学生开放，而且周六、周日也向学生开放。面对面的个别咨询的形式，可以帮助大学生排解心理上的压力、困扰和烦恼，促进他们心灵上的成长，帮助他们完善人格；电话咨询对不愿露面的学生来说也是一种很好的方式。心理咨询研究中心全天开通了两条学生心理咨询热线，通过电话咨询，加强与访问者的心理沟通，及时为他们排解心理上的困扰和烦恼，辅导他们提高心理素质。近十年来该校心理咨询研究中心每年接待的个体咨询有3 800多人次。此外，华南师范大学还向同学们提供多种形式的心理咨询服务，经常性地举办各种不同主题的团体训练活动。在团体训练条件设置下，求助者不仅可以得到接纳、援助，并且可以给予别人援助，这种合作的、参与的关系有利于成员增进亲近感。此外，团体的情境可以提供尝试与他人交往的机会，使求助者获得他人对于行为交互作用的反应与启示，以他人为榜样，畅通社会学习的渠道。早在2001年11月，华南师范大学心理咨询研究中心就创建了自己的心理健康网站——"南方心理在线"，同时也通过e-mail、网上心理论坛、网上预约以及网上在线咨询等功能，开展了丰富多彩的网上咨询服务。为解决专业人员不足的问题，华南师范大学除了心理咨询研究研究中心的专职教师外，还在心理学院和校外聘请了多位具有高级职称或博士学位的教师来从事面谈咨询和专家门诊工作，实行在编心理咨询教师与编外心理咨询专家相结合，既解决了在编心理咨询教师有限与要求提供咨询服务的学生增多的矛盾，也加强了在编心理咨询教师与编外心理咨询专家的联系和合作，发挥了编外心理咨询专家的优势。

## 四、加强心理危机预防干预体系，提升工作实效性

如何才能提升心理健康教育工作的实效性，有效地帮助大学生缓解心理矛盾，消除心理困惑，预防或减少心理危机的发生？近几年来，广东高校坚持了如下几个行之有效的做法。

### （一）新生心理适应教育制度

广东高校普遍坚持每年为全体新生开设入学心理适应专题讲座。其中，

研究生新生在入学教育周内完成，由研究生处统一组织，分批进行，心理咨询研究中心派教师上课；本科学生在新生军训期间或军训结束以后进行，由院系组织，心理咨询研究中心派教师上课。新生心理适应教育的内容，包括大学生的目标定位、学习压力的疏解、个性发展、人际交往、情绪管理、交友与恋爱心理等。通过开展新生心理适应教育，给新生传授各种心理调适方法，对于引导新生更快实现角色转换，更好适应大学新的生活起了积极的促进作用。

华南师范大学根据近年来青少年群体大量使用网络直播平台等新形势，在2017年9月推出了新生心理适应教育的网络直播。由学校学生工作部门统一组织，依托网络教育平台在新生入学报到前一个星期就心理适应、安全教育、资助政策等学生关心的问题进行网络直播和回播，使新生在入学前就提前了解大学生活，提前做好心理建设。

### （二）新生心理健康普查制度

摸清大学生的心理状况是增强心理健康教育工作的针对性和实效性的前提。目前广东高校普遍坚持每年对全校新生进行一次心理健康普查，并建立大学生心理健康档案。实践证明，坚持心理健康普查制度，是及早排查有心理问题学生、及早对有心理问题学生进行辅导、及早采取措施预防心理危机的有效办法。在每年心理健康普查之后，高校心理咨询中心还组织心理教师和心理咨询师对被排查筛选出的具有严重心理问题或人格障碍甚至自杀倾向的学生实施主动帮助、重点追踪的策略，主动发信息约其上门访谈。例如，华南师范大学近十年来其心理咨询研究中心共主动约请访谈新生7 875名，占学生总人数的17.22%，其中有明确提出轻生念头的学生1 285名，占学生总人数的2.81%。经过心理教师20~30分钟的访谈，在17.22%的学生当中进一步筛查出5.35%有较严重心理困扰的重点关注学生。

广州中医药大学、广东工业大学、华南师范大学、暨南大学等高校在使用传统测评工具对新生进行心理普查，筛查出危机个案进行访谈，建立危机个案库并进行关注追踪等传统做法外，近年来还积极探索、完善大学生的心理普查检测因子和干预测试。

例如，广东工业大学改良普查工具，引入自杀意念问卷，与大学生心理调查表和人格问卷等合并使用，提高筛查的效度，在测试时将自杀意念问卷的项目穿插到其他问卷之中，排除学生的抗拒心理。此外，该校在建设团体辅导室的基础上，通过访谈筛查将确认的危机个案进行分类，对在咨询范围内的同种类型问题学生进行团体辅导，例如"适应障碍学生团体""抑郁学生团体"等，统一进行干预，并进行追踪调查，了解改善情况。

广州中医药大学坚持从新生入学第一天起就开展心理健康教育工作，每年9月份对近3 000名新生开展心理测试和一对一访谈，为全校每一位新生建立心理档案，做到早教育、早发现、早预防、早控制。该校新生心理测试和访谈工作由五个环节组成：①量表测验。心理量表测验采用上机测试的方式，每个学生测试时间为20~30分钟。量表测评采用了症状自评量表（SCL-90）、大学生人格健康量表（UPI）以及艾森克人格测验（EPQ）3个量表。测评结束后对测试数据进行分析处理，根据结果安排心理访谈。②房树人绘画测验（HTP）。根据测验指导语让学生将房子、树、人等内容画于一张纸上，测验时间为10~20分钟。测验结束后由学生将房树人图画交给心理访谈教师，访谈教师根据图案的特点、大小、相互关系等进行分析、评定、解释被测者的心理状态，以此来了解学生的心理健康情况。房树人绘画测验主要基于心理投射机制假设，能够一定程度上反映个体潜在的心理特征。③心理访谈。对新生进行一对一访谈，每个学生访谈时间为10~20分钟。每年近3 000名新生的心理访谈工作约持续4周。访谈主要围绕新生适应、学习、情绪、人际关系、职业规划和生活满意度等方面展开，了解新生在校期间各方面情况。并给予初步疏导，可现场为有咨询意愿的学生预约咨询时间；同时结合心理测试结果、绘画测验及心理访谈情况，评估出可能存在严重心理问题或精神障碍的学生，转介至心理门诊。④建档。心理测试和访谈后，学生心理卫生辅导中心将为每一位新生建立心理健康档案，心理档案记录学生在大学期间的心理成长轨迹，对学生的心理发展提供帮助，为利用心理辅导和咨询解决学生心理问题提供重要保障。⑤反馈。心理测评和访谈结束后，学生心理卫生辅导中心还会与新生辅导员进行单独座谈，学生心理卫生辅导中心将学生心理测试和访谈的整体情况及相应的心理干预措施向新生辅导员反馈，由学生心理卫生辅导中心与辅导员一起对需关注的学生进行日常心理援助，并要求辅导员对需关注同学的心理测试结果和访谈情况进行保密。每年完成该项工作总耗时长近3 000个小时。

### （三）特殊情况及时通报制度

广东省众多高校不断探索"重点关注学生"跟踪关爱机制。广东省教育厅在每年5月和11月这两个心理问题高发期前都会提前下发专门通知，要求各高校提前做好心理危机的筛查和预防工作，上报具有严重心理问题倾向的学生名单。

对处于紧急情况下的同学，各高校在危机管理干预办法里有详细的操作流程，后期跟踪方面，由学工干部、班主任、心理联络员以及党员、班干部等对危机学生实行关心关爱，在学习、生活进行协助，建立情感交流，定期填写危机学生状况并向心理中心汇报，确保学生由重点转正常。

例如，华南师范大学心理咨询研究中心坚持"每月一报"制度，每月主动与院系辅导员联系、沟通，做好各项安全防范措施以及情况相互通报、定时跟踪调查等工作。坚持每学期向学生工作部（处）长及学校主管领导做一次工作总结汇报，向各院系学生政工干部做一到两次学生心理健康情况通报。每月有专人对中心接受的咨询量以及咨询问题、类别等进行统计，形成"每月一报"。另外在日常的咨询工作中，一旦发现有严重心理障碍或自杀、自残以及暴力攻击倾向的学生，或者遇到一些危急情况时，中心都会及时向有关院系通报情况并向上级汇报。在绝对保密的前提下，中心要求咨询师对来访者进行详细的"心理咨询记录表"及"心理咨询情况登记表"登记，以便对特别个案跟踪治疗。同时，建立学生心理危机心理咨询师报告制度，心理咨询师在咨询中发现存在严重心理危机的学生应及时向领导小组报告，以便及时关注干预。

广东外语外贸大学组建了心理危机援助队，定期将咨询、特殊个案情况、危机援助队以及中心工作重点及计划上报主管校领导、学生处及各学院学生工作负责人，以便随时掌握学生心理动态。心理咨询中心也根据心理危机援助队汇报情况，定期对学生进行跟踪咨询，并及时与学院交流学生的心理情况，使中心工作增加针对性与实效性。及时关注重点时期、重点人群的心理健康教育工作。在开学、考试等时期，加强对学生心理的关注程度，并对贫困生、考试不及格学生及平时需要关注的学生进行定期的关注和了解情况。此外，广东外语外贸大学还组建了学院心理危机援助小分队，分队由本科生硕士生导师、院系内以关注学生健康成长为己任的专家学者等成员组成。具体承担的任务有：①结合本学院实际情况组织开展心理健康教育系列活动；②组织各班级学生心理委员开展活动，坚持定期例会制度、进行团体辅导及个体督导活动，提高心理委员个人素质，切实帮助他们开展工作；③发挥辅导员、导师、院系专家自身优势及特点，对学生开展不同层次的谈心辅导，发现问题及时转介中心咨询人员；④完善每月汇报制度，对学生心理动态、关注个案及其后续情况跟踪反馈等进行定期汇总上报。

## 第二节　广东高校心理育人工作的特色

### 一、设立高校大学生心理健康教育与咨询区域中心

为推进高校大学生心理健康教育与咨询工作区域协同创新，增进广东省各区域高校间的互动与合作，克服不同地区地域跨度广、师资力量和资源支撑分布不均衡等工作瓶颈，广东省教育厅在2013年提出了建立广东高校大学生心理健康教育与咨询区域中心的特色做法，按照"平等协商，轮流当值；以强带弱，优势互补；信息共享，协同联防；坚持特色，协同创新"的工作原则，由各片区高校主动申报，教育厅组织专家考察。2014年6月，广东省成立了第一批7个"广东省高校大学生心理健康教育与咨询区域中心"。2018年4月，广东省教育厅对全省高校再次进行了布局规划，将全省高校划分为12个片区，设立了第二批区域中心。实践证明，区域中心的设立在整合区域大学生心理健康教育资源，实现高校心理健康教育与咨询工作协同平衡联动等方面发挥了重要作用。

根据《广东省教育厅关于建立广东省高校大学生心理健康教育与咨询

区域中心的通知》的文件要求，区域中心的建设周期为 3 年，工作任务在于：

（1）按照《广东省普通高等学校学生心理健康教育与心理咨询工作基本建设标准（试行）》的要求，进一步建设好本校心理机构，保持优秀等级，起到示范与辐射作用。

（2）制订区域中心年度工作计划，协调本区域高校心理健康教育部门共同参与中心的工作。

（3）定期组织本区域高校开展大学生心理健康教育与咨询专业培训、示范课程建设、教学观摩与交流、课题研究、学术研讨及参观考察活动等工作。

（4）承担省教育厅行政部门、省高校大学生心理健康教育专家指导委员会委托的专项任务及其他工作任务。

各区域中心设置专门工作领导小组，设置有顾问、区域中心主任和副主任、秘书长等岗位，顾问建议由区域中心高校分管心理健康教育工作的校领导兼任，区域中心主任建议由区域中心所在高校分管心理健康教育工作的校领导兼任，区域中心副主任建议由区域中心所在高校学生部（处）分管心理健康教育工作的负责人或心理健康教育与咨询中心主任担任，成员包括区域中心各高校相关职能部门负责人、学生部（处）分管心理健康教育工作的负责人或心理健康教育与咨询中心主任等人员，秘书处一般设置在区域中心所在高校学生部（处）或心理健康教育与咨询中心，秘书长建议由区域中心所在高校心理健康教育与咨询中心主任担任。

根据相关文件精神，广东省教育厅相继制定了《广东省高校大学生心理健康教育与咨询区域中心建设与管理工作指引（试行）》和《广东省高校大学生心理健康教育与咨询区域中心绩效测评指标（试行）》等文件，对区域中心的建设目标、工作职责与任务、考核办法进行了规范化管理。

## 广东省高校大学生心理健康教育与
## 咨询区域中心建设与管理工作指引（试行）

### （征求意见稿）

根据《广东省教育厅关于建立广东省高校大学生心理健康教育与咨询区域中心的通知》（粤教思函〔2013〕63号）有关要求，为加强我省高校大学生心理健康教育与咨询区域中心（以下简称"区域中心"）的建设和管理，定期开展区域中心工作考核，特制定本建设与管理工作指引。

一、指导思想

为较好贯彻执行教育部和广东省高校大学生心理健康教育工作标准，推进高校大学生心理健康教育工作区域协同创新，有效整合区域高校大学生心理健康教育资源，实现区域高校的协同联动，优势互补，促进全省高校大学生心理健康教育与咨询工作专业化水平的整体提升。

二、建设目标

促进区域内高校之间的相互交流与合作，通过整合区域资源，将各校的特点凝练成一种区域的优势，发挥协同创新的整体效应，促进区域内各高校心理健康教育与咨询工作水平的提升，促进学生的全面发展和健康成长。

同时，建设一批覆盖全省不同地域、不同类型、不同层次的大学生心理健康教育特色学校，整体推进我省大学生心理健康教育工作跃上新台阶。

三、工作职责与任务

（一）组织制订区域中心年度工作计划，协调本区域高校心理健康教育部门共同参与区域中心的工作。

（二）定期召开区域内高校心理健康教育与咨询中心主任联席会议，互通信息，交流经验。

（三）通过区域各校之间的交流，加快对教育部《普通高等学校学生心理健康教育工作基本建设标准（试行）》《普通高等学校学生心理健康教育课程教学基本要求》和《广东省普通高等学校学生心理健康教育与心理咨询工作基本建设标准（试行)》的贯彻落实。

（四）组织本区域高校心理健康教育人员开展大学生心理健康教育与咨询专业培训、示范课程建设、教学观摩与交流、专业督导、案例研讨、课题研究、学术研讨、参观考察活动以及学生主题教育活动等工作，从而实现资源优势互补和共享，协同创新，促进成功经验推广应用，提升专业人员的工作能力和水平。

（五）建立区域内学校之间热线联系与信息通报机制。

（六）及时采取措施做好区域内高校心理危机事件的通报、预防预警和干预工作，控制事件对区域内高校的不良影响。

（七）充分发掘区域内各高校的优势和区域内的各种文化资源，探索具有区域文化特点与优势的心理健康教育与咨询模式，形成区域特色。

（八）承担省教育行政部门、省高校大学生心理健康教育专家指导委员会委托的专项任务及其他工作任务。

四、区域中心工作考核

为确保区域中心建设能取得实效，省教育厅将依据《广东省高校大学生心理健康教育与咨询区域中心绩效测评指标（试行）》（见表8-6），在区域中心建设周期中每年下半年组织专家开展区域中心工作考核，考核结果分为优秀、合格和不合格三个等级。考核结果为"优秀"的将适当增加下一年度的工作经费；三年中考核结果有两次为"不合格"者将予以撤销。

## 广东省高校大学生心理健康教育与咨询区域中心绩效测评指标（试行）

### （征求意见稿）

表8-6 广东省高校大学生心理健康教育与咨询区域中心绩效测评指标（试行）

| 一级指标 | 二级指标 | 分值 | 评分标准 | 测评方法 |
|---|---|---|---|---|
| 一、中心体制机制建设（20分） | 1.责任落实 | 3 | 学校成立由校领导、学生工作部（处）和其他相关职能部门负责人、心理健康教育中心负责人等组成的专门工作领导小组（机构设置可参照表格后的建议），主管领导每学期听取汇报2次（含）以上 | 查文件和会议记录 |
| | | | 成立由校领导、学生工作部（处）和其他相关职能部门负责人、心理健康教育中心负责人等组成的专门工作领导小组（机构设置可参照表格后的建议），主管领导每学期听取汇报1次 | |
| | | | 未成立专门工作领导小组，主管领导未听取汇报 | |

续上表

| 一级指标 | 二级指标 | 分值 | 评分标准 | 测评方法 |
|---|---|---|---|---|
| 一、中心体制机制建设（20分） | 2. 工作网络 | 4 | 建立区域内高校心理健康教育与咨询中心主任联席会议制度，每学期召开会议2次（含）以上 | 查文件和会议记录、访谈等 |
| | | | 建立区域内高校心理健康教育与咨询中心主任联席会议制度，每学期召开会议1次 | |
| | | | 没有建立区域内高校心理健康教育与咨询中心主任联席会议制度，也未定期召开会议 | |
| | 3. 经费投入 | 5 | 省教育厅支持的经费专款专用，学校给予1：1的配套经费支持 | 查经费收支情况 |
| | | | 省教育厅支持的经费专款专用，学校没有给予适当的经费支持 | |
| | | | 省教育厅支持的经费没有做到专款专用，学校也没有给予适当的经费支持 | |
| | 4. 规章制度 | 4 | 区域中心工作规范，建立健全各项规章制度 | 查文件、规章制度等 |
| | | | 区域中心工作规章制度不健全 | |
| | | | 区域中心工作没有规章制度 | |
| | 5. 机构设置 | 4 | 设立区域中心秘书处，有挂牌办公室、办公设备，负责日常事务的工作人员职责明确并开展了卓有成效的工作 | 查文件和工作记录，现场考察 |
| | | | 设立区域中心秘书处，有挂牌办公室、办公设备，负责日常事务的工作人员职责不明确少开展工作 | |
| | | | 未设立区域中心秘书处，没有明确职责和开展工作 | |

续上表

| 一级指标 | 二级指标 | 分值 | 评分标准 | 测评方法 |
|---|---|---|---|---|
| 二、工作职责任务开展情况（40分） | 1. 工作规划 | 5 | 有经联席会议通过的区域中心年度工作计划，注重抓计划的落实，有年度工作总结 | 查相关材料 |
| | | | 有区域中心年度工作计划和总结，工作不抓落实 | |
| | | | 没有区域中心年度工作计划和工作总结 | |
| | 2. 工作开展 | 20 | 组织本区域高校心理健康教育人员开展大学生心理健康教育与咨询专业培训、示范课程建设、教学观摩与交流、专业督导、案例研讨、课题研究、学术研讨、参观考察活动以及学生主题活动等工作，每学期累计组织5次（含）以上 | 查相关记录、访谈等 |
| | | | 组织本区域高校心理健康教育人员开展大学生心理健康教育与咨询专业培训、示范课程建设、教学观摩与交流、专业督导、案例研讨、课题研究、学术研讨、参观考察活动以及学生主题活动等工作，每学期累计组织3次（含）以上 | |
| | | | 组织本区域高校心理健康教育人员开展大学生心理健康教育与咨询专业培训、示范课程建设、教学观摩与交流、专业督导、案例研讨、课题研究、学术研讨、参观考察活动以及学生主题活动等工作，每学期累计组织2次 | |
| | | | 组织本区域高校心理健康教育人员开展大学生心理健康教育与咨询专业培训、示范课程建设、教学观摩与交流、专业督导、案例研讨、课题研究、学术研讨、参观考察活动以及学生主题活动等工作，每学期累计组织1次 | |

续上表

| 一级指标 | 二级指标 | 分值 | 评分标准 | 测评方法 |
|---|---|---|---|---|
| 二、工作职责任务开展情况（40分） | 2. 工作开展 | 20 | 没有组织本区域高校心理健康教育人员开展大学生心理健康教育与咨询专业培训、示范课程建设、教学观摩与交流、专业督导、案例研讨、课题研究、学术研讨、参观考察活动以及学生主题活动等工作 | 查相关记录、访谈等 |
| | 3. 信息通报 | 3 | 建立学校之间的热线联系与一月一报的信息通报制度 | 查相关记录 |
| | | | 建立学校之间的热线联系与信息通报制度，未做到定期 | |
| | | | 完全没有建立学校之间的热线联系与信息通报制度 | |
| | 4. 危机联动 | 5 | 区域内高校互相通报心理危机事件，共同采取管理政策与干预措施控制危机事件 | 查相关记录 |
| | | | 区域内高校互相通报心理危机事件，没有共同采取管理政策与干预措施控制危机事件 | |
| | | | 区域内高校没有互相通报心理危机事件，没有共同采取管理政策与干预措施控制危机事件 | |
| | 5. 资源共享 | 3 | 区域内高校在师资、课程、讲座活动、实验室和拓展训练基地等方面实现资源共享 | 查相关记录 |
| | | | 区域内高校在师资、课程、讲座活动、实验室和拓展训练基地等方面实现部分资源共享 | |
| | | | 区域内高校未建立资源共享机制 | |
| | 6. 网络平台 | 4 | 重视区域中心网络平台建设，开办专门网站（网页），及时更新网站信息 | 查网页建设 |
| | | | 开办专门网站（网页），网站信息更新不及时 | |
| | | | 未开办专门网站（网页） | |

续上表

| 一级指标 | 二级指标 | 分值 | 评分标准 | 测评方法 |
|---|---|---|---|---|
| 三、特色与成效（40分） | 1. 特色项目 | 20 | 整合资源、优势互补，协同创新，利用区域内的各种文化资源，探索具有区域文化特点与优势的心理健康教育工作模式，形成区域特色 | 查看特色报告、专家组评议 |
| | 2. 工作成效 | 20 | 区域中心工作富有成效，在工作标准贯彻落实、课程建设、课题研究、危机干预、学生的主题活动等方面取得丰富成果 | 查相关成果资料、专家组评议 |

说明：评价总分值为100分。评估结果分为3个评价等级，即85~100分为优秀；60~84分为合格；0~59分为不合格。

## 二、构建五级心理危机防范工作体系

大学生心理危机的预防、预警和干预始终是各高校开展心理育人工作的重中之重。经过多年的实践探索，广东省各高校根据自身特点逐渐总结各具特色的心理健康教育工作机制和心理危机防范工作体系。例如，华南师范大学20多年坚持提供全天候心理咨询服务制度、华南农业大学建立学院二级心理辅导站制度、广东工业大学建立"心烛"队伍和广东外语外贸大学组建"心理援助小组"等特色做法。总结广东省各高校构建心理危机防范工作的经验，核心在于构建"学校—院系—班级—宿舍"和"医院"组成的五级心理危机防范工作体系。在学校层面，以学校心理咨询中心为依托，院系建立二级心理辅导站，年级挑选并培训心理委员，宿舍挑选成员参与心理保健课程并成为心理保健员。近年来，随着大学生患心理和精神疾病人数的增多，有高校尝试与医院的心理科或精神科建立长期合作关系，逐渐在原有"学校—院系—班级—宿舍"四级的心理健康保护网基础上增加医院的协助层。层层防护，充分调动各方积极力量，不断扩大辐射范围，细化管理，实现全方位预防。

### （一）学校统筹层：大力加强心理健康教育机构的建设

广东省不少高校均成立了学校心理健康教育工作领导小组，秘书处设在学校心理健康教育与咨询中心,负责全校心理工作的指导工作,由心理中心具体负责领导和统筹全校大学生心理健康教育工作,制定工作规划、组织业务培训、实施督导考核、开展对外交流,同时承担全校学生心理健康教育课程教学、心理咨询和心理危机干预,发挥重要的引领作用。

学校层面的心理健康教育机构是学校组织实施心理健康教育和心理咨询工作的业务机构。是否设立配有专职人员的心理咨询中心,能否给心理咨询中心开展工作提供保障条件,这对加强大学生心理健康教育和构建防范学生心理危机工作体系具有直接的影响作用。要充分认识到,加强心理咨询机构建设是构建心理危机防范工作体系的基础工程,只有把心理咨询机构建设好,才能有效地开展大学生心理健康教育。

1. "人员、场地、经费"三个保障是基本条件

高校应积极为心理咨询中心开展心理健康教育提供保障条件,做到"三个保障":一是人员保障。设立专门的心理健康教育机构并配备专门的工作人员是开展心理健康教育的重要前提条件。二是场地保障。设置专门的心理健康教育工作场地,例如面谈咨询室、电话咨询室、团体训练室、沙盘治疗室、宣泄室和会议室等,这是开展心理育人工作的基本条件。三是经费保障。设立心理健康教育工作的专项经费,加大经费投入,这也是加强心理育人的必要条件。

广东省教育厅依托广东省高校心理健康教育专家指导委员会和广东省高校心理健康教育与咨询专业委员会等行业协会,先后制定了《广东省普通高等学校学生心理健康教育与心理咨询工作基本建设标准(试行)》《广东省普通高等学校心理健康教育工作评估指标体系(试行)》等文件,在文件中对学校心理健康教育机构的人员、场地和经费做出了明确要求。例如,在人员保障方面,文件要求:普通高校心理健康教育专职人员按3 000名学生配置1名的比例进行配置,民办高校可按4 000名学生配置1名的比例进行配置,不足最低标准的学校至少要配置2名专职人员。高校心理健康教育机构的专业人才队伍应由心理咨询、医学、教育学专业等相关人员组成,注意人员组成的性别和年龄结构;学校应至少聘请1名有专业水准的心理学专家,定期开展案例督导,指导中心的业务工作,为咨询人员的身心健康

和职业操行提供保障。中心应设主任1名，可设副主任1~2名。在经费保障方面要求：高校要按每生（包括研究生、本科生和专科生）每年不少于10元的标准做好专项经费预算，并设专项经费本（或卡）进行单独管理。在场地保障方面要求：应保证办公室、个体咨询室、心理测量与档案室、团体心理咨询等专用工作房的配置。办公室应配备专用电脑、专业心理测量软件、专业书籍、热线电话等基本的办公设备。

2. 通过专项督导检查重点推进

为保证高校心理健康教育与咨询工作的质量，防止专业人员的职业枯竭、职业倦怠，以及预防职业道德问题出现，广东省教育厅每年组织相关专家对省内高校心理健康教育与咨询工作进行专项检查和专业督导。通过专项督导检查，广东省教育主管部门和行业组织不断总结出广东高校学生心理健康教育与咨询工作的新经验、新成果，发现存在的困难和问题，按照"以查促建、以查促改、查建结合、重在建设"的指导方针，全面推进大学生心理健康与咨询工作的科学化、规范化、专业化建设。

例如，2004年广东省心理健康教育与咨询督导检查小组对广州地区、粤西地区和粤东地区12所高校进行了现场督导检查。同时，对14所高校进行了书面问卷调查，督导检查内容包括学校心理健康教育与咨询工作的机构设置、队伍建设、教学科研等情况（详见表8-7）。通过专项督导检查，督导检查小组发现广东省部分高校在人员、场地和经费保障等方面存在的突出问题，例如省内各高校逐步建立了心理健康教育与咨询的工作机构，专兼职人员队伍有所发展，但专业化程度普遍不高。省内绝大多数高校均成立了专门的学生心理健康教育机构，但只有为数不多的学校配备了专职心理专业人员。不少学校采取由学生处主管，心理健康教育与咨询业务由教研室、卫生所和教育科研所等有关部门参与的体制，心理健康教育与咨询工作由相关部门的教师兼任。这种体制虽然有资源共享的好处，但普遍存在着职责不清、管理不善、专业化程度不高、服务不规范和经常化等弊病。一些师范院校通常聘任教育学院的心理学专业教师作为兼职心理咨询人员，从心理咨询的严格要求来看这是不妥当的。有专业知识并不等于有心理咨询的能力，没有受过心理咨询技巧和职业道德训练，并且没有被主管机构授予上岗证的人员是不能给学生进行心理咨询的。没有专职人员定编、定编不够或专业化程度不高也是该次专项督导检查中发现的较为突出的问题。另外，在场地保障方面督导检查组还发现工作场地条件虽有不同程度的改善，但设施仍旧简陋。部分高校虽改善了本校的心理咨询室条件，配备了必要的办公家具和电脑、电话、打印机等基本设施，但工作场地面积普遍不足，设施仍旧简陋，与心理咨询、心理测量和心理治疗相关的仪器设备和软件普遍缺乏。在经费保障方面不少高校仍存在没有设置专门的心理健康教育专项工作经费账户等问题。

针对督导检查中发现的主要问题和薄弱环节，督导检查小组提出有针对性地加强和改进大学生心理健康教育特别是机构设置、队伍建设和条件保障等方面的指导性意见和建议。通过规范化的专项督导检查，广东高校均基本落实了广东省教育厅关于人员、场地和经费等三方面保障的要求。

表8-7 2004年广东省14所高校心理健康教育与咨询问卷调查情况

| 项目 | 调查项目 | 建设情况（学校数）/所 | 百分比/% |
| --- | --- | --- | --- |
| 机构设置 | 隶属学校学生处 | 12 | 85.71 |
|  | 隶属学校医院（或医务室） | 1 | 7.14 |
|  | 隶属其他部门（社科部、团委、教育系等） | 1 | 7.14 |
| 咨询人员 | 有专职人员 | 10 | 71.42 |
|  | 只有兼职人员 | 4 | 28.57 |
| 领导情况 | 有校级领导分工负责和指导工作 | 12 | 85.71 |
|  | 有学生处等部门领导负责指导工作 | 14 | 100 |
| 教育情况 | 已开设心理健康教育必修课 | 8 | 57.14 |
|  | 只开设心理健康教育选修课或讲座 | 6 | 42.85 |
| 咨询情况 | 有固定咨询时间 | 10 | 71.42 |
|  | 不定期或预约咨询 | 4 | 28.57 |
|  | 尚未开展任何形式的咨询 | — | — |

续上表

| 项目 | 调查项目 | 建设情况（学校数）/所 | 百分比/% |
|---|---|---|---|
| 培训情况 | 专、兼职人员是否参加上级组织的培训 | 14 | 100 |
| | 占专、兼职人员培训的比例 | — | 30~50 |
| 专项经费 | 无任何专项拨款 | 4 | 28.57 |
| | 按需供应 | 1 | 7.14 |
| | 定额在1万~5万元之间 | 9 | 64.29 |
| 其他 | 成立学生心理社团 | 10 | 71.42 |
| | 发表有关科研论文数量达标 | 10 | 71.42 |
| | 咨询人员咨询无报酬 | 10 | 71.42 |
| | 咨询人员咨询有报酬 | 4 | 28.57 |
| | 有相关内部刊物或报纸 | 6 | 42.85 |

督导检查的主要程序和方法包括：

(1) 在各高校自查和综合评价的基础上，督导检查小组重点进行复查。督导检查专家组全体成员在赴被检学校前，应召开预备会，明确督导检查的目的要求，熟悉《广东省普通高等学校心理健康教育工作评估指标体系（试行）》方案各项指标内涵及标准，审阅学校自评报告，初步提出督导检查提纲，制订督导检查工作计划，明确工作分工。

(2) 听取学校汇报和相关职能部门的情况汇报。

(3) 召开学生思想政治工作队伍座谈会。

(4) 观摩学生心理健康教育或团体咨询活动。

(5) 察看学校心理健康教育与咨询工作工作场所和设备设施等保障条件。

(6) 查阅核实学校提供的被检相关资料，重点审阅原始资料、文件。

(7) 督导心理咨询专业人员。

(8) 专家组成员召开会议汇总督导检查情况，在汇报的基础上由各位专家按项目内容分工，经讨论汇总后确定督导检查结果，形成专家组对学校的督导检查意见及结论。

（9）召开督导检查情况通报会，由专家组组长代表专家组向受检学校及主管部门领导反馈意见，肯定成绩，提出改进学校心理健康教育工作的意见和建议。

**（二）学院衔接层：建设二级心理辅导站**

广东高校自 2008 年来开始探索在学院建立二级心理辅导站，将心理健康防护意识辐射到各二级学院，全面推进学校心理健康教育工作的深入发展。院系二级心理辅导站均由学院党委书记或副书记挂帅，并指派有一定心理学基础的辅导员教师负责，在学院办公楼设立专门的心理辅导室场地，并在原有朋辈心理辅导员和宿舍心理保健员的基础上建立学院的心理协会分会。二级心理辅导站具体承担的任务包括：①结合本学院实际情况组织开展心理健康教育系列活动。②组织各班级学生心理委员开展活动，坚持定期例会制度、进行团体辅导及个体督导活动，提高心理委员个人素质，切实帮助他们开展工作。③发挥辅导员、导师、院系专家自身优势及特点，对学生开展不同层次的谈心辅导，发现问题及时转介中心咨询人员。④完善每月汇报制度，对学生心理动态、关注个案及其后续情况跟踪反馈等进行定期汇总上报。

例如，2007 年，广州中医药大学在学校建立了首个二级心理辅导站——第二临床医学院心理辅导站，随后，"语过天晴""心灵家园""阳光驿站""悦心坊"等 11 个各具特色的学院心理健康教育工作站相继建立。2008 年，华南农业大学在全校 17 个学院建立了二级辅导站，探索了二级心理辅导站的工作理念、组织机构、工作内容、绩效评价等工作模式。尤其是近几年，不少高校每年在学生工作系统开展"心理健康教育优秀团队"评选，进一步调动二级学院开展心理健康教育工作的积极性。学院加大对心理健康教育工作的投入，每个二级辅导站配有专门的负责教师，建有温馨的心理辅导工作场所，开设学院心理求助热线、心理信箱、微信公众号，制定了一系列心理工作制度、危机预防预警办法等。学院朋辈咨询员、心理委员、心理社团等逐步发展壮大起来。学校逐渐形成以心理咨询中心为龙头,学院二级心理辅导站、朋辈辅导队伍共同合力的学生心理教育与服务工作矩阵,形成了较强的心理健康教育工作网络。二级学院每学期建立重点关注学生数据库,二级心理辅导站每周向心理中心汇报学生心理动态,及早发现学生异常心理及行为,随时对危机学生进行关注,尽可能减少或避免学生发生危机事件。

### (三) 班级普及层:心理委员

大学中的班级,是大学生活不可缺少的集体,是校园的组成元素。班级文化建设,影响上至校园文化,下至学生个体,是非常重要的教育阵地。广东高校早在2005年就做了形式多样的有益尝试,在学校班级层面设立了学生心理健康教育工作骨干团队。例如,华南农业大学的"阳光团队"、华南师范大学的朋辈心理辅导员、广东外语外贸大学的心理委员和心理援助队、中山大学的心灵守望者团队、广东工业大学的心理健康联络员。这些高校构建心理危机防范体系的班级层面,普遍做法是各班级以自愿报名、院系推荐和心理咨询中心培训筛选等形式组建起一支各具特色的学生自助和互助团队,协助校心理咨询中心、学院二级心理辅导站开展班级心理健康教育学习和实践活动,掌握本班同学整体心理动态,初步识别个别学生的异常心理状态,提供心理帮助和支持;培训、监督宿舍心理委员,收集反馈表并汇总上交等。

1. 班级心理委员的选拔

班级心理委员根据"个人自愿、院系推荐、辅导员考察、心理专业教师培训"的原则和程序产生。具体步骤包括:

(1) 通过自愿报名的方式申报心理委员候选人。

(2) 心理委员候选人接受班级同学民主选举并获得多数同学支持者,可以由班级向所在学院的负责心理教育工作的辅导员推荐。

(3) 各学院负责心理健康教育工作的辅导员对各班级推荐的心理委员候选人从学业成绩、人际关系、综合素质等方面进行宏观考察,考察合格后即初步确定为心理委员,并将名单提交到学生处心理健康教育中心。

(4) 被初步确定为心理委员的同学必须经过学生处心理健康教育中心入职培训后才能正式成为心理委员。

2. 班级心理委员的培训

心理委员的培训包括入职培训和常规培训。入职培训是指心理委员在行使心理委员职责前必须接受的心理专业培训。具体培训方案由心理健康教育中心根据实际情况制定。培训内容主要包括：①大学生心理健康教育的相关文件和规定；②学生心理健康状况概述；③大学生心理健康的相关基本知识；④大学生常见心理问题及应对；⑤心理咨询的基本技术；⑥心理危机预防与干预的基本知识。

心理委员的常规培训是指由心理咨询中心根据工作需要和心理委员的业务需求，在心理委员在岗期间组织的不定期业务培训。一般每年至少开展一次，培训后要进行考核。

3. 班级心理委员的工作职责

综合各高校对班级心理委员的定位，其工作内容主要包括以下方面：

（1）保密原则。心理委员对所从事的工作必须严格保密，对所接触的同学的隐私不得向其亲戚、恋人或朋友等泄漏，若涉及自杀、杀人或自伤、伤人等特殊情况者需与负责心理健康教育工作的教师沟通。

（2）本科生班级心理委员应敏锐观察并及时记录本班学生心理变化动态。及时了解、汇报同学的心理需求，发现并及时汇报同学的心理动态；不夸大、不引申，记录内容务必真实客观，而且谨慎保管、严加保密。

（3）掌握常见心理问题和紧急干预的常识，学习心理辅导技术，提高自我心理素质。

（4）宣传心理健康知识，及时传达心理健康教育中心的相关信息。心理委员要在所在学院的心理辅导教师的指导下，通过各种形式积极向本班同学宣传心理健康和心理卫生方面的知识，帮助他们树立科学的健康观念，掌握心理健康调适的基本方法，并对出现的心理问题能够进行自我调节，保持良好的心理状态。

（5）对于学生同伴中出现的异常行为、不良情绪反应，根据所学心理学知识，可以适当介入，给予其必要的支持，并协助辅导员做好心理危机学生的监护、跟踪与反馈工作，填写好《在校非服药、非休学需关注学生情况汇总表》。

（6）有计划地组织开展班级心理健康教育活动，定期参加校院两级组织开展的培训、交流活动，并协助、配合学校心理健康教育中心及院系心理辅导教师开展相关工作。

4. 班级心理委员的考核与管理

（1）班级心理委员的考核由所在学院心理辅导教师具体负责实施，并建立心理委员每月汇报制度，汇报内容包括：①本班学生对心理知识的需求；②本班学生的心理动向；③最近出现的学生心理问题；④对进一步开展心理健康教育工作的建议。

（2）学校每学年组织心理委员评比表彰活动。对表现突出者颁发"优秀心理委员"奖励证书。获得奖励的心理委员，在该学年综合测评的品行方面，可获得加分奖励。

（3）对于不遵守保密原则、玩忽职守、造成恶劣影响的心理委员，学校将立即取消其心理委员资格，并视情况进行相应处理。

例如，广东工业大学通过三大品牌活动加强对心理委员的组织与管理，极大提高了心理委员队伍工作的主动性和积极性。该校班级心理委员的三大品牌活动包括：

其一，"王牌"活动——心理委员技能助人大赛。广东工业大学于2011年开始举行一年一期的该项竞赛活动，以比赛之名，行教育之实。技能比赛更能直观展示和交流学习心理委员助人工作的技能，为各学院之间、心理委员队伍之间提供一个交流和学习的平台。通过大赛的开展，心理委员的理论知识和专业实操水平都显著提高，该活动受到一致好评。

其二，"殿堂级"活动——班级心理文化规划与展示大赛。该活动以心理咨询中心提供一个平台，由班级心理委员为主要负责人，带领本班团队对班级心理文化建设进行规划、实施、展示和经验交流。低年级规划自己的班级柔性文化的建设方案，高年级的时候再展示班级心理文化建设成果，在学生中起到了很好的反响和教育作用。

其三，"亲民牌"活动——班级心理主题班会的开展。该活动每学期至少两次，由心理委员策划主持，探讨同学们关心的种种心理主题。这些主题可以多样、另类、时尚。如曾有班级心理主题班会主题选为"韩剧、美剧给大学生带来哪些不同的心理体验"，既有趣味又发人深省，吸引了同学们积极参与。

**（四）宿舍防护层：心理危机预警的守门人**

广东高校普遍在班级中设置了学生心理委员或者在学生宿舍中设置了心理保健员充当心理危机预警的守门人。既往的研究和实践中，监测预警学生动态心理危机主要是通过心理危机守门人来实现的。心理危机守门人（gatekeeper）是指那些能与潜在心理危机个体接触的，能识别出心理危机征兆并能劝导他们寻求帮助或治疗的人。过往心理健康教育工作的实践发现，心理工作容不得一丝的疏忽与遗漏，大型的心理健康教育宣传活动渲染了一种关爱心灵的气氛，但是很多性格孤僻、内向、情绪抑郁的同学往往不会参与其中，得不到应有的教育和关注，对这些同学只有同宿舍同学最为了解。因此，在宿舍层面设置心理危机预警的守门人（即保健员）对学生心理危机的防范和干预具有非常重要的意义。宿舍心理保健员的主要职责在于：①接受各项心理培训，掌握心理辅导知识和紧急危机干预常识。②及时发现、关注、关怀和帮助有心理困惑的同学并开展心理辅导，将需要心理帮助的同学及时推介到学校心理咨询中心接受心理咨询等。③定期向班级心理委员反映宿舍同学心理健康状况，汇总到心理指导教师处。④及时将有重大心理变故和异常行为的学生上报辅导员和班主任教师。⑤组织宿舍开展心理自助活动，并配合班级心理委员开展有关心理健康的宣传教育工作。

通过多年的实践和探索，广东省一些高校逐渐形成了一些富有特色的项目，下面以广东工业大学实施的"心烛"项目为例，对其加以介绍。

"心烛"项目的名称寓意"像心灵的烛光一样给内心处于阴郁或黑暗期的同学带来温暖和光明"。该项目自2012年起在广东工业大学全面启动，由广东工业大学学生工作部（处）直接领导，心理健康教育与咨询中心心理教师专职负责实施。

"心烛"团队骨干成员主要为学校大二、大三的学生，从以下的同学中进行选拔：①各学院心理健康指导教师推荐的心理骨干；②校心理协会、院心理协会、班级心理委员、宿舍心理信息员等心理队伍中自愿参加的骨干；③学校心理学爱好者。

"心烛"团队成员需要接受学校心理咨询中心组织的系列培训和督导，内容包括：

1. 心理健康知识方面

（1）基础心理知识的培训。①心理诊断技能：识别引发心理与行为问题的生物学因素、社会性因素、心理因素等病因，鉴别诊断神经症（抑郁症、焦虑症、强迫症等）、精神病、人格障碍等大学生常见心理障碍的特点及预防方法。②危机干预及相关知识。③朋辈心理咨询的基本技术（保密、共情、无条件积极关注等）。④电话预约与咨询的要点（电话预约的基本流程）。⑤网络预约与咨询的要点。

（2）日常心理管理工作的培训。根据每位教师的工作特点，对同学们进行基础的培训，使"心烛"队伍的成员能成为教师日常管理工作的得力助手。比如，心理测试的设置与结果分析，心理咨询档案的管理与录入，心理网站的更新与问题的及时回复等。

（3）团体心理工作方法的培训。包括理论学习与个人体验两部分：①理论学习包括团体小组心理工作的基本理论、基本方法、工作技巧等。②个人体验为每周一次的团体小组活动，让组员在实践和自我体验中对团体心理工作的方法加强掌握。主要内容为自我意识的探讨、自我成长方法的探讨、学习适应能力加强的方法、人际交往的学习、情感调节的方法、压力应对的方法等。

2. 团体工作督导方面

由学校心理咨询中心负责教师定期对工作团队成员进行工作督导，以团体心理训练和个体心理体验等形式进行，主要内容涉及自我探索、人际关系的课程与体验，建立以自评、互评和师评相结合的考核体系。

"心烛"团队的工作内容包括：经过系列的报名、培训和考核，学校心理咨询中心对通过考核的"心烛"团队成员布置工作任务。内容包括：对在新生心理健康调查中所筛查出来的学生或者有这方面需要的学生进行团体辅导，关注并追踪学生的心理状态及其动向，随时向专职心理教师汇报，并接受心理教师的个人的和团体的督导。具体的实施方法包括：由2～3位

"心烛"小组的成员担任小组的主要组织策划与领导者,每两周开展一次团体活动。活动前期有每次活动的策划书,内容包括活动要达到的目的和注意事项,策划书在教师的指导下实施,每次活动后收集参加的组员的表现、感想和收获。每种团体活动拟共进行8次,根据每次活动小组成员的特点及活动的效果来策划适合小组成员的方案。以下为"心烛"团队开展的几种特色团体心理辅导活动。

(1) 自我成长团体小组。主要针对想要更好地了解自己、认知自己、悦纳自己的同学。通过小组工作的方法,使组员更为客观和全面地认识自己的优势与劣势,从深层次探索自卑的根源,逐步形成积极、自信的人格品质。

(2) 学习适应团体小组。主要针对学习上存在困难、学习动机不明确、网络依赖等学习方面出现困难的学生。通过团体活动,让成员探索学习出现问题的原因,纳入行为管理和行为治疗的方法,使成员更好地管理自己的时间,克服学习困难。

(3) 人际关系团体小组。主要针对存在人际关系困惑的同学和宿舍关系紧张的同学。通过小组活动探讨自我人际关系的特点、良好人际关系的要素等,帮助组员看到在人际关系中自己的表现,掌握良好的人际交往技巧。

(4) 情感提升团体小组。主要针对在情绪调节方面出现困扰的同学,如情绪的体验困难、情绪的表达幼稚等,通过团体小组的工作使组员了解到自己的情绪是怎么产生、怎么体验、怎么表达怎么进行调节的,针对在这个过程中的偏差进行调节,使组员学会认知情绪治疗的主要技术,能对自我的情绪进行调节。

(5) 压力应对团体小组。主要针对具有一定的焦虑状态,体验到各种来自如学生会、社团、兼职工作或一些生活事件的压力的同学。通过小组工作的方式,让组员了解自己的主要压力来源,学习应对措施,掌握有效的缓解方法。

(6) 积极心理团体小组。主要针对心理健康的同学。这部分同学有想要更好地了解自己、发展自己的需求,想要更好地提高自己的自我效能感、心理韧性和生活幸福指标。小组可以通过积极心理学的方法，学习和探讨优化心理与人格的具体行为措施，互相支持和鼓励。

(7) 社会化互助团体小组。主要针对已经被医院诊断为精神障碍或心理障碍的同学。此类同学包括正在医院定期接受门诊治疗的、已经经过住院治疗目前属于恢复期和康复期的、被诊断为亚临床症状的、因精神或心理问题休学后复学的同学。通过定期的小组活动，给这些高危的同学以生活和情感方面的支持，为其提供更好融入社会的生活技巧；对疾病的动态变化及服药情况进行跟踪监测；与家庭取得联系，定期向家长反馈学生情况，联合家庭、学校和医院一起帮助这部分同学顺利适应学校环境，完成学业。

3. 团体辅导效果方面

"心烛"项目实施以来，通过量表追踪评估和成员自我评估等评估手段对团体辅导效果进行了综合评估，评估结果表明：封闭式团体辅导对于大学生心理健康水平是有效的。有效性主要表现在以下几个方面：

(1) 通过量表评估和量表追踪评估，参与团体辅导的大学生心理健康状况得到了明显改善，抑郁、自卑、焦虑、强迫和人际敏感等心理问题也得到了良好的改善。

(2) 从成员的自我总结中，通过成员对发自内心的体验、感悟的描述，可以看到他们心理和行为的改变都是积极的。他们的体验和改变主要有以下几点：①几乎每位成员在活动中都体会到了愉悦的心情。在每次活动结束前的"个人感言"中，总会有成员提到"今天我很开心"之类的话，甚至有些成员写到"没有想到我会在这个团体中说出那么多我不敢告诉别人的话"。②成员能够敞开心扉，了解到每个人思想的差异性。③重新全面、客观认识自己，悦纳自己。④在安全的小团体里，学会了更多的社交技巧。⑤改变错误的归因方式，学会了以客观和积极的心态面对和解决问题。⑥绝大多数成员提高了心理韧性，能以积极、乐观的心态面对挫折。

自项目启动以来，广东工业大学不仅让参加封闭式团体辅导的成员获得了心灵的成长，同时也让"心烛"的成员参与到一些危机个案的干预中，利用同龄人的力量，给面临危机的同学以支持和帮助；策划举办了一系列新生的适应性团体辅导，使新生更好更快地融入新的环境，活动开展后，得到了师生的一致好评。

**（五）医院协助层：巧借外力化解心理危机**

基于学生心理危机事件频发、心理和精神疾病患病学生人数上升等形势，广东省众多高校加强了与心理专科医院或医院心理科等医疗机构的合作，签订学生转诊协议，建立长期合作关系，对危机个案做到及早发现、及早诊断、及早预防，完善学生转介制度。

例如，华南师范大学在2010年与当地具有良好学术声誉和治疗水平的中山大学附属第三医院、广州市惠爱医院分别签订了问题学生转介门诊和住院治疗的合作协议。

根据协议，学校一旦发现可疑学生可能出现的精神病症状和有轻生危机的抑郁症状应及时与医院取得联系；在紧急情况下，学校可通过与医院建立的快捷通道为转诊的学生办理住院手续；学校或学生家长按省公费医疗收费标准支付学生的住院治疗费用。学校为医院在学校开展精神卫生教育与服务提供必要的协作与条件支持。

医院根据学校具体需要派遣专业医生到学校提供精神卫生教育的工作指导和专题讲座；学校出现有关精神卫生问题或发生学生心理危机并向医院求助时，医院应及时为学校提供专业帮助及精神医学的建议；免费提供电话预约门诊挂号服务；必要时派遣专业医生及时到学校帮助诊断与鉴别诊断学生的可疑心理障碍和精神疾病；在患者法定监护人知情同意的前提下，根据实际需求派出专业医生诊断、收治高校内急性发作的精神病患者和有轻生危机的抑郁症、躁狂症患者；负责与已经入院的精神病学生患者的家长保持必要的联系，并提供病情咨询及其康复指导；负责为学校在读并在医院治疗登记过的有各类精神障碍的大学生建立长期的病历档案，提供规范治疗的动态监护，并与家长和学校保持必要的信息沟通。

## 三、坚持全天候多形式的专业心理咨询服务

坚持心理咨询制度，及时消除大学生的心理困扰，是构建心理育人工作体系的重要手段。心理咨询既是帮助存在各种烦恼和心理矛盾的学生解除困扰、减轻压力、改善和提高适应能力的重要手段，也是帮助有心理障

碍或心理疾病的学生克服障碍、缓解症状、恢复心理健康的重要手段。在广东高校中，华南师范大学心理咨询研究中心自2001年建立以来就一直坚持从周一到周日、从早晨到晚上全天候地提供专业心理咨询服务。在工作实践中，华南师范大学坚持了两个相结合：

一是面谈咨询和电话咨询相结合。学校心理咨询研究中心成立以来，开展了多种形式的心理咨询服务。通过面对面的个别咨询的形式，帮助大学生排解心理上的压力、困扰和烦恼，促进他们心灵上的成长，帮助他们完善人格。通过电话咨询，加强与不愿露面的访问者的心理沟通，及时为他们排解心理上的困扰和烦恼，辅导他们提高心理素质。

二是在编心理咨询教师与编外心理咨询专家相结合。华南师范大学实行在编心理咨询教师与编外心理咨询专家相结合，既解决了在编心理咨询教师有限与要求提供咨询服务的学生增多的矛盾，也加强了在编心理咨询教师与编外心理咨询专家的联系和合作，发挥了编外心理咨询专家的优势。

### 四、心理情景剧的实践探索

心理情景剧，是基于心理剧有关理论和技术的一种发展性心理辅导方式，是把学生在生活、学习交往中的烦恼、困扰等，通过角色扮演、情景对话、内心独白等方式编写剧本进行表演，以此表现和解决心理问题，增进心理健康水平的一种自我教育活动。20世纪90年代初，心理情景剧开始进入我国香港、台湾等地区，随后在内地各高校和中小学迅速流行，成为一种新的心理健康教育宣传方式和心理辅导活动形式，并受到学生的普遍欢迎。心理情景剧在我国的发展时间虽然只有短短20多年，但是广东高校心理健康教育工作者不断进行探索与实践，已经将其从一种单纯的心理辅导方式，探索转变成一种新的心理健康教育方式。例如，华南师范大学于2003年就开展了心理情景剧的实践探索，至今已在全校上演了10多部大型心理情景剧，其中心理情景剧《我是谁》还在省内其他高校进行了巡演，成为该校开展心理健康教育工作的亮点。

#### （一）特色与功能

1. 心理情景剧以大学生为主体，更受大学生欢迎

（1）以学生为创作主体，叙述大学生自己的故事。心理情景剧就是把

学生在生活、学习、交往中的心理冲突、烦恼、困惑等，以小品表演、角色扮演、情景对话等方式编成剧本进行表演。在剧中融入心理学的知识原理和技巧，学生表演发生在他们身边熟悉的，甚至是亲身经历的事，从中体验心理的细微变化，进而达到宣泄、释压的作用，并领悟其中道理。通过学生"自己演，演自己"，把"大道理"用心理情景剧的形式表现出来，既能够让学生从中受到心灵上的启迪，又能够使学生感受到现实生活的美好，还能够增进学生间的互动和交流，增进学生间的感情和友谊，使学生正确地认识自我和发展自我。

而不同时期大学生对问题的认识和思考是不同的，有着深刻的时代烙印。另外，心理情景剧对剧本的要求是必须贴近大学生生活，能使大部分学生产生共鸣。因此心理情景剧最好的作者就是大学生自己，由大学生视角出发，观察分析自己的生活，并以心理情景剧的方式表现出来，这是其一大特点，也是优势。

（2）以学生为演出主体，展现大学生自己的故事。心理情景剧和其他类别的话剧或者舞台剧同属于舞台表演，但又存在本质上的不同，心理情景剧对表演者本身的演技没有很高的要求，有时质朴无华、生活化的表演更能打动观众。也就是说，作为心理情景剧的表演者，不需要有很多的表演方面的专业知识或背景，只要愿意在舞台上扮演某个角色或者展现自己，每个人都可以成为某部心理情景剧的主角，这就大大提高了学生的积极性和参与性，同时也扩大了心理情景剧在学生中的影响。

2. 心理情景剧具有特殊的心理健康教育功能

心理情景剧的心理健康教育功能具有发展性、预防性和互动性的特点。

（1）发展性。心理情景剧以学生成长过程中出现的心理问题为素材，为学生提供观摩他人心理问题的形成、发展和处理的过程。学生在观摩或演出心理情景剧的过程中，可以形象直观地学习到对自身与他人心理问题的认识及应对方法等。心理情景剧为学生创造学习的具体机会和现实环境，让学生学会如何面对成长中的心理问题，学会自我心理调适。在这个学习的过程中，学生不仅获得应对相同或相似心理问题的解决方法，更重要的是学生在整体过程中获得了如何应对心理问题的教育，获得了心理提升和自我发展。这种发展性教育使个体不仅获得了应对当前心理问题的能力，同时还具备了积极应对未来可能发生的心理问题的能力。

（2）预防性。从心理情景剧组织和实施的全过程来看，演出者将心理问题的形成、发展和应对的全过程完整地展示给观众。参与表演的同学通过参加演出，观众通过观摩演出，分享他们对该心理问题的产生原因的看法，分享对心理问题发展甚至激化的认识，可以"以剧为镜"，发现自己生活中应该注意的问题和细节，从而避免同样的问题在自己的身上重现。此外，心理情景剧通过让演出者及观众了解剧中所展现的心理问题的调适方法，增强学生心理自我调适能力，预防心理问题进一步激化。

（3）互动性。与传统的"说教式"教育相比，心理情景剧教育作用的发生具有互动性。在"说教式"教育里，无论被教育对象是否接受，相应的理论、方法均一并灌输给受教育者。而在校园心理情景剧中，演出者和观众将剧中反映的问题与自己的情况连接，与剧本中的角色进行互动式交换，从而获得教育。在参与演出及分享过程中，大家语言上、心灵上的互动式交流会催生新的观点，从而使心理情景剧的教育作用更具有创造性。

3. 心理情景剧心理健康教育功能的发生机制

相比其他心理健康活动形式，心理情景剧的心理健康教育功能具有独特的发生机制。心理情景剧一般在心理教师的指导下，由在校学生自编自导自演，充分发挥学生的主动性与创造性，能很好地引起观众的共鸣。心理情景剧以激发观众认同感为起点，以调整观众"情绪—认知—行为"三层面心理状态为基础，最终达到完善学生个性品质的目的。心理情景剧心理健康教育功能的发生机制，正是"点—线—面"的辐射过程，即以引起观众共鸣为出发点，以调整观众"情绪—认知—行为"的心理状态为主线，最终完善其个性品质。这种教育作用的发生主要体现在以下方面。

（1）引起情感共鸣。心理情景剧具有生动直观、形式活泼、引人入胜的特点，以形象直观的方式，将校园生活中的困扰问题在具体的场景中呈现出来，反映出他们的内心世界，不仅能够强化参与者内心体验，而且更容易引起观众的情感共鸣。心理情景剧借助服装、灯光、音乐、布景等舞台工具，综合运用歌剧、独白等艺术表现手法，能很好地渲染现场气氛，激发观众情绪情感,引起共鸣。

(2) 改变情绪认知。在心理情景剧中,观众体会角色的情绪和行为,他们在观看的同时可以在心理教师的点评中理解剧中的隐喻,从而得到一定程度上的情绪宣泄,有助于学生调节情绪,主动修正不合理的观念,练习新的行为,可以达到情绪、认知、行为三个层面的矫正目的,帮助他们提高自我解决现实问题的能力,建立更良好的人际关系,促进其人格的发展与完善。

(3) 塑造良好行为。在心理情景剧中,主角和配角交互活动,把自己的观念、行为模式加以演示,在此过程中,通过镜像技术让表演者在局外看到自己的行为方式对别人、对自己以及对人际关系的影响,从而可进行深层次的自我认识,重新评价自己观念的正确性,重新审视自己行为的适当性,表现出多种适应心理情景剧中的行为反应。他们可以把在心理情景剧中形成的新行为迁移到现实生活中去,掌握处理问题的方式方法,避免直接在社会中因锻炼新行为而受到的打击。同时,心理情景剧使参与者非语言沟通的能力得到了明显提升。在准确理解别人的基础上,参与者获得了观众的认同、接纳,化解了一些心理问题和困惑,切实地体验到被别人理解的愉悦,反过来又促使自己更好地去理解他人。因此,心理情景剧在某种程度上促进了大学生自觉的心理发展,使他们得以不断地自我成长和自我完善。

(4) 完善个性品质。人格的形成是指人们在认识事物或认识自身的过程中知、情、意、行等各心理要素互相渗透、互相促进的过程。心理情景剧可以提供健康的个性心理参照体系和行为模式,积极、勇敢、热情、乐观、自信等优良性格特征和消极、孤僻、狭隘、自私、自卑等不良性格特征,都可以通过剧中情景、人物形象的刻画生动活泼地反映出来,促进大学生的自我察觉、人际交往、价值判断与自觉行为,是一种积极的潜移默化的心理影响,能帮助大学生完善人格。在心理情景剧排演过程中,需要剧组成员积极合作,进行编剧、排练、录音、服装、化妆、道具、灯光音响、舞台、主持等不同的角色分工,主动接受锻炼和挑战,有利于合作精神、意志品质和沟通能力的发展。

### （二）组织与实施

心理情景剧的排练演出是一项具有一定专业性的工作，它的组织与实施可大致分为剧本编写、排练准备和现场演出三个阶段。

1. 剧本编写或征集阶段

根据贴近校园生活的心理冲突或心理矛盾构思剧本，设计情节，对剧中各个角色进行深入的揣摩，最终形成整个剧本。心理情景剧是针对某一突出心理问题的艺术加工和创作。编剧在创作时应考虑以下三个方面：一是既可选择大学生共同关心的话题，也可以是某学生个体的独特的问题情境；二是既要考虑学生的心理现状和实际水平，也要挖掘和发展学生的心理潜能；三是既要揭示学生的心理问题，也要体现对健康人格榜样的正面塑造。

华南师范大学、广东工业大学、暨南大学、星海音乐学院等高校每年都在4—5月份期间在全校范围内举行心理情景剧剧本创作大赛。例如，广东工业大学每个学期都会在学期初制定学期的心理主题活动方案，并会根据特定主题面向广大学生征集心理短剧剧本。需要注意的是，心理情景剧剧本的主题需要紧扣当年学校开展心理健康系列活动的主题，立意要明确。心理情景剧表演和以心理情景剧为表现形式的比赛，有时存在一个比较突出的问题，就是内容涉及面太广，题目过于繁复。这种要求剧本与主题活动相关的做法，不仅很好地把握了心理情景剧主要表现的内容，也从某种程度上使得比赛更具公平性。

2. 排练准备阶段

（1）剧组的组建。心理剧团的成立是一个学校的心理情景剧活动走向规范化、常规化和专业化的标志。剧组内需分工明确，各司其职，可大体分为几个小组：顾问组、编导组、演出组、道具组、化妆组、宣传组、后勤组、音效组等。其中，顾问组由心理学专业或者艺术专业的教师组成，对剧本的取材和演出的方向进行指导；编导组负责收集、创作心理情景剧剧本，导演负责心理情景剧的具体实施、排练和演出，是整个剧组的灵魂；演出组负责各种形式的排练和演出；道具组精美的道具制作与高效准确的道具摆放将使演出如虎添翼；化妆组匠心独运的化妆为心理情景剧增光添彩；宣传组贯穿整个心理情景剧排演，让更多人了解心理情景剧；后勤组准备充足物资为演职人员提供保障；音效组决定了演出声音部分的精彩呈现。总的来说，一台心理情景剧的成功演出离不开剧组各个成员的通力协作。

心理情景剧是以贴近校园生活为特点的，但这和建设一支相对专业的演出队伍并不矛盾，因为舞台剧、心理情景剧也需要一定的表演技巧和艺术加工。针对这种情况，华南师范大学、广东工业大学等广东高校均成立了专门的心理情景剧演出组织，并对其进行了专业的培训和定期的排练。而各个学院的心理健康协会等学生组织也陆续建立了属于自己的心理情景剧演出团体，这就很好地保证了心理情景剧，尤其是舞台剧的演出效果。

（2）演员的招募。演员招募是心理情景剧开演的一个重要准备环节，演技佳、勇奉献的演员将会更能促进心理情景剧的成功。演员的招募主要考查演员四方面内容：一是演员的演技，二是演员与导演心中角色形象的切合度，三是演员的综合素质，四是充足的课余时间。演员确定之后便要开展剧本研读活动，让演员各抒己见，由导演说明讲解，并统计演员空闲时间，制订初步排练计划。

心理情景剧之所以容易为广大学生接受，其中一个重要的原因就是心理情景剧反应的是他们的日常生活，是发生在他们身边的，甚至是发生在他们自己身上的事。因此，心理情景剧的剧本写作和表演不同于其他的舞台剧，不强调剧本的冲突性、艺术性，也不强调表演的冲击力和专业性，它更注重的是真实性和生活化。心理情景剧更多的是强调是否能够引起观众的思考和共鸣，因此，在演员的选拔中，从不设立任何的所谓资质方面的门槛，任何一个普通同学都可以成为某部心理情景剧的编剧和主角，很多时候剧本的内容就是对目前校园生活的真实再现。而且，由于每个人对生活关注的方面不同，心理情景剧的内容常常涉及大学生活的各个方面，内容极其丰富，在观看心理情景剧的过程中，观众常常会有"这就是我的生活"或者"这是我经历过的事情"的感觉，并在这种深刻的共鸣中观察他人的行为，反观自己的处事方法，本着有则改之无则加勉的原则对自己进行调整，在无形中对个人的外在精神面貌起到了改善作用。

（3）剧情的排练。剧情排练大致分为三个阶段：一是对剧本有整体把握并熟悉台词；二是对每幕情景剧剧情细致刻画与调整；三是回归整个心理情景剧，整体调整，着重排练道具组。

（4）宣传的造势。心理情景剧的宣传工作是一项贯穿始终的任务，演员招募直接影响演员质量，而宣传直接影响观剧人数。宣传可采用网络、海报等多种形式。

3. 现场演出阶段

现场演出当天需要注意提前半天在演出现场进行走场演练、协调舞台布置、灯光音乐、服装化妆等各项工作，演出时才能做到有条不紊。表演中要求学生全身心投入，注重感受角色本身的内心活动，演出后要进行交流分享，指导教师或编剧需要对剧中人物进行心理学解读，邀请观众参与讨论，并给以总结提升，以加强教育效果。

（三）成效与经验

华南师范大学早在2003年就探索了运用心理情景剧的形式在高校中开展心理育人工作，每年排演至少一部大型校园心理舞台剧，十多年来上演的优秀作品包括《我是谁》《麦宵不见了》《双城故事》《那时花开》等，是该校心理育人工作的品牌项目。广东省高校心理健康教育与咨询专业委员会近年来每年组织各高校以学校为单位参加大学生原创心理情景剧本征集或表演比赛，比赛中涌现出众多优秀作品，心理情景剧也在广东高校中得到全面的推广与应用。广东省众多高校的实践探索表明，心理情景剧以其独特的艺术性与创造性，充分利用了有限的心理咨询与心理教育的力量，突破了高校开展心理咨询形式的瓶颈，打破了一般的言语式、灌输式和结论式的教育，成为高校心理育人工作的重要途径。

1. 形式生动，效果明显

心理情景剧不同于思想教育的说教方式，也不同于个体心理咨询的一对一或者团体训练只针对参与者的方式，不仅扩大了心理健康教育的影响面，而且使这种教育变得更易被学生主动接受。它趣味性强，对学生有较大的吸引力。心理情景剧不树立所谓的优秀形象，其主角甚至有很多缺点和性格缺陷，但剧中不进行道德评判，而仅仅是以剧情引发学生的思考，这对要求独立、思维活跃的大学生来说是非常容易接受的教育方式，不容易引起心理上的反弹，因此反而会起到良好的效果。

每次心理情景剧演出之后，部分高校还设有一个针对演出的调查留言环节，在这个环节中，我们可以清楚地了解到观众对本次演出的理解和评价，以便在今后的工作中加以改进。在以往的调查中，同学们对心理情景剧的教育效果普遍持肯定态度，认为很大程度上引起了自己对生活学习中各类问题的思考，也有很多同学在观看完心理情景剧演出后表示，自己也曾经犯过类似的错误或有过类似的经历，表示会积极改正或更加客观地看待某些问题。这些无疑都是心理情景剧在心理教育层面起到的积极作用。

2. 角色投射，思考深刻

心理情景剧能发挥效果的原理之一就是在演绎或者观剧的过程中，参与者能够产生强烈的投射作用，将剧中的人物当作自己，全身心投入到剧情之中，并随着剧情的发展不断反思自己的行为和思想，从而达到自我教育的效果。我们知道一切教育的目的都是使教育的内容可以内化，从而真正成为受教育者掌握的知识，心理情景剧正是因为很好地做到了这一点，才使得很多学生在观剧之后产生了巨大的心理冲击，引发了深刻的思考，也得到了进一步的成长。例如，广东工业大学2013年5月演出的心理情景剧《幸福终点站》，虽然主要是围绕一个上大学后因对自己的要求过于放松而沉迷网络最终导致严重后果的大学生展开，但剧中出现的人物众多且个性鲜明，很多同学在观看完演出之后谈到，剧中的某个人物简直就是自己身边的某个同学，感觉特别贴近生活。也有的同学表示，剧中的某个人和自己很像，看着舞台上的那个人，就会想到自己做过的某些事情，有时会会心一笑，有时会产生很多的思考。

3. 趣味性强，参与度高

无论从剧本的编写还是心理情景剧的表演来看，同学们常把生活中遇到的一些趣事在剧中表现出来，有时甚至一些不那么令人开心的事情也以夸张幽默的方式予以表达，在观看心理情景剧的过程中，常常会引发观众会心一笑或开怀大笑。而且大学生的表现欲强，舞台对他们来说有着特殊的吸引力，所以能够演绎自己的剧本，把自己生活的故事搬上舞台，对很多学生来说非常有吸引力，所以参与度非常高。

# 参 考 文 献

## 一、著作类

[1] 习近平. 习近平谈治国理政 [M]. 北京：外文出版社，2014.

[2] 中共中央马克思恩格斯列宁斯大林著作编译局. 马克思恩格斯全集：第三卷 [M]. 北京：人民出版社，1972.

[3] 中共中央马克思恩格斯列宁斯大林著作编译局. 马克思恩格斯全集：第四十二卷 [M]. 北京：人民出版社，1972.

[4] 中共中央马克思恩格斯列宁斯大林著作编译局. 马克思恩格斯选集：第一卷 [M]. 北京：人民出版社，1995.

[5] 陈晶，黄艳苹. 大学生学习管理与辅导 [M]. 北京：北京师范大学出版社，2010.

[6] 崔继红，李梦哲. 教师的职业生涯与规划 [M]. 吉林：吉林文史出版社，2013.

[7] 高兰，向纯. 大学生心理健康教育 [M]. 北京：教育科学出版社，2018.

[8] 郭斯萍，刘建华，陈以洁. 大学生心理发展辅导 [M]. 广州：暨南大学出版社，2008.

[9] 雷敏. 当代大学生心理疾病报告 [M]. 长沙：中南大学出版社，2005.

[10] 李江雪. 大学生情绪管理与辅导 [M]. 北京：北京师范大学出版社，2010.

[11] LUTHANS F, YOUSSEF C M, AVOLIO B J. 心理资本 [M]. 李超平，译. 北京：中国轻工业出版社，2008.

[12] 马克思. 1844年经济学哲学手稿 [M]. 北京：人民出版社，1985.

［13］邱鸿钟，梁瑞琼，等. 应激与心理危机干预［M］. 广州：暨南大学出版社，2008.

［14］RICE P L. 健康心理学［M］. 胡佩诚，等译. 北京：中国轻工业出版社，2000.

［15］伍新春，张军. 教师职业倦怠预防［M］. 北京：中国轻工业出版社，2008.

［16］肖沛雄，陈国海，许国彬. 大学生心理与心理训练［M］. 广州：中山大学出版社，2006.

［17］易法建，倪泰一，杨丹燕，等. 心理医生［M］. 重庆：重庆大学出版社，2000.

［18］张积家. 高等教育心理学［M］. 2版. 北京：高等教育出版社，2016.

［19］郑日昌. 大学生心理健康自助手册［M］. 北京：高等教育出版社，2007.

［20］周莉. 大学生心理健康教育［M］. 北京：中国人民大学出版社，2010.

## 二、期刊类

［1］曹盈，杨潇. 新时代地方高校心理健康教育工作队伍建设［J］. 安徽广播电视大学学报，2018（3）.

［2］常德庆，张承运，王立慧. 学生心理健康教育的实施过程［J］. 中国成人教育，2004（11）.

［3］陈官章. 以职业生涯规划引导大学生完善学习动力系统的思考［J］. 四川文理学院学报，2007（6）.

［4］陈文干，王小飞. 网络专家型心理健康教育系统构建［J］. 现代教育技术，2003（1）.

［5］陈中永，付海东. 高等学校开展大学生心理健康教育工作的意义与工作机制［J］. 内蒙古师范大学学报（哲学社会科学版），2007，36（1）.

［6］崔景贵. 心理教育模式的建构与整合［J］. 现代教育科学，2004（1）.

[7] 丁宁, 邓艳明, 潘振东. 高校心理育人机制探索 [J]. 考试周刊, 2017 (48).

[8] 丁笑生. 关于高校心理健康教育工作队伍建设的思考 [J]. 思想教育研究, 2017 (6).

[9] 范存欣, 王声湧, 马绍斌, 等. 广东省高校教师心理亚健康影响因素分析 [J]. 疾病控制杂志, 2004, 8 (6).

[10] 冯刚. 坚持立德树人 注重提升质量: 扎实推进大学生心理健康教育工作创新发展 [J]. 思想政治教育研究, 2014, 30 (1).

[11] 冯铁蕾. 高校心理健康教育师资队伍现状及政策建议 [J]. 湖北大学学报 (哲学社会科学版), 2008 (6).

[12] 符双. 高校大学生朋辈心理辅导队伍建设研究 [J]. 高教学刊, 2016 (15).

[13] 傅早霞. 学校心理健康教育绩效评估工作研究 [J]. 湘潭师范学院学报 (社会科学版), 2009, 31 (3).

[14] 高云, 周英. 高校教师心理健康状态类型探析 [J]. 中国高等医学教育, 2018 (1).

[15] 韩继莹. 论高校心理健康教育工作体系建设 [J]. 黑龙江科技信息, 2008 (3).

[16] 贺婧雯, 夏冬晴, 李姿霖, 等. 高校心理健康教育的生力军: 朋辈辅导员 [J]. 科技创新导报, 2015 (9).

[17] 吉艳霞, 王德强. 大学生心理健康教育的学科渗透模式研究: 以体育课程为例 [J]. 中国多媒体与网络教学学报 (上旬刊), 2018 (7).

[18] 江光荣, 任志洪. 基于CIPP模式的学校心理健康教育评价指标构建 [J]. 教育研究与实验, 2011 (4).

[19] 蒋琳. 当代大学生常见心理问题探析 [J]. 时代教育, 2009 (3).

[20] 焦艳. 高校优秀辅导员培育机制研究 [J]. 学校党建与思想教育, 2018 (2).

[21] 金伟. 大学生心理健康状况分析及对策 [J]. 边疆经济与文化, 2009 (5).

［22］柯江林，孙健敏，李永瑞. 心理资本：本土量表的开发及中西比较［J］. 心理学报，2009，41（9）.

［23］李爱叶. 关于大学生心理亚健康教育的思考［J］. 太原城市职业技术学院学报，2010（5）.

［24］李洪. 高校心理健康教育工作队伍建设研究［J］. 出国与就业（就业版），2011（21）.

［25］李力. 高校教师职业心理资本的差异性研究［J］. 教育学术月刊，2013（11）.

［26］李明. 论高校保障大学生心理健康的服务体系［J］. 北京工商大学学报（社会科学版），2004，19（5）.

［27］李奇. 习近平关于人的全面发展重要论述探析［J］. 世纪桥，2018（8）.

［28］李宛青. 高校朋辈心理辅导优势及队伍构建探讨［J］. 郑州铁路职业技术学院学报，2018（2）.

［29］李文芬. 针对大学生心理发展特点做好各阶段思想工作［J］. 昭通师范高等专科学校学报，2008（1）.

［30］李艳华，陈曦. 以"三力"为目标管理心理健康教育工作队伍［J］. 教书育人，2014（2）.

［31］廖迎春，周爱云，曾国. 大学生心理健康教育不力原因探析［J］. 学校党建与思想教育，2005（6）.

［32］刘春霞，陈实，徐长江. 高校教师心理健康状况元分析：基于SCL-90的分析［J］. 教育现代化，2018（1）.

［33］刘海燕，宁淑芬. 大学生心理健康教育课程教学需求的调查与思考［J］. 思想理论教育导刊，2010（9）.

［34］刘红艳. 新形势下心理健康教育师资队伍建设研究［J］. 教学与管理，2012（9）.

［35］刘亭亭. 高校心理育人机制和路径探究［J］. 安徽文学（下半月），2018（10）.

［36］刘笑，方莉. 高校心理健康教育的育人机制研究［J］. 黑龙江科学，2018（7）.

[37] 刘学兰. 小学教师职业倦怠的消除 [J]. 小学德育, 2010 (9).

[38] 吕世军. 浅谈高校大学生思想政治教育与心理咨询 [J]. 牡丹江医学院学报, 2006 (5).

[39] 马建青, 杨肖. 心理育人的内涵、功能与实施 [J]. 心理健康教育, 2018 (9).

[40] 马建青, 朱美燕. 大学生心理危机及其干预现状的调查分析 [J]. 学校党建与思想教育, 2014 (23).

[41] 马艳秀, 杨振斌, 李焰. 构建中国高校心理健康教育评估指标体系的研究 [J]. 思想教育研究, 2013 (3).

[42] 莫雷, 颜农秋. 从不同心理状态的行为特点来看当前的青少年心理教育与辅导 [J]. 华南师范大学学报（社会科学版）, 1996 (4).

[43] 聂恒. 高校心理育人机制和路径研究 [J]. 当代教育实践与教学研究, 2017 (8).

[44] 牛祥宇, 张开富. 朋辈心理辅导员的选拔与培训 [J]. 新教育时代, 2015 (10).

[45] 潘曦, 陈少平. 近三十年我国大学生心理健康教育工作历史、现状与对策研究综述 [J]. 武夷学院学报, 2015, 34 (10).

[46] 钱兵. 浅谈心理健康教育评估体系的建构 [J]. 中小学心理健康教育, 2004 (1).

[47] 舒曼, 黄欢, 徐朝亮. 校园心理剧对提高大学生心理素质的探索 [J]. 华东交通大学学报, 2007 (6).

[48] 税瑶. 高校辅导员心理健康教育工作研究 [J]. 读与写（教育教学刊）, 2014 (3).

[49] 宋春蕾, 徐光兴, 周晓平. 高校校园文化建设与大学生心理健康 [J]. 教育与职业, 2011 (20).

[50] 苏世橘. 高校辅导员队伍的建设和发展 [J]. 中国大学生就业, 2018 (6).

[51] 童伟. 论高校心理健康教育工作队伍的健全及优化 [J]. 江苏高教, 2017 (9).

[52] 王青. 浅析高校大学生朋辈心理互助体系的构建［J］. 科教文汇（上旬刊），2013（9）.

[53] 王文龙，唐凯晴，莫映桃，等. 自媒体时代广州高校思政教育工作载体创新研究：以心理健康教育微信公众平台为例［J］. 科教导刊（上旬刊），2019（6）.

[54] 王秀希，张丽娟，高玉红，等. 高校心理健康教育评估体系的初步构建［J］. 邯郸学院学报，2012，22（3）.

[55] 韦耀东，左肇明，莫雄钧，等. 大学生心理健康教育亟待加强［J］. 临床和实验医学杂志，2007，6（1）.

[56] 吴捷. 对高校大学生心理健康教育教师队伍构建的思考［J］. 心理与行为研究，2004（1）.

[57] 谢丹. 高校朋辈辅导员体系构建探究［J］. 教育教学论坛，2014（28）.

[58] 谢晓娟. 论马克思人的全面发展理论对高校思想政治教育的价值引领［J］. 辽宁大学学报（哲学社会科学版），2009，37（2）.

[59] 徐志勤. 我国高校教师心理健康状况研究综述［J］. 江苏教育学院学报（社会科学版），2007（3）.

[60] 许燕，梁向芬. 师范大学新生的心理问题探析［J］. 青年研究，1997（11）.

[61] 严由伟，刘建国，张贤蓉. 高校心理健康教育综合管理模式的实践与思考［J］. 韶关学院学报（社会科学版），2001，22（10）.

[62] 余民宁，陈柏霖，许嘉家，等. 教师心理状态类型之初探［J］. 学校卫生，2012（60）.

[63] 俞海侠. 高校心理健康教育教师的专业化培训路径［J］. 沈阳师范大学学报（社会科学版），2012，36（3）.

[64] 俞雅芳. 地方高校心理健康教育工作队伍建设研究［J］. 湖南大众传媒职业技术学院学报（哲学社会科学版），2010（3）.

[65] 张红. 高校兼职心理咨询师队伍的角色定位及其专业化发展［J］. 湖州师范学院学报，2015（6）.

[66] 张明明. 高校心理健康教育队伍建设研究 [J]. 湖南省社会主义学院学报, 2012 (2).

[67] 张秋艳. 论马克思人的全面发展理论对当代大学生成才的价值引领 [J]. 学校党建与思想教育, 2012 (21).

[68] 赵丽娜. 高等院校辅导员队伍构建策略 [J]. 经济研究导刊, 2018 (6).

[69] 赵旭东, 丛中, 张道龙. 关于心理咨询与治疗的职业化发展中的问题及建议 [J]. 中国心理卫生杂志, 2005 (3).

[70] 郑琳, 周美, 刘景伟, 等. 高校大学生心理健康教育队伍建设研究 [J]. 科技视界, 2013 (14).

[71] 郑艳. 基于双因素理论视角下的辅导员队伍管理研究 [J]. 现代商贸工业, 2018 (20).

[72] 周旻, 石大维. 高校网络化心理咨询研究 [J]. 中国电化教育, 2015 (7).

### 三、学位论文类

[1] 陈新星. 高校辅导员开展大学生心理健康教育研究 [D]. 福州: 福建师范大学, 2016.

[2] 成静. 大学生朋辈心理辅导的理论与实践研究 [D]. 南京: 南京林业大学, 2012.

[3] 贾丽娟. "90后"大学生心理特点研究: 兼与"80后"比较 [D]. 广州: 华南理工大学, 2013.

[4] 李玲玲. 高校辅导员心理健康教育能力及培训体系的建构研究 [D]. 武汉: 中国地质大学, 2011.

[5] 李明秀. 我国高校心理健康教育体系的构建与完善 [D]. 长春: 东北师范大学, 2009.

[6] 刘婧. 高校心理健康教育评估研究 [D]. 武汉: 中南民族大学, 2012.

[7] 刘亚琼. 习近平高校思想政治教育观探究 [D]. 无锡: 江南大学, 2017.

[8] 屈正良. 大学生心理健康教育工作的现状分析与对策研究 [D]. 长沙：湖南农业大学，2006.

[9] 王定福. 大学生心理危机预警系统建构研究 [D]. 武汉：华中师范大学，2011.

[10] 王玉倩. 广东省高校教师职业倦怠、组织支持与 EAP 需求和使用的调查研究 [D]. 广州：华南理工大学，2017.

[11] 杨睿娟. 中国高校教师职业心理健康理论构建与实证研究 [D]. 西安：陕西师范大学，2018.

[12] 张茂丰. 转型时期的大学生心理素质及其拓展教育研究 [D]. 晋中：山西农业大学，2013.

[13] 周姣. 网络时代高职院校心理健康教育管理研究：以无锡工艺职业技术学院为例 [D]. 南京：东南大学，2017.

## 四、报纸类

[1] 倪光辉. 习近平在全国宣传思想工作会议上强调：胸怀大局把握大势着眼大事 努力把宣传思想工作做得更好 [N]. 人民日报，2013 - 08 - 21（01）.

[2] 张烁. 习近平在全国高校思想政治工作会议上强调：把思想政治工作贯穿教育教学全过程 开创我国高等教育事业发展新局面 [N]. 人民日报，2016 - 12 - 09（01）.

## 五、电子文献类

怡然. 大学生心理健康教育的现状及策略 [EB/ OL].（2018 - 10 - 23）[2019 - 01 - 01]. http://www.xwlunwen.com/jyjx/56080.html.

## 六、其他

林崇德，杨治良，黄希庭. 心理学大辞典 [Z]. 上海：上海教育出版社，2003.

# 后 记

习近平总书记高度重视高校心理健康教育工作。2016年在全国高校思想政治工作会议上，总书记强调指出要"培育理性平和的健康心态，加强人文关怀和心理疏导"。在党的十九大报告中，总书记明确提出要"加强社会心理服务体系建设，培育自尊自信、理性平和、积极向上的社会心态"。2017年12月，中共教育部党组发布《高校思想政治工作质量提升工程实施纲要》（教党〔2017〕62号），将"心理育人"纳入高校"十大"育人体系。2018年7月，为学习贯彻落实习近平新时代中国特色社会主义思想，加强高校心理健康教育服务体系建设，落实《高校思想政治工作质量提升工程实施纲要》精神，中共教育部党组发布了《高等学校学生心理健康教育指导纲要》（教党〔2018〕41号），明确指出："心理健康教育是提高大学生心理素质、促进其身心健康和谐发展的教育，是高校人才培养体系的重要组成部分，也是高校思想政治工作的重要内容。"

广东高校在心理育人工作中做了许多有益的探索和实践。本书正是在这样的背景下，以习近平新时代中国特色社会主义思想和党的十九大精神为指导，根据国家卫生计生委、中宣部等22部门联合印发的《关于加强心理健康服务的指导意见》（国卫疾控发〔2016〕77号），以及中共教育部党组印发的《高校思想政治工作质量提升工程实施纲要》和《高等学校学生心理健康教育指导纲要》，贯彻全国高校思想政治工作会议精神，结合新时代广东高校心理育人的工作实际，对新时代高校心理育人工作的内涵、理论基础、原则与要求，新时代高校心理育人工作内容体系的构建（包括发展性心理育人工作内容体系和预防性心理育人工作内容体系），新时代高校心理育人工作途径的构建（包括发展性心理育人工作途径和预防性心理育人工作途径），新时代高校心理育人工作队伍建设，新时代高校心理育人的工作机制与评价机制，新时代大学生的心理健康素养提升与心理自我调适，新时代高校教师的心理素质提升与心理健康维护，新时代广东高校心理育人工作的实践与特色等进行阐述论证，体现了育心与育德相结合，落实"立德树人"根本任务，提出了高校的心理育人目标就是培养自尊自信、理性平和、积极向上、身心健康的德智体美劳全面发展的社会主义建设者和接班人。

本书是广东省教育科学规划课题（党的十九大精神研究专项）系列课题"新时代广东高校立德树人工作研究"之下的子课题"广东高校心理育人工作研究"（课题编号：2018JKSJD11）的研究成果，由华南师范大学心理学院党委书记刘科荣副教授负责设计写作框架，刘旺教授、罗品超副教授协助对全书框架进行优化细化工作。同时，组织华南师范大学心理育人理论和实践经验丰富的一批专家教授参与本书的编著工作。在编著过程中，课题组成员通过各种形式反复斟酌提纲修改书稿，审核观点完善文字。但由于成书时间较短，本书尚有很多不完善和疏漏之处，只能先将思维框架和基本内容呈现出来，期待在今后的工作实践和理论研究中继续完善，恳请同行专家、广大读者提出宝贵意见。

本书编著任务分工如下：

刘科荣　华南师范大学心理学院党委书记、副教授，负责全书策划、大纲设计、统稿和出版等工作；

刘　旺　华南师范大学政治与行政学院教授，撰写第一章；

陈　俊　华南师范大学心理学院教授，撰写第二章；

陈彩琦、许思安　华南师范大学心理学院副教授，撰写第三章；

罗品超　华南师范大学心理学院副教授，撰写第四章（罗品超、许丹娜）和第五章（罗品超、黄凤娟）；

曾保春　华南师范大学心理咨询研究中心副研究员，撰写第六章；

刘学兰　华南师范大学心理学院教授，撰写第七章；

苏斌原　华南师范大学心理咨询研究中心副研究员，撰写第八章。

在本书的编写和出版过程中，得到了华南师范大学心理学院莫雷教授、王玲教授、王瑞明教授、刘志雅教授、田丽丽教授、攸佳宁教授等专家的大力支持和指导帮助，本书参阅和引用了同行专家学者的有关文献成果以及相关高校的典型案例，广东高等教育出版社曾广博、严颖两位编辑为本书的顺利出版付出了辛苦劳动，在此一并表示衷心的感谢！

编著者

2019 年 4 月